KB104207

나는 왜 청문회 선서를 거부했는가

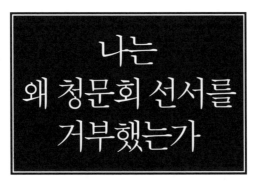

나는
왜 청문회 선서를
거부했는가

| 김용판 |

나는 역사를 위해 이 책을 쓴다

나는 역사를 위해 이 책을 쓴다

지난 2012년 12월 제18대 대통령 선거를 앞두고 발생한 이른바 '국정원 여직원 댓글사건'은 당시 대선의 최대 쟁점이 되었고, 그 진실과 관계없이 대한민국을 논란의 소용돌이로 몰아넣었다.

국정원 여직원이 임의제출한 컴퓨터에 대한 디지털증거분석 결과 대선 개입이라 볼 만한 댓글 등의 증거가 나왔느냐 여부와, 이를 발표한 시점이 핵심 쟁점이었다. 잘못된 선입견과 편견에 사로잡힌 일부 사람들은 내가 개인 영달에 눈이 어두워 증거를 축소하고 은폐하도록 지시하였다고 비난했다.

누구보다도 자존감과 명예심을 가지고 스스로를 지키면서 살아온 내가 정치경찰이란 오명을 뒤집어쓰고 법정의 피고인이 된 것은 역사의 아이러니이자 시대의 아픔이라 할 수 있다.

그러나 어둠이 아무리 깊어도 오는 아침을 막을 수 없듯, 나는 1·2심 무죄판결에 이어 2015년 1월 29일 대법원에서 무죄확정 판결을 받았다. 죄는 있는데 증거가 부족해서 무죄가 아니라 범죄의 실체가 없어 무죄라는 취지의 판결이며 이는 너무나 당연한 귀결이다.

나는 당시 서울경찰청장으로서 증거를 은폐하거나 축소토록 지시한 적이 없었고 실제로 은폐되거나 축소된 것이 없었기 때문이다.

　하지만 세상의 선입견과 편견은 무서운 것이었다. 내가 1·2심 모두 무죄판결을 받았음에도 한 야당 정치인은 2014년 6월 21일 자신의 트위터에 이런 글을 올렸다.

　"김용판 같은 자가 엄벌에 처해지는 것이 상식인 나라, 권○○ 과장처럼 정의감 투철한 공무원이 보호받고 존경받을 수 있어야 정상적인 나라"

　이렇듯 일부 사람들은 이미 진술의 신빙성이 없다고 사법부의 판단이 내려진 사람은 여전히 떠받들고, 무죄판결을 받은 나는 불신하고 있다. 왜 이렇게 되었을까? 자신들이 믿고 싶은 것만 믿으려는 심리와 함께, 실체적 진실을 제대로 알지 못하기 때문이다.

　나는 이 책의 초안을 몇몇 지인에게 보내어 검토를 부탁한 적이 있었다. 그 중의 한 지인은 이렇게 말했다.

"나는 김 청장을 평소 존경하고 있지만 이 사건에 관해서는 솔직히 반신반의하는 면이 있었다. 그런데 이 원고를 다 읽고 나니 내가 이때껏 진실을 제대로 알지 못하고 있었다는 것을 절실히 깨달았다. 진심으로 미안하다. 앞으로 이 진실을 널리 알리는 데 앞장서겠다."

2년에 가까운 재판과정을 거치면서 내가 깨달은 가장 큰 교훈은 "아무리 거짓이라도 그 거짓이 그럴듯하게 잘 꾸며져 유포되는 반면에 실체적 진실은 말할 기회가 없어 묻혀버린다면, 그 거짓은 진실로 둔갑되어 당당하게 살아간다"라는 것이다. 이것이 현실이다. 이 얼마나 무서운 이야기인가!

이 책에는 누가 진실을 말하고 누가 거짓을 말하는지에 대한 팩트가 가감 없이 담겨있다. 청문회에서 왜 선서를 거부할 수밖에 없었는지에 대한 진솔한 이야기도 있다.

이 사건으로 인해 기이하게도 우리나라의 소위 힘 있는 모든 기관·단체들과 인연을 맺게 되었는데, 이들의 권력과 책무(責務)에 대한 내 나름대로의 고뇌어린 진단도 있다. 그리고 23년 동안 경찰에 있으면서 거둔 소소한 성과도 수록했다.

　지금 나는 정신적·육체적으로 너무나 지쳐 있지만 이렇게 책을 쓰는 것은 '있는 그대로의 진실'을 세상에 제대로 밝히는 것이 나에게 주어진 역사적 책무라는 소명의식 때문이다.

　인연이 있어 이 책을 접한 모든 분들에게는 잠시 동안이라도 정의와 책무 그리고 진실에 대해 다시 한번 고뇌해보는 기회가 되길 소망한다. 이 책이 나오기까지 정말 많은 분들께 신세를 졌다. 고맙고 또 고마울 뿐이다.

2015년 2월
김용판

제3부
정의는 무엇이고 책무는 무엇인가

제4부

책무의 관점에서 노력한 23년의 경찰생활 그리고 보람

제5부

나의 인생 나의 꿈

맺음말 : 책무를 다하는 문화가 우리 사회를 바꾼다

저자 소개

제1부

진실과 거짓은
어떻게 드러나는가

01

청문회 선서거부는
시대가 만들었다

길고 긴 이야기를 시작하기에 앞서 짧은 이야기 하나를 소개한다.

"아버지와 아들이 자동차를 타고 여행을 떠났다. 그런데 불행히
도 아버지가 운전하던 차가 고속도로에서 교통사고를 당해 아
버지는 현장에서 사망하고, 아들은 목숨이 위태로운 중상을 입
었다. 부상이 몹시 심해 즉시 고도의 외과수술을 하지 않으면
생명이 위험할 수 있었다.

경찰은 신속하게 수소문해서 그 분야의 유명한 외과의사가 있
는 병원으로 아들을 이송했다. 그런데 아뿔싸! 의사가 수술을
위해 응급실로 들어가 보니 실려온 환자가 바로 자기의 아들이
었다. 그 의사가 소스라치게 놀란 것은 말할 나위가 없다."

여기에서 질문 하나를 던져보자. 도대체 아버지와 아들 그리고 그 의사와의 관계는 무엇인가? 분명 아버지는 고속도로에서 사망했는데 그 의사는 왜 아들인 것을 알고 그리 놀랐던 것일까? 이 질문에 즉시 정답을 말하는 사람은 그리 많지 않다. '불륜'을 떠올리는 사람이 의외로 많다. 그런데 정답은 '그 의사는 아들의 어머니'라는 것이다. 유명한 외과의사는 '남자'일 것이라는 선입견과 고정관념이 작동되어 어머니라고는 생각지 못하는 것이다. 죽은 아버지를 한 번 더 슬프게 만드는 이런저런 상상을 하게 되는 것이다.

인간의 고정관념과 편견을 깨기는 정말 어렵다. 오죽했으면 알베르트 아인슈타인이 "편견을 깨는 것은 원자핵 하나를 쪼개는 것보다 더 어렵다."라고 말하였겠는가?

인간의 선입견과 편견은 인간성 자체를 부정하기도 하고, 진실을 왜곡시키기도 하며, 선량한 한 사람을 가해자 혹은 범죄자로 만들기도 한다. 서구사회에서 백인이 유색인종보다 더 법을 잘 지키고 두뇌가 좋다는 근거없는 선입견과 편견으로 인해 오랫동안 유색인종은 차별을 받았다. 왜곡된 진실로 인해 피해를 입은 선량한 사람은 의외로 많다. 특히 언론이 정확한 사실을 추적하지 않고 마음속의 고정관념을 사실인 것처럼 왜곡하면 그 피해는 더 커진다. 왜곡된 펜 하나로 사람을 파멸로 몰아넣을 수도 있고, 허상의 영웅을 만들어 낼 수도 있다.

2012년 겨울에 발생한 이른바 '국정원 여직원 댓글사건'도 그 내막을 들여다보면 잘못된 선입견과 편견, 고정관념이 웅크리고 있다는 것을 알 수 있다. 경찰 수사와 수많은 사람들의 헌신으로 신속하게 사건의 실체가 밝혀졌건만 일부 언론을 비롯한 기관·단체에 속한 사람들의 선입견으로 인해 진실은 묻히고 거짓과 위증만이 난무하는 사건이 되고 말았다.

그 사건이 일으킨 광풍의 한가운데에서 나는 거짓과 부정의 대명사로 회자되었으며 25년의 공직생활, 23년의 경찰생활이 하루아침에 매도되는 아픔을 겪었다. 과연 사건의 실체는 무엇이고, 그 과정에서 나는 어떤 자세로 임했으며, 진실은 무엇인가를 가감 없이 밝히고자 한다.

이 글을 읽는 사람들은 자연스럽게 그 사건의 진실이 무엇인지, 누가 위증을 하고 있는지, 누가 국가와 국민을 위해 공명정대하게 책무를 수행했는지를 바로 알게 될 것이다.

우리 시대의 아픔이 응축된 선서거부

2013년 8월 16일 금요일 아침 10시 10분, 국회 제3회의장에서 '국가정보원 댓글 의혹사건 등의 진상규명을 위한 국정조사 특별위원회'가 열렸다. 새누리당과 당시 민주통합당(민주당) 의원들이 참석한 가운데 신기남 위원장은 개의를 선언한 후 증인인 나에게 증인선서에 대해 설명했다.

● **위원장 신기남** : … 증인선서를 받도록 하겠습니다. 선서를 하는 이유는 국가정보원 댓글 의혹사건 등의 진상규명을 위한 국정

조사특별위원회가 청문회를 실시함에 있어 증인으로부터 양심에 따라 숨김없이 사실대로 증언하겠다는 서약을 받는 것입니다. 만약 증인이 정당한 이유 없이 선서를 거부하거나 허위증언을 한 때 또는 증언을 함에 있어 국회의 권위를 훼손한 때에는 국회에서의 증언·감정 등에 관한 법률에 따라 고발될 수 있음을 알려 드립니다······.

그러면 김용판 증인 나오셔서 선서해주시기 바랍니다.

나는 그때 이렇게 말했다.

"저는 법률에 의해서 선서를 거부하면서 그 소명이유로 〈거부 소명서〉를 대신 읽도록 하겠습니다."

국정조사 청문회 선서거부

이 말에 위원장과 위원들이 매우 당황해 했고 몇 차례의 설전이 오갔으나 나의 선서거부는 그대로 받아들여졌다. 그날 오후 석간신문과 TV 뉴스, 다음 날 조간신문에 나의 선서거부가 톱기사로 실렸고 우리 사회, 나아가 대한민국 전체가 들끓었다.

특히 야권과 진보 세력은 나의 선서거부에 강한 거부 반응을 일으켰다. 한 야권 신문은 "김용판 전 서울경찰청장이 16일 국회 국정조사특위에 출석했으나 불성실한 답변 속에 청문회는 성과 없이 끝났다. 증인 선서를 거부한 채 검찰 수사로 드러난 기초적인 사실조차 부인했다"라고 보도했다. 또 다른 언론은 "국회 청문회는 정치의 타락이 언어의 타락을 가져온다는 것을 보여준 사건이었다. 청문회를 통해 진실을 보고자 했던 국민들은 TV 화면을 통해 전파되는 증인들의 선서 거부, 일부 국회의원들의 조악한 질문과 발언에서 우리 정치의 타락을 확인했다"고 정치권 전체를 비난했다.

일부 국민과 언론이 선서거부를 비난한 것에 대해 나는 그들을 비난할 마음이 전혀 없다. 그러나 초야로 돌아가 자연인 신분이 된 나는 선서거부를 할 수밖에 없는 상황이었다. 8월 16일 열린 국정조사에서 나는 왜 선서를 거부하느냐는 질문에 이렇게 답했다.

● **증인 김용판** : 저는 헌법과 법률에 주어져 있는 국민의 기본권인 방어권 차원에서 선서를 거부하며 법률에 의해서 거부 사유를 소명하겠습니다.
● **위원장 신기남** : 선서 거부 사유를 소명하시겠다고요?
● **증인 김용판** : 그렇습니다.

● **위원장 신기남** : 말씀해 보세요.

나는 미리 준비해간 〈선서거부 소명서〉를 담담하게 읽어 내려갔다.

"증인 김용판은 소위 국가정보원 댓글 의혹 사건 등의 진상규명을 위한 국정조사에 증인으로 소환되어 이 자리에 섰습니다. 증인은 국민들이 지대한 관심을 가지고 있는 이 사건에 관하여 국민의 대의기관인 국회에서 진상규명을 위해 진행하고 있는 본 특별위원회의 국정조사에 성실하게 임하는 것이 도리라 생각하고 있습니다.

그러나 이 사건으로 인하여 본 국정조사와 동시에 증인에 대한 형사재판이 진행 중에 있습니다. 만약 증인의 증언이 언론 등을 통해 외부로 알려지는 과정에서 그 진의가 왜곡되거나 잘못 전달될 경우 증인에 대한 형사재판에 영향을 줄 우려가 있습니다. 이러한 사정을 감안하여 증인은 부득이하게 국회에서의 증언·감정 등에 관한 법률 제3조 제1항 및 형사소송법 제148조에 따라 선서를 거부하며 원칙적으로 증언과 서류제출을 하지 않도록 하겠습니다. 국정조사특별위원회 위원장님 이하 위원님 여러분께서 이 점에 관하여 너그럽게 양해해주시기 바랍니다."

당시 나는 증언을 거부하는 것이 아니라 선서를 거부하겠다는 의사를 분명히 밝혔다. 이에 대해 묻는 위원장의 질문에 이렇게 대답했다.

- 증인 김용판 : 원칙적으로 증언을 거부하지만 질의의 성격에 따라 대답해야 될 사항에 대해서는 성실히 답변하도록 하겠습니다.
- 위원장 신기남 : 그 근거에 대해서는 형사소송법 제148조입니까?
- 증인 김용판 : 국회에서의 증언·감정 등에 관한 법률 제3조 제1항입니다.

나의 이 말로 인해 국정조사에 참석한 여야 위원들의 설왕설래와 논란이 많았지만 선서거부는 정당한 권리로 받아들여질 수밖에 없었다.

국회개원 후 처음으로 등장한 '청문회 선서거부'

국회에서의 선서거부는 사실상 내가 처음이라 할 수 있다. 물론 나도 나중에 알게 된 사실이다. 거슬러 올라가 1966년 'S그룹 사카린 밀수사건' 때 피고인 2명이 선서를 거부했으나 곧 이를 번복해 선서를 하고 증언을 했다. 그러므로 우리나라 국회가 1948년 5월 31일 개원한 이후 66년 만에 내가 처음으로 선서를 거부한 증인으로 기록된 셈이다.

이는 영광의 첫 기록도 아니고, 비난을 받아야 할 기록도 아니다. 그때 나는 국민의 한 사람으로서 나에게 주어진 방어권으로서의 헌법상 권리를 행사하여 선서를 거부한 것이다.

선서거부는 어떤 의미에서는 나 자신뿐만 아니라 우리나라 전체에 매우 불행한 일이라 할 수 있다. 선서를 거부했다는 사실이 불행한 일이 아니라 그러한 일이 생겼다는 자체가 불행하다 할 수 있다. 즉 재직 기간에 맡은 바 책무에 충실하고 오로지 국가의 안위와 발전을 위해 평생 헌신했던 공직자가 자신이 하지 않은 일로 인해 정치적 희생양이 된 일이 불행한 것이다.

그날 청문회에서 민주당의 박영선 위원은 이렇게 지적했다.

"증인께서 증인선서를 거부하지 않았습니까? 이것은 좀 굉장히 중대한 사태라고 생각이 됩니다. 왜냐하면 증인이 증인선서를 하는 이유는 국민 앞에 나와서 진솔하게 자기의 답변을 정직하게 하겠다는 그런 일종의 국민에 대한 선서인데 이것 자체를 거부한다는 것 자체가 첫째, 국민을 모독하는 것입니다. 그리고 두 번째는 증인선서를 하지 않고 답변을 하겠다는 것은 다시 말하면 위증을 하겠다라는 것으로도 해석이 가능합니다, …… 국민들은 보통 '청문회' 그러면 증인선서를 하고 증인이 나와서 솔직하게 이야기하는 것이다라는 그런 선입견을 가지고 TV를 보고 있는데 지금 김용판 증인은 증인선서 자체를 거부를 했습니다…… 증인선서 자체를 거부했다는 것 자체가 도둑이 제 발 저리다라고 밖에 볼 수 없습니다. 왜냐하면 본인이 떳떳하면 왜 증인선서를 못 합니까?"

나는 이 지적을 들은 후 선서거부에 대해 더 심도 있게 설명하고 입장을 밝히려 했으나 위원들의 반대로 제대로 뜻을 이루지 못했다. 다만 "내가 부끄럼 없이 당당하게 공직생활을 해왔다고 자부하지만 이렇게 죄 없이 기소되는 것을 보고 당당함만이 능사가 아니더라. 내 자신을 지키기 위해 국민의 기본권으로 주어진 방어권으로서 선서를 거부할 수밖에 없다"는 취지의 이야기만 할 수 있었다.

그 결과 일부 언론과 국민들에게 정정당당하지 못한 공직자, 국민을 기만하는 공직자, 국회를 모독하는 공직자로 인식되게 되었다. 하지만 나는 경찰생활 23년 동안 언제나 서민의 입장에 서서 떳떳하게 업무를 수행해 왔으며, 항상 국민의 대의기관인 국회를 존중하고 적극적으로 협조했다. 그러한 내가 하루아침에 온갖 지탄을 받았으니 염량세태(炎凉世態)를 체감하지 않을 수 없었다.

또한 나는 2013년 10월 15일 화요일 오전 10시에 경찰청 회의실에서 열린 국회 안전행정위원회 국정감사에서도 똑같은 이유로 선서를 거부했다. 마찬가지로 야당과 일부 언론 및 일부 국민들의 비난을 받았고 여당의 몇몇 국회의원들도 나의 선서거부를 비판했다. 하지만 나는 계속 선서를 거부할 수밖에 없었다.

당시 나를 국정감사장에 마련된 위원장 사무실로 불러 선서하기를 권유했던 새누리당의 김태환 안전행정위원장과 새누리당 간사였던 황영철 의원에게 이렇게 말했다.

"제가 만약 선서를 하고 저의 혐의를 부인하는 말로 질의에 답변할 경우 야당 의원들은 반드시 저를 위증죄로 고발할 것입니다. 그들은 검찰의 공소 내용을 진실로 확신하고 있지 않습니까? 고

발받은 검찰은 자기들의 공소 내용을 스스로 부정할 수 없기 때문에 실체적 진실과 관계없이 저를 불러 조사하고 위증죄로 기소할 게 불 보듯 뻔합니다. 저는 이 사건과 관련해 한점 부끄러움 없이 공정하게 처리했음에도 기소되고, 이렇게 국정조사와 국정감사를 받는 것도 너무 억울한데 허무맹랑한 위증죄 죄목으로 또 기소되어야 하겠습니까? 저는 제 자신을 지키기 위해서 선서를 거부할 수밖에 없습니다.”

이러한 내용을 국정감사장에서 공개적으로 밝히고 싶었으나 일체의 소명 기회를 주지 않아 밝힐 수 없었다. 다만 이 책의 제2부에 나오는 항소심 재판 중 〈최후진술〉의 기회가 주어졌을 때 당시의 이러한 내 입장을 법정에서 밝혔다.

국정조사가 있기 대략 1년 전인 2012년 10월 11일 오후에 서울 지방경찰청 국정감사가 있었다. 나는 당시 서울경찰청장으로서 국정감사에 임하면서 서울청을 방문한 여야 국회의원들에게 서울청의 치안복지 시책에 대해 조목조목 설명했다. 주폭척결과 공원정화, 학교폭력 근절 대책 및 자기주도형 근무 등에 대해 여야 의원들 모두 칭찬을 아끼지 않았다. 국정감사가 끝나고 인근 식당에서 저녁식사를 했는데 새누리당 의원들은 당 회의가 있어 국회로 돌아갔고 5명의 야당 의원들만 함께 식사를 했다.

그 자리에서 야당 의원들은 주폭척결과 자기주도형 근무를 화제로 삼으면서 내가 추진하는 서민보호 정책, 공원을 선량한 주민들에게 되돌려주는 시책 등에 대해 과분할 정도로 칭찬해주었다. 그러한 칭찬이 3개월 후에는 '공직자 선거개입의 주범'이라는 맹비난으로 바뀌었다. 더욱 어처구니없는 것은 비난의 근거가 진실이 아니라 한 경찰관의 거짓 폭로였고, '그렇지 않았느냐'는 심증에 불과하다는 것이었다. 전혀 있지도 않은 사실을 마치 사실인 양 규정하면서 심증을 사실로 확정지으려 했다. 나는 그 모습을 보면서 '달면 삼키고 쓰면 뱉는다'는 속담이 하나도 틀리지 않음을 절감했다.

한 가지 더 부연하자면 2013년 8월 16일 국정조사장에서 민주당 박영선 위원은 이러한 질문도 했다.

● **박영선 위원** : (영상자료를 보며) 김용판 증인은 대구에서 태어나 박근혜 대통령의 지역구가 있는 달성중학교와 또 박근혜 대통령이 이사장을 지낸 영남대 경제학과를 졸업했지요?

● **증인 김용판** : 예, 그렇습니다.

● **박영선 위원** : 그리고 경북대사대부고를 졸업했고요?

● **증인 김용판** : 그렇습니다.

● **박영선 위원** : 흔히들 말하는 '진골 TK다' 이렇게 이야기를 많이들 하세요.

나는 이 말을 듣고 참으로 안타까웠다. 국회의원이 공식석상에서 개인을 공격하기 위해 '지역감정'을 부추기는 용어를 아무렇지도 않게 사용한 것이다. 마치 국회의원이 지역감정을 조장하고 있는 격이다.

내가 달성중학교를 졸업하고, 영남대를 졸업한 것이 당시 박근혜 후보와 무슨 관계가 있단 말인가? 13살 때 내가 훗날을 예견해서 달성중학교에 입학하였다는 말인가? 대구에서 출생한 내가 영남대에 진학하여 졸업한 것이 도대체 무슨 잘못이란 말인가?

출신 지역을 문제 삼아 '고향이 ○○이니까 ○○○에게 유리한 행동을 한 것 아니냐'는 추궁은 유치하기 짝이 없다. 이러한 지역감정적인 발언은 당시 민주당 원내 대표였던 박지원 의원도 한몫을 했다.

대선 하루 전날인 2012년 12월 18일, 박지원 원내대표는 CBS와의 통화에서 "김용판 청장은 대구 달성군 태생으로 박 후보가 이사장을 지낸 영남대를 나왔고, 대구 달서경찰서장, 대구청장을 지냈다. 박 후보가 집권하면 차기 경찰청장이 된다는 설이 경찰계에 파다하다"고 말했다. 그리고 몇 시간 후 수많은 팔로우를 자랑하는 자신의 트위터에 이러한 글을 올렸다.

국정원 선거개입 의혹 경찰 인맥? 서울경찰청장 대구생(生) · 영남대졸 · 달성군 경찰서장, 박 후보 집권시 경찰청장 설?

이 글은 대통령 선거를 하루 앞두고 트위터와 언론보도를 통해 삽시간에 퍼졌다. 이 글을 읽는 사람이라면 누구라도 내가 경찰청장 승진을 위해 학연과 지연을 등에 업고 박 후보 측을 암암리에 지원한다는 인식을 갖게 되었을 것이다.

그런데 이 글은 기초적인 사실조차 잘못된 터무니없는 글이다. 나는 내 고향 월배를 관할하는 대구 달서경찰서장을 지낸 것은 사실이지만 대구경찰청장은 한 적이 없다. 그리고 박근혜 대통령의 지역구였던 달성군의 경찰서장을 지낸 적도 물론 없다.

이러한 기초적인 사실은 조금만 관심을 가져도 쉽게 알 수 있는 사안임에도 공당의 원내대표로서 최소한의 확인도 없이 대선만을 의식해서인지 언론을 통해 거짓 사실을 유포시킨 것이다.

나는 왜 선서를 거부했는가?

선서거부에 대해서는 찬반양론으로 나뉘어 일대 설전이 벌어졌는데 나를 비난하는 사람도 많았고, 격려하는 사람도 많았다. 선서를 거부한 나를 응원하는 사람이 많은 이유는 무엇 때문일까?

무엇보다 국회에 대한 불신 때문이었을 것이다. 국회는 민의의 전당이고 국민의 대의기관이라 표명하지만 막상 국회의원들의 행동은 그렇지 않다. 말로는 국가와 국민, 정의를 부르짖지만 행동은 거기에 미치지 못하고 있음을 우리는 알고 있다. 툭하면 신문을 장식하는 국회의원의 부정부패, 뇌물, 청탁, 비리가 바로 그 증거다. 그런 국회를 향해 내가 당당하게 선서를 거부한 행동이 국민들에게 통쾌감을 안겨주었다는 이야기를 많이 들었다.

하지만 나는 그러한 영웅심리로 선서를 거부한 것이 아니며, 국회를 조롱하거나 그 위상을 폄하하기 위해 선서를 거부한 것은 더더욱 아니다. 그렇다면 나는 왜 선서를 거부했을까? 이미 앞에서도 말했지만 여기에는 두 가지 이유가 있다.

첫째는, 내 자신이 당당했기 때문이며, 아울러 나의 당당함을 야당 위원들이 전혀 믿지 않을 것이라는 우려 때문이었다. 나는 국민의 대의기관인 국회를 존중하지만 당시 국회, 특히 야권에 대해서는 불신할 수밖에 없었다. 내가 아무리 당당하게 진실을 말해도 야권은 이를 믿지 않고 어떤 이유로든 나를 위증죄로 고발할 것이며, 이는 나를 나락으로 떨어뜨리는 또 다른 재판으로 몰아넣을 것이 분명했다. 야당은 평소에는 검찰을 향해 '정치검찰'이라 거세게 공격을 해왔음에도 당시 채동욱 검찰총장 체제의 검찰이 나를 기소하자 태도를 180도 바꿔 적극 옹호하는 이중성을 보였다.

당시 국정조사 위원이었던 민주당 신경민 의원의 말에서 이를 여실히 엿볼 수 있다. 청문회에서 나는 검찰이 국정원 직원의 휴대폰에 대한 수서경찰서의 압수수색영장 신청을 기각하면서 지휘한 내용을 통해 당시 검찰이 이 사건을 바라보는 관점에 대해 증언하였다. 담당 검사가 기각한 사유는 이렇다.

"2013년 1월 8일 (대선 개입 관련 경찰의 중간수사결과 발표 후 3주가 지난 시점임) 현재까지 수사결과 임의로 제출받은 노트북 등으로 강제수사를 상당히 진행하였음에도 정치 관련 게시글·댓글이 전혀 발견되지 않았으며 새롭게 의혹이 제기된 정치·선거 관련 게시글에 대한 추천·반대의 행태 정도로는 선거운동이라 보기 어렵다."

이러한 나의 증언에 대해 신경민 의원은 "그것은 채동욱 검찰총장이 오기 전의 정치검찰 시절에 있었던 일"이라고 일축하였다. 채동욱 검찰총장 체제의 검찰은 정치중립적 검찰이고, 그 전은 정치검찰이었다고 해석할 수 있는 이 말을 전 국민이 지켜보는 청문회에서 너무나 태연히 말하는 것에 대해 증인으로 듣고 있는 나는 놀라움을 금치 못했다. 과연 검찰에서도 이 말에 동의하고 있을까? 지금도 궁금해지는 대목이다.

둘째는, 자연인으로 돌아간 나 스스로를 야당과 검찰로부터 방어하기 위해서였다. 그때 나는 재판이 진행 중이었는데 검찰은 나를 '공직선거법위반, 경찰공무원법위반, 직권남용권리행사방해'의 3가지 죄목으로 기소했다. 이는 전부 소위 말하는 '국정원 여직원 댓글사건'에서 촉발된 것이었다.

16쪽에 이르는 검찰의 이 공소장만 본다면 나는 영락없이 3가지 죄를 모두 저지른 사람이다. 내가 만약 국회에서 선서를 하고서 혐의를 부인하는 증언을 했다면 그 진위 여부와 관계없이 야당은 검찰의 말을 곧이곧대로 믿고 허위증언을 했다는 이유로 또다시 나를 고발했을 것이다.

고발을 받은 검찰은 자기들의 기소 논리를 스스로 부정할 리가 없을 테니 어떤 식으로든 나를 불러 조사하고 기소할 것임은 명약관화한 상황이었다. 그 결과 나는 어쩔 수 없이 위증죄 혐의로 또 재판을 받았을 것이다. 이는 두 번이나 억울한 죄를 뒤집어쓰는 것이다.

내가 저지르지 않은 실체가 없는 죄로 인해 이미 재판을 받고 있는 마당에, 또 한번 허위증언의 죄를 뒤집어쓰면 그 누구라도 견뎌

내기 어렵고, 재판 끝에 무죄가 확정된다 하더라도 그 과정에서 입은 심적·물적 피해는 회복되기 어렵다.

검찰의 입장에서는 설혹 재판이 오래 가고 무죄판결이 난다고 해도 재판 참여가 업무이고 나라의 녹은 여전히 받는 것이기 때문에 경제적으로 문제될 것은 전혀 없다. 하지만 모든 부담을 홀로 짊어져야 하는 피고인의 입장에서는 재판을 받는 과정 자체가 정신적·육체적인 면에서나 경제적인 면에서 너무나 견디기 힘든 고통의 시간인 것이다.

2년여에 걸쳐 18차례의 재판을 받으면서 나는 정정당당함만이 능사가 아니라는 것을 더욱 절실히 깨달았다. 바로 이러한 상황이 충분히 예견되었기 때문에 나는 선서를 거부했다. 이는 〈거부 소명서〉에서 밝힌 것처럼 국회에서의 증언·감정 등에 관한 법률 제3조 제1항 및 형사소송법 제148조에 따른 것이다. 이는 대한민국 국민이라면 누구나 가질 수 있는 방어권으로 국민에게 주어진 기본권리이다.

되돌아보면 2012년 12월 11일, 18대 대통령선거가 있기 8일 전에 발생한 '국정원 여직원 댓글 사건' 이후 2015년 1월 29일 대법원에서 나에 대한 무죄판결이 내려지기까지 26개월 동안 나는 대한민국에서 본의 아니게 뉴스의 중심에 서게 되었으며, 나의 행동과 언행 하나하나는 언론 기사의 대상이 되었다. 그 26개월 동안 나는 적지 않은 비판과 격려를 동시에 받았다. 비난과 격려의 한가운데에서 나는 과연 공직자의 책무는 무엇이고, 시대에 휘둘리지 않는 올바른 소명 의식은 무엇인가를 생각하고 고민했다.

　선서거부는 시대가 만든 불행한 결과라 할 수 있다. 애당초 야권이 무리한 고발을 하지 않고, 검찰이 냉정하게 판단했다면 재판은 처음부터 이루어지지 않았을 것이다. 또 증인으로 출석한 한 명의 경찰관이 실체적 진실과 전혀 다른 모순된 폭로와 증언을 하지 않았다면 사건이 이렇게 왜곡되지도 않았을 것이다.

　나는 이 자리에서 다시 한번 밝힌다. 내가 떳떳하지 못하고 당당하지 못해서 선서를 거부한 것이 결코 아니다. 오히려 내가 떳떳하고 하늘을 우러러 한 점 부끄러움이 없었기에 선서를 거부할 수 있었다는 점을 강조하고 싶다.

　과연 스스로 당당하지 못한 사람이 당장의 위기를 모면하기 위해 선서를 거부할 수 있을까? 어려울 것이다. 선서를 거부하고 나서 나중에 만약 자신의 잘못이 드러난다면, 이로 인한 역풍은 열배, 스무배 아니 100배 증폭되어 자신에게 되돌아 올 것이기 때문이다.

　"오죽하면 선서도 못할까"가 아니라 "오죽했으면 선서를 거부했을까"라는 관점에서 나를 믿어주고 공감해준 많은 분들에게 고마운 마음을 전한다.

02

그날 밤 무슨 일이
있었는가

처음부터 끝까지 공명정대하게

하나의 작은 사건이 뜻하지 않게 큰 파장을 일으키고 훗날 개인과 사회는 물론 한 나라의 역사 전체를 바꾸는 경우는 비일비재하다. 제1차 세계대전은 오스트리아 영토였던 사라예보에서 울린 한 발의 총성으로 시작되었다. 물론 그 전부터 유럽 정세는 불안하기 짝이 없었지만 정작 오스트리아 황위 계승자인 프란츠 페르디난트 대공에게 권총을 쏜 가브릴로 프린치프라는 청년 암살자는 자신이 쏜 총으로 인해 유럽 전체가 거대한 전쟁으로 치달으리라고는 전혀 예측하지 못했을 것이다.

돌아보면 역사적으로 이러한 사건은 무수히 많다. 2012년 12월 11일에 발생한 이른바 '국정원 여직원 댓글' 사건도 처음에는 단순한 '선거법 위반'으로 신고가 되었다. 신고를 받고 출동한 선관위 직원들과 경찰들은 훗날 이 사건이 대한민국 전체를 회오리바람에 휩싸이게 하리라고는 아무도 예측하지 못했을 것이다. 나 역시 마찬가지였다.

그러나 한 경찰관의 편견에 가득 찬 허무맹랑한 폭로에 의해 정치권은 물론 인터넷, 언론, 보수진영과 진보진영, 나아가 좌익진영 등이 총출동해 격한 논란과 상대에 대한 공격이 벌어졌고 국가를 일대 혼란에 빠뜨렸다.

서울경찰청장으로서 관내에서 일어나는 모든 사건의 총체적인 책임을 지고 있는 나는 처음부터 끝까지 공정하고 투명하게 수사를 진행해 한 치의 의심이나 불신 없이 국민 앞에 사건의 전모를 밝힐 것을 지시했고 또 실제 그렇게 진행되었다. 댓글사건은 신고 즉시 언론과 인터넷을 통해 사건이 확대되었고 여당과 야당 모두 그 실체를 명확하고도 빠르게 밝혀줄 것을 요구했다.

여당은 여당으로서 공직자가 선거에 개입하지 않았다는 진실을 입증하려 했고, 야당은 야당으로서 국가기관이 선거에 개입했다는 증거를 찾아내려 했다. 또한 전 국민이 과연 사건의 진실은 무엇인지 궁금해 했다. 선거를 8일 앞두고 발생한 이 사건은 선거에 큰 영향을 끼칠 수 있었다.

나는 어떠한 자세로 수사에 임했는가? 훗날 나는 이 질문을 많이 받았다. 그러나 이 질문 자체가 어불성설이다. 억울한 피해자가 나오지 않도록 법과 원칙에 의하여 최선을 다하는 것은 모든 공직자의 당연한 책무다. 나에게 댓글사건의 공정한 처리는 그러한 책무 중 하나였다.

나는 국민의 한 사람으로서, 공직자로서, 서울경찰의 총 책임자로서 처음부터 끝까지 공명정대하게 이 사건에 임했다. 어려운 때일수록 원칙을 지켜야 한다는 것을 마음 깊이 새기면서 최선을 다했다. 그럼에도 불구하고 훗날 내가 최대의 피해자가 되었으니 참으로 아이러니라 하지 않을 수 없다.

댓글사건의 전모를 밝힌다

2012년 12월 11일 화요일

저녁 6시 40분경 서울 강남구 수서경찰서(수서서) 도곡지구대로 한 통의 전화가 걸려왔다. 전화를 건 사람은 민주당 당직자로 서울 역삼동 ○○○ 오피스텔에서 국정원 여직원이 선거에 개입해 부당한 선거운동을 한다는 신고였다. 신고를 받고 선거관리위원회 직원이 즉각 현장으로 출동했고, 관할 경찰서인 수서서 경찰들도 현장으로 달려갔다.

신고한 민주당 관계자와 선관위 직원이 K의 오피스텔로 들어가 1차 살펴본 결과 평범한 여직원의 평범한 오피스텔임을 확인하고 밖으로 나왔다. 오피스텔에는 데스크탑 컴퓨터와 노트북이 있었으나 이는 어느 곳에나 있는 생활필수품이었다.

그럼에도 K가 국정원 직원이라는 사실이 밝혀지면서 사건은 예기치 못한 방향으로 전개되기 시작했다. 민주당의 항의로 재차 진입을 시도했으나 K는 자신의 컴퓨터는 업무용이며 이는 국가안보에 영향을 줄 수 있는 사항이 담겨 있으므로 섣불리 넘겨줄 수 없다고 거부했다.

안에서 문을 잠근 채 대치 상황이 계속되었는데 소식을 듣고 달려온 민주당 의원들과 관계자들, 언론사 기자들, 경찰, 선관위 직원들이 몰려들어 사건은 일파만파로 확대되었고 대치 상황이 인터넷으로 생중계되어 전 국민의 관심을 끌게 되었다. 훗날 이 상황이 대치인지, 감금인지를 놓고 논란이 벌어졌으며 재판으로까지 넘어가게 되었다.

선관위는 이 사건을 경찰에 넘기고 현장에서 철수했다. 이날 경찰은 K의 오피스텔 내에 들어가지 않았지만 수서서장이 나에게 보고할 때는 '경찰도 들어갔다'고 잘못 보고하는 촌극이 있었다. 이에 선거 주무과장으로 현장에 나가 있던 권○○ 수사과장(이하 A로 칭한다)을 전화로 연결해 상황을 보고 받았는데 조리있게 잘 설명했기 때문에 똑똑하다는 인상을 받았다.

12월 12일 수요일

아침 일찍 출근하여 8시 40분경 차장·부장단 등과 간단한 티타임을 가졌다. 평소에는 월요일과 금요일에만 회의를 했지만 전날 중대한 선거 관련 사건이 발생했기 때문에 정식 회의는 아니지만 간단한 티타임을 가진 것이다. 이 자리에서 "수서서의 A과장이 상황을 잘 파악하고 있더라"고 칭찬하였다.

티타임이 끝난 이후 수서서장이 나에게 전화로 대치 상황을 보고하면서 "비록 K의 컴퓨터에 대한 압수수색영장 신청의 요건은 부족하지만 사안의 중대성을 감안해 영장을 신청해야 되겠다. 또한 경찰에서 영장을 신청하지 않으면 훗날 경찰이 모든 사태의 책임을 뒤집어 쓸 수도 있기 때문에 검찰의 의견을 물어보는 것이 필요하다"는 취지로 지휘보고를 했다.

나는 사건이 발생한 현지 경찰서장의 의견과 입장을 존중했다. 이는 모든 사건은 사건이 발생한 곳의 서장이 책임지고 수사를 하는 것이 원칙이었기 때문이었다. 나아가 나는 영장신청과 관련하여 검찰의 의견을 들어볼 필요가 있다는 수서서장의 의견에 공감했다. 그리하여 "서장 책임 하에 오해받지 않도록 투명하고 공정하게 잘하라"고 격려성 지휘를 했던 것이다.

나는 수서서장과 전화를 끊은 후 김○○ 경찰청장(본청장)에게 전화를 걸어 "수서서장의 의견에 공감하며, 영장신청이 필요하다"고 의견을 밝혔다. 그런데 김 본청장은 영장신청에 대해 신중한 입장을 갖고 있었다.

"이 사건 처리도 중요하지만 향후 있을 검찰과의 수사권 논쟁이 정말 중요한데, 이렇게 요건도 되지 않는 사건에 대해 영장을 신청하는 경찰에게 어떻게 수사권을 줄 수 있겠느냐라는 구실과 경찰의 수사역량에 대한 비판의 빌미를 주지 않겠느냐"는 것이 반대 입장의 핵심 취지였다.

수사주체성 확립이라는 가장 중요한 숙제를 안고 있는 경찰청장 입장에서는 당연히 그렇게 지휘할 수 있다고 생각하면서도, 이 사건의 정치적 파장이 훤히 보이는 상황에서 나는 거듭 김 본청장에게 "이번 영장신청 건은 서울청에 맡겨주시죠"라고 말하면서 영장신청 보류를 재고해 줄 것을 요청했으나 본청장의 뜻을 꺾지는 못했다.

나는 이러한 본청장의 지침을 수서서장에게 바로 전달하지 못하고, 10시에 방문 예정되어 있던 서울청 부근 복지시설 위문을 다녀온 다음, 수서서장에게 전달했다. 복지시설에 머문 시간과 이동에 걸리는 시간을 계산해보면 아마 11시 무렵으로 추정된다.

그때 수서서장은 이미 경찰청 담당 과장인 김○○ 지능범죄수사과장과 서울청의 이○○ 수사과장으로부터 그러한 본청의 입장을 전달받았다고 말하였고, 나에게 영장신청을 일단 보류하겠다는 취지로 보고했다. 국정원 직원 K의 컴퓨터 압수수색영장 신청에 대해서는 내가 책임을 떠넘기기 위해 말하는 것이 아니라 실제로 김 본청장의 의지가 반영된 것이 사실이다.

이는 김 본청장이 증인으로 출석한 1심법정의 증언에서도 확인되었다. 1심재판부 판결문에서 "경찰청장인 김○○의 결단에서 유래되었다"고 판시하였음은 물론이다.

그렇다면 김○○ 경찰청장은 왜 그렇게 판단하게 되었을까? 1심법정에서 한 그의 증언을 살펴보자.

- **변호인** : 증인은 2012년 12월 12일 오전에 서울청장으로부터 수서서가 K의 컴퓨터 등에 대한 압수수색영장을 신청하려 하는데 승인해주면 좋겠다는 취지의 지휘보고를 받은 적이 있나요?
- **김○○** : 네. 그런 것 같습니다.

● **변호인** : 당시 서울청장은 증인에게 "압수수색영장을 신청하기에는 소명자료가 부족한 것이 사실이지만 지금 이를 신청하지 않을 경우 모든 책임과 부담을 경찰이 그대로 떠안을 것이 명확하므로 영장을 신청하여 검찰의 의견도 들어보는 것이 분명히 필요하다"는 취지의 수서 경찰서장의 말을 전달하면서, 서울청장 자신도 이에 공감하므로 영장을 신청하는 것이 필요하다는 취지로 증인에게 말하였지요?

● **김○○** : 그런 것 같습니다. 정확하게 워딩은 기억나지 않습니다만 그런 류의 얘기를 한 것 같습니다.

● **변호인** : 증인은 이러한 서울청장의 지휘보고를 받고나서 압수수색영장 신청에 대해 재검토 지시를 하였나요?

● **김○○** : 지금 정확히 기억나지 않습니다만 당시 실무과장이 저한테 와서 "서울청에서 영장을 신청하려 한다, 그런데 검토를 해보니 영장신청 요건에 맞지 않는다, 또 대검과도 상의를 해보니까 이것이 적절치 않다고 한다, 이것은 신중하게 재고하는 것이 좋겠다"고 저한테 보고를 했고, 그래서 제가 "그러면 법과 원칙에 따라서 해라, 수사권 조정도 있고 한데 되지도 않는 것을 괜히 공 떠넘기기 식으로 하면 되겠느냐"고 말한 기억이 있고, 아마 서울청장과도 통화를 했다면 그런 요지의 내용이었을 것입니다.

● **변호인** : 지금 답변 내용 중에 실무과장이라고 한 사람은 김○○ 본청 지능범죄수사과장을 말하는 것이지요?

● **김○○** : 네.

- **변호인** : 김○○ 과장은 대검과 압수수색영장 신청과 관련하여 업무 협의를 한 사실이 있는데, 증인은 아는가요?

- **김○○** : 예. 들었습니다.

- **변호인** : 증인은 압수수색영장 신청과 관련하여 대검의 의견은 어떠하였는지 김○○으로부터 보고를 받았나요?

- **김○○** : 네. 요건이 되지 않으니까 신청을 하면 기각될 것이다. 그러니 신청하지 않는 것이 좋겠다는 의견으로 보고를 받았습니다.

- **변호인** : 증인은 본청 간부들과 함께 영장 신청과 관련하여 논의한 후 재검토 지침을 내리기로 결론내린 것인가요?

- **김○○** : 네. 제가 그렇게 결론을 내렸습니다.

- **변호인** : 구체적으로 누구와 어떤 내용의 논의를 하였나요?

- **김○○** : 논의라기보다는, 실무과장이 그 부분에 전문성이 있기 때문에 해당 과장이 본인 스스로 주변의 전문가들과 상의하고 대검과 상의해서 "이것은 영장신청 요건이 안 된다. 책임을 떠넘기기 위한 신청이다"라고 저한테 보고했기 때문에 "그러면 원칙대로 하라"고 지시를 했던 것입니다.

이상에서 보듯 김○○ 본청장에게 가장 영향을 준 것은 본청 담당과장의 보고였고, 그 담당과장은 대검과의 협의 과정에서 대검의 입장에 영향을 크게 받았음을 알 수 있다.

수서서가 2012년 12월 12일 아침에 압수수색영장 신청을 적극 검토하고 있다는 사실은 인터넷과 일부 언론에 유포되었기 때문에 서울청에서 공식 보고하기 전에 본청 차원에서 그 정황을 인지하고 따로 검토하였던 것이다.

어쨌든 이러한 과정을 거쳐 수서경찰서장은 11시 무렵 압수수색 영장을 신청하러 검찰청으로 출발했던 직원들을 되돌아오게 하였고 11시 30분 무렵에는 압수수색영장 신청 사건이 일단락되었다. 이는 담당 직원들의 일치된 법정 증언을 통해 확인된 진실이다.

이날 나는 외부 행사가 있어 점심식사 후 오후 2시가 조금 넘어 서울청으로 돌아왔다. 얼마 있지 않아 이 사건 서울청 주무과장인 이○○ 수사과장과 김○○ 수사2계장이 함께 들어와 본청에서의 압수수색영장 신청 보류 지침에 대한 이런저런 이야기와 오전에 수서서에서 영장신청을 보류하였다는 것을 보고하면서, 고생하는 A과장에게 격려 전화를 해 줄 것을 건의하였다.

당시 나는 A과장에게 좋은 이미지를 가지고 있었다. 전날 밤 이 사건에 대해 물었을 때 똑똑하게 대답하였던 것이 인상에 깊이 남아 그날 아침에도 차장·부장과의 티타임 시간에도 A과장을 칭찬했었다. 나는 "좋은 생각이다. 그렇게 하자"라고 말하며 부속실에 지시하여 전화가 연결된 것이 정확히 2시 59분이었다. 그때부터 4분 30초 간 통화한 것으로 통화 내역에 나와 있다.

서울청장이란 사람이 아무리 한가하다 해도 오전에 영장신청을 보류하겠다는 경찰서장의 보고를 받았음에도 서장의 지휘를 받고 있는 수사과장인 A에게 4시간이 지나 갑자기 전화를 걸어 영장신청을 보류하라는 압력성 지시를 내릴 이유가 있을까?

지금까지도 대부분의 사람들은 내가 A에게 전화를 걸어 온갖 압력을 넣었다고 생각하고 있다. 그러나 나는 단지 좋은 인상을 가지고 있던 일선서 과장에게 '수고 많다'며 '신중하되 당당하게 잘하라'고 격려 전화를 했을 뿐이다. 이 격려 전화가 A의 주장에 의해 '외압'으로 둔갑했으니 지금도 나는 그저 아연할 뿐이다.

이 전화 한 통화로 인해 나는 파렴치범으로, A는 '잔 다르크'로 불리게 되었기 때문에 이 내용과 관련해서는 제2부 재판 과정을 소개할 때 한번 더 상세히 언급하였다.

어쨌든 이날 오전 11시 30분쯤 압수수색영장 신청이 보류되었고, 오후 3시 50분쯤 수서서에 민주당의 고발장이 접수되었으며, A는 담당 과장으로서 오후 5시 30분경 "혐의 사실과 관련한 소명자료가 부족하여 강제수사(압수수색영장 신청)가 불가능하다"는 취지의 언론 브리핑을 했다. 그 와중에도 오피스텔에서의 대치는 계속되고 있었다.

12월 13일 목요일

오전에 새누리당 의원 4명이 수서서를 방문해 신속하고 정확하게 조사하여 국민들의 의혹을 해소해줄 것을 요구했다. 점심 무렵 오피스텔 안에 있던 국정원 직원 K가 데스크탑과 노트북을 임의제출하겠다는 의사를 표시했다. 임의제출은 압수수색과 달리 본인 스스로 수사기관에 제출하는 것을 말한다.

이윽고 오후 2시 40분에 출입문을 열고 수서서 경찰들이 안으로 들어가 데스크탑과 노트북을 건네받았다. 그때 그 자리에 K의 변호사가 동석했으며, K는 처분의견란에 '2012년 10월 이후 박근혜·

국정원 직원이 작성한 임의제출서

문재인 비방·지지글에 대해서만 확인한다'는 사항을 자필로 기재하고 서명한 뒤 넘겨주었다. 기간과 요건을 한정한 이유는 민주당 고발장에서도 10월 이후를 문제삼고 있으며, 노트북에는 개인적 내용의 문서나 파일도 많으므로 프라이버시 보호 차원에서 '박근혜·문재인 비방·지지글'로 한정한다는 것이었다. 이 자리에는 수서서 A 수사과장과 J형사가 함께 있었다.

오후 3시 30분에 서울청 사이버수사대는 수서서로부터 노트북을 건네받아 이미징 작업을 준비했으며, 여기에는 서울청 디지털증거분석관, 수서서 직원, 선관위 직원 2명, K의 변호사 등이 동석했다. 이때 서울청 사이버수사대장이 변호사에게 사이버공간 수색을 위해서는 컴퓨터를 전부 다 들여다볼 수밖에 없다고 통보했다. 분석팀원은 서울청 5명, 본청 4명으로 이루어져 모두 9명이었는데 이

들은 전부 디지털 증거분석의 전문가들이었다.

여기서 한 가지 덧붙이자면, 분석작업에 참여한 전문가들의 출신지다. 9명은 출신 지역이 서울, 경기, 영남, 호남 등 지역별로 골고루 안배가 되었다. 처음부터 의도적으로 이렇게 편성한 것은 아니지만, 전문가들을 차출하고 보니 지역별로 편중되지 않게 구성된 것이다. 즉 공정성 차원에서도 전혀 문제될 것이 없었다.

나는 분석실을 별도로 마련하면서 분석의 모든 과정을 영상에 담으면 좋겠다는 서울청 이○○ 수사과장의 건의를 받아들여 녹음·녹화 영상시스템으로 전과정을 녹화하도록 지시했다. 보통의 CCTV는 동작만 녹화가 되지만 이 영상시스템은 동작과 말 모두 녹음·녹화가 되는 것이다. 분석관들이 하는 모든 행동, 대화, 혼잣말, 전화 통화 및 분석실에 드나드는 사람 등 분석의 전체 모습이 담겨지도록 한 것이다.

추후 발생할지 모르는 외압과 모의, 수사방해, 은폐, 조작 주장을 사전에 철저하게 차단하기 위해서였다. CCTV 촬영은 총 127시간이었는데 증거분석에 관한 모든 과정을 촬영하기는 경찰 역사상 처음이었다. 워낙 예민한 사건이기 때문에 어떤 식으로 분석결과가 나오든 간에 틀림없이 공정성 시비가 일 것이라 예상되었으므로 최선의 조치를 강구했던 것이다. 만약 분석관이 어떤 자료를 발견하고 고의로 삭제했다면 그 장면이 고스란히 촬영되었을 것이다. 그런 상황에서 어떤 분석관이 자기 마음대로 자료를 삭제하고, 추가하고, 변경시킬 수 있었겠는가?

그런데 훗날 야권과 검찰은 CCTV 영상을 처음부터 끝까지 면밀히 탐색하지도 않은 채 일부만 잘라서 그것이 조작의 증거라고 몰아붙였다. 검찰은 CCTV의 일부 장면을 자의적으로 해석해 디지털 증거분석팀 분석관을 천하의 흉적으로, 나를 그 흉적의 대장으로 모는 여론몰이에 잠시 성공했지만 진실이 밝혀지면서 부메랑을 맞고 말았다.

특히 새누리당 김진태(강원 춘천) 의원이 국정조사 청문회에서 검찰이 CCTV 동영상을 왜곡 편집하여 언론에 발표한 잘못된 사례를 적시하는 등 그 진실을 밝혀내 여론의 반전을 가져왔고, 재판을 통해 속속들이 그 실체가 드러나 검찰의 주장이 얼마나 자의적이고 엉터리였는지를 입증했다.

전후 상황을 살펴보면 분석관들이 공정하게 분석에 임했음을 파악할 수 있음에도 자기 입맛에 맞춰 자의적으로 해석해 자승자박한 꼴이 된 것이다. 전 과정이 녹화되었음에도 그렇게 몰아붙이는 모습을 보면서 만약 내가 그때 CCTV를 촬영하지 않았다면 얼마나 큰 곤경에 빠졌을까 하는 생각이 들었다. 또한 CCTV를 촬영했기에 주요 쟁점에서 야권과 검사의 잘못된 주장을 반박할 수 있었다.

훗날 재판 과정에서 "사건이 일어난 곳은 수서서 관할인데 왜 서울청에서 분석작업을 했느냐? 증거를 인멸하려는 것 아니었느냐?"는 논란이 일었다. 서울청장인 내가 직접 관장하면서 증거를 인멸시켜 특정 후보에게 유리하게 하려 했다는 주장이었다. 이는 터무니없는 주장일 뿐 아니라 당시 상황을 전혀 알지 못하는 일방적인 주장에 불과했다.

수서서는 컴퓨터를 분석할 수 있는 전문인력과 장비, 프로그램이 없었다. 서울청은 물론 장비와 인력을 갖추었지만 공정성 차원에서 본청에서 해주기를 건의했으나 본청의 조정에 의해 서울청에서 하되 본청에서 전문인력이 파견되었던 것이다. 그리고 공정성 확보 차원에서 선관위 직원과 수서서 직원이 분석작업에 동참토록 조치하였다. 그런데 선관위 직원은 선거가 코앞에 닥친 상황이라 계속 분석작업에 참여할 수 없다며 원래 업무로 돌아갔다. 수서서 직원은 자신이 할 역할이 없다고 하며 스스로 수서서로 되돌아갔는데 엄밀히 말하면 지시위반으로 볼 수 있는 사항이었다.

12월 14일 금요일

오전에 국정원의 협조로 노트북 보안을 해제하고 본격적인 분석에 들어갔다. 나는 수사부장, 수사과장 등 지휘라인을 통해 "철저하고 공정하게 하라. 분석관들이 자율적인 분위기에서 자신의 책임 하에 분석할 수 있도록 철저히 보장해주어라"라는 지침만 주었을 뿐 분석실에는 발길조차 들이지 않았다. 행여 추후에 발생할지 모를 공정성 시비를 원천부터 차단하기 위해서였다. 만약 내가 직원들을 격려하기 위한 단순한 목적으로 단 1분이라도 방문했다면 훗날 재판에서 굉장히 불리하게 작용했을 것이다.

오후 4시 23분에 수서서에서 서울청으로 보낸 키워드에 관한 1차 공문이 도착했다. 여기에는 73개의 키워드 목록이 있었다. 이어 저녁 8시 28분에 2차 공문이 도착했는데 추가로 27개의 목록이 담겨 전체 키워드는 100개가 되었다. 참고로 수서서가 보내준 전체 100개 목록은 다음과 같다.

DMZ 군대 납세
네거티브 정권교체 기득권
문재인캠프 한명숙 부림사건
네이버 안철수 단일화
김일성 통합진보당 동계올림픽
호화주택 법무법인 부정취업
사람 대선 새누리당
김대중 힐링캠프 종북세력
부산저축은행 진선미 불법대선자금
박근혜 협력 아이패드
이은미 대선토론 굿판
슬로건 인권변호사 사람사는세상
후보 선거 특권
나꼼수 열쇠 테마주
민정수석 김두관 사형제폐지
문재인 부산 정당
호구 군복무 김어준
명품의자 명품안경 선거사무실

종북 민주통합당 병역
유시민 참여정부 반값등록
원전공약 평화대장정 가식적
전과 노무현 지지율
다운계약서 문성근 손학규
종교평화법 한대련 사랑채
26년 공약 노동자
검찰개혁 윤여준 바른손
증오범죄처벌법 호남유세 수임료
김정은 서민 특전사
여론조작 강금실 열린우리당
집중유세 호화저택 위선적
이정희 연설 호남
나라사랑 주체사상 한겨레
찬조연설 흑색선전 취업특혜

48

이 키워드는 사이버수사의 문외한인 직원에게 인터넷을 보고 무작위로 뽑도록 하여 작성된 것으로, '네이버, 사람, 병역, 연설, 강금실, 바른손, 열린우리당, 가식적, 사랑채' 등 대부분의 키워드가 무의미했고, 설사 의미가 있다 해도 100개 키워드를 분석하는 것은 물리적, 시간적으로 어려운 상황이었다. 그리하여 분석관들은 자체 회의를 거쳐 4개의 키워드로 압축했다. 바로 '민주통합당, 새누리당, 박근혜, 문재인'이었다.

이 4개의 키워드와 14일 밤과 15일 새벽에 걸쳐 찾아낸 국정원 여직원의 것으로 추정되는 ID · 닉네임 40개를 합쳐 44개의 키워드로 분석작업은 진행되었던 것이다.

훗날 재판에서 내가 키워드 축소에 관여하지 않았느냐가 쟁점이 되었는데, 나는 결단코 키워드 문제에 관여하지 않았으며 알지도 못했다. 전문기술적인 사항이라 나에게 보고하거나 내가 이러쿵저러쿵 간섭할 사안은 더더욱 아니었다.

그때 오후 7시 36분 즈음에 경찰청(본청)에 출입하는 YTN 기자가 단독으로 '국정원 직원 컴퓨터에 보안 걸려 있어'라는 보도를 내보냈다. 이 보도가 나간 후 다른 언론사의 항의를 많이 받은 나는 두 가지를 지시하였다. 먼저 엠바고(embargo: 일정 시점까지의 보도금지)를 서울청 출입기자들에게 요청토록 했다. 그러나 한 언론사의 반대로 엠바고는 성립되지 못했다.

다른 하나는 분석진행 상황을 보고할 때 행정보고서 형태로 만들지 말고 간단히 구두로 하거나 메모로 보고하도록 했다. 본청의 출입기자를 통해 보도가 된 것으로 보아 행정보고서 정리 과정에서 유출되었을 것으로 추정되었기 때문이었다. 본청장에게는 내가 직접 전화를 걸어 그 취지를 설명하고 승인을 받았다. 본청장과 나 모두 최종 분석결과가 중요한 것이며, 전문가들이 자신의 책임하에 분석하고 있는 과정 자체에 대해서는 큰 의미를 두지 않았기 때문에 의견이 일치하였다.

저녁 9시에 한 분석관이 노트북 Downloads 폴더에서 삭제된 메모장 txt파일을 발견했다. EnCase 프로그램의 기본 복구 기능인 Recover Folders로 복구한 것이었다. 국정원 직원 K가 특수한 프로그램 등 고도의 기법을 이용해 삭제한 것이 아니라 단순 삭제한 메모장 txt파일이었다.

훗날 검찰은 메모로 보고하도록 한 지시는 txt파일이 발견된 후 증거를 은폐하기 위한 조치라고 주장했으나 이 주장은 철저히 모순이다. 메모보고를 지시한 것은 12월 14일 저녁이었고 txt파일이 발견되었다고 나에게 보고한 것은 12월 15일이었기 때문이다. 즉 메모보고 지시는 txt파일이 발견되기 이전에 내린 지시였으며, 증거를 조작하거나 은폐하기 위한 것이 절대 아니었다.

앞에서 말한 것처럼 민감한 대선 정국에서 보안을 유지하고 보고자들이 간략하게 보고할 수 있도록 배려한 것이었다. 그럼에도 검찰은 전후 상황을 면밀히 살피지도 않고 심증에 의한 터무니없는 주장을 한 것이다.

12월 15일 토요일
대통령선거가 4일 앞으로 다가왔고, 국민의 눈과 귀는 여전히 국정원 댓글사건에 쏠려 있었다. 이날 새벽 4시에 한 분석관이 메모장 txt파일에 기재된 ID·닉네임 중 하나를 K가 사용한 사실을 밝혀냈으며, 분석관들은 중간 간부인 C에게 '메모장 txt파일 복원'을 보고했다.

오전 10시 44분경 아직 관사에 있는 나에게 서울청의 최○○ 수사부장이 이 사실을 간략히 보고했고, 나 또한 전화로 김 본청장에게 간단히 보고했다. 실제 기억에 남는 것은 직원들이 열심히 일하여 의미있는 것을 발견했다는 정도였다.

12시 40분쯤 출근하여 이 사건 담당과장인 서울청 이○○ 수사과장으로부터 다시 한번 간단한 보고를 받았다. 처음으로 메모 보고를 받은 것이다. 나는 보고 내용에 큰 의미를 두지 않았다. 중요한 것은 분석관들이 자율적이며 독립적으로 자기의 책임 하에 분석하는 것이 중요하지, 내가 그 진행 사항을 알고 모르고 하는 것은 중요치 않다고 생각했기 때문이다.

검찰의 의심과 편견은 이 메모와 관련하여 절정을 보여준다. 내가 이 메모를 이○○ 과장한테 건네받고서 국정원 직원에게 몰래 빼돌렸을 것이라는 의심이다. 참으로 어이없고, 얼마나 경찰을 낮추어 보고 있는지에 대한 단적인 예라 할 것이다.

오후 2시쯤 나는 서울청 인근(청와대 부근이기도 하다)의 백송이라는 식당에 도착해서 친지 및 충북경찰청에 근무했을 때 알게 된 지인들과 점심식사를 했다. 원래 6명이 참석하기로 했는데 1명이 추가되어 나를 포함해 모두 8명이었다. 서울청에서 추진하고 있는 주폭

2012. 12. 15 서울경찰청을 방문한 지인들과 함께

척결 시책 등의 홍보 동영상을 시청한 다음 교통관제시스템 등을 견학했기 때문에 점심시간이 다소 늦어졌던 것이다. 사진에서 보듯 단순히 지인들과의 점심식사였는데 훗날 국정조사 청문회에서 이 것이 중요 쟁점으로 등장했다.

야당의 몇몇 의원은 이 점심 자리가 바로 내가 특정 후보에게 유리한 발표를 하기 위한 대책 모임이 아니었느냐고 집요하게 따져 물었다. 점심식사 예약 상황과 영수증까지 제시하며 관계기관 사람 들을 만나 증거 조작과 은폐를 모의하지 않았느냐고 추궁했다. 나는 누구랑 식사를 했는지 실제 기억이 나지 않아 '기억나지 않는다'고 대답했던 것이다.

오후 5시 30분에 김 본청장이 디지털증거분석실을 격려차 방문했다. 그 자리에서 한 분석관이 "12월 16일 오후경이면 분석이 끝날 것"이라 보고했다. 이 보고는 그 분석관이 스스로 판단해서 그렇게 말한 것이며, 나는 그 자리에 없었다. 주폭척결을 잘하고 있는 구로경찰서 직원들을 격려하기 위해 구로로 가는 중이었다.

오후 8시에는 서울청의 담당 수사관들과 분석관들이 모여 분석이 끝날 경우를 대비해 예상 질의답변 및 언론 브리핑을 준비하기로 결정했다. '국정원이 선거에 개입했다'는 결론이 나오든 그 반대로 '선거에 개입하지 않았다'는 결론이 나오든 국민과 언론에 그 사실을 알려야 했기에 미리 준비를 한 것이다.

그런데 이것 또한 문제가 되었다. 야권과 검찰에서는 이 회의가 미리 결론을 내린 짜맞춘 회의라고 주장한 것이다. 이 주장 역시 터무니없다. 개인이든 기업이든 국가기관이든 국민과 언론에게 어떤 사실을 발표할 때는 미리 철저히 준비하고 사전에 예상 질의를 검토하고 그에 따른 답변도 마련한다. 아무런 준비 없이 덜컥 발표만 하지는 않는다. 그런데 이것이 짜맞춘 회의이고 모의로 둔갑하는 모습을 보면서 황당함을 넘어 경악할 수밖에 없었다.

한편 언론에서는 분석결과가 나오면 바로 발표한다는 경찰의 방침을 계속 보도하고 있었다. 2012년 12월 14일자 〈헤럴드경제〉에서는 "경찰 관계자는 14일, 진실 규명을 위해 제기된 의혹을 신속하게 수사해 발표한다는 게 일관된 원칙이며, K가 임의로 제출한 컴퓨터에 대한 분석이 끝나는 대로 수사결과를 발표하겠다"고 밝혔다는 보도를 했다.

2012년 12월 15일자 〈한국일보〉에서는 김○○ 경찰청장은 이번 수사와 관련해 "기간은 예단하기 어려우나 최대한 신속하게 국민의 의혹을 풀어드리겠다"고 밝혔다는 보도를 했다.

12월 16일 일요일

일요일임에도 분석관들과 수사관들이 밤을 꼬박 새워가며 분석 작업에 매달렸다. 이들은 며칠 동안 제대로 잠도 못자고 먹는 것도 부실해 과로로 쓰러지기 일보 직전까지 갔다는 이야기를 나중에 들었다. 이토록 열심히 일하고도 훗날 국정조사와 국정감사, 재판에 증인으로 불려다니며 '직무에 소홀했다', '증거를 인멸했다'는 비난을 받았으니 얼마나 억울하였겠는가!

나는 이날이 일요일이었고 또 전날 입은 손톱 부상으로 인해 병원에 다녀오느라 오후 2시에 출근했다. 분석은 계속되었는데 그 추세라면 밤 9시 전후로 분석이 완료될 것으로 예측된다는 보고를 받았다. 그때까지 K 직원이 선거에 관여하는 댓글을 작성했다는 흔적은 발견되지 않았다. 단지 몇 개의 글을 인터넷 사이트에 올렸는데 선거와 무관한 글이었고, 다른 사람이 쓴 글에 찬성/반대를 눌렀는데 이러한 찬반클릭을 선거 개입이라 볼 수 없다는 보고를 받았다.

그에 따라 저녁 8시 30분에 관계자들이 모두 참여한 회의를 열어 문재인·박근혜 비방/지지 관련 게시글·댓글이 발견되지 않았음을 확인하고 향후 일정을 논의했다. 아침에 발표하느냐, 밤에 발표하느냐가 핵심 쟁점이었다.

엠바고 요청이 받아들여지지 않은 상황이었고, 분석결과가 나오면 바로 발표한다고 언론을 통해서도 여러 차례 천명되었기 때문에 '원칙'대로 결과가 나오는 시간에 맞춰 발표토록 의견을 모았다. 다만 인터뷰는 시간의 제약 때문에 다음 날 아침에 수서서장이 하도록 하고, 보도자료를 만드는 시간 등을 감안하여 보도자료 배포는 밤 11시에 하도록 정리되었다.

나는 김 본청장에게 전화를 걸어 "분석이 실질적으로 완료되었는데 특별히 발견된 것은 없다. 23:00경 보도자료를 배포하고 내일 (월) 아침에 수서서장이 브리핑하도록 하겠다"고 보고했다. 본청장은 바로 승인했다. 그 후 수서서장에게 바로 전화를 걸어 "분석이 실질적으로 완료되었는데 발견된 지지·비방글이 없다. 본청장도 승인했으니 23:00경 보도자료를 배포하고, 내일 아침에 국민과 언론을 상대로 브리핑할 준비를 하라"고 지시했다.

드디어 밤 9시 15분에 디지털증거분석이 완료되었고, 10시에 결과보고서가 완성되었다. 저녁 10:30~11:00 사이에 경찰청 인트라넷으로 〈디지털증거분석결과 보고서〉와 〈보도자료〉가 순차적으로 수서서장에게 전달되었다. 이때 A가 수서서장에게 "증거분석 결과를 알아야 한다"고 말하여 수서서장이 서울청에 전화를 걸어 분석결과보고서를 보내달라고 요청하여 보내주었다. 그러나 보도자료 배포와 관련해서는 통상적인 업무 절차였고 서울청이나 수서서의 그 누구도 반대하거나 불만을 갖지 않았다. 다만 A만이 당시 반대했다고 사후적으로 말하고 있을 뿐이다.

보도자료 중, 디지털증거분석 부분은 이를 담당한 서울청 디지털 분석팀에서 작성하였고, 감금 부분을 포함한 향후 수사계획은 수서서에서 작성하였다. 발표의 핵심 내용은 디지털증거분석 결과이기는 하나 수사 주체가 수서서이기 때문에 수서서에서 발표토록 하였다. 이는 12월 14일 작성된 엠바고 요청서에도 그대로 나와 있다. 실제 국과수에서 분석해낸 증거를 가지고 해당 수사기관이 발

엠 바 고 요 청 서

서울지방경찰청 사이버수사대

(사이버수사대 : 경비 5900, 일반 700 - 5900)　　　　　　2012. 12. 14.(금)

o **요청내용 : 수서서 국정원 여직원 인터넷 여론조작 의혹 사건관련**
　서울청 디지털증거 분석팀은 분석기관이므로 일체 언론대응을 하지 않을
것이며, 분석결과 발표시까지 원활한 분석 및 취재 혼선 방지를 위해 엠바고를
요청합니다.

o **엠바고 요청사유**
　공범검거( )　피해자 보호( )　보강수사( )　기타(O)

o **요청기한 : 수서서 분석결과 발표시까지**

언론사	기자	연락시간	허용여부 (O, ×)	언론사	기자	연락시간	허용여부 (O, ×)
연합	조전석	22:01	O	한겨레		22:29	O
경향		22:06	O	내일	장하 는연중 (이서노 나선씨)	22:40	
국민		22:01	O	KBS		22:11	O
서울		22:17	O	MBC		22:14	O
동아		22:02	O	SBS		22:15	O
문화		22:16	O	YTN		22:17	O
세계		22:18	O	CBS		22:19	
조선	조견벽	22:05	O	mbn	신자기 여기자		
중앙		22:28	O	뉴시스			
한국		22:02	O				
국중의 소리							
OBS							

표하는 것에 비추어볼 때 하등 이상할 것이 없다.

　밤 11시에 수서서는 보도자료를 토대로 중간수사 결과를 발표했
다. 그리고 모든 국민과 언론사들이 볼 수 있도록 수서서 홈페이지
에 게재했다. 홈페이지에 게재한 이유는 공개원칙에 따른 것이었
고, 이 역시 통상적인 업무절차였다.

　이 사건은 대선을 불과 1주일 앞둔 시점에 발생했으며, 사실 여

부에 따라서는 그 파급력을 상상할 수조차 없었다. 이에 여야 정치권은 물론 국민들도 K의 노트북에서 박근혜, 문재인 후보를 지지·비방하는 댓글, 더 엄밀하게 말하면 '국정원 직원이 문재인 후보를 비방하는 글'을 게시한 사실이 있는지 여부가 초미의 관심사였다.

그리고 어떻게든 대선 전에 디지털증거분석 결과를 발표해야 한다는 국민적 공감대가 형성되어 있었다. 〈도표〉에서 보듯 여야 정치권 모두 K의 컴퓨터를 분석해서 발표하면 의혹이 해소된다고 주장했고, 이에 따라 신속한 분석과 그 결과발표를 요구했다. 이와 같은 상황을 전혀 감안하지 않은 채 내가 당일 밤에 결과를 발표토록 한 것을 두고 선거에 개입했다고 주장하는 것은 어불성설이다.

검찰은 1심 결심공판에서까지 컴퓨터 하드를 분석하여 빨리 발표해달라고 요구한 쪽은 국정원과 새누리당이었고, 민주당은 서버를 압수, 수사해서 그 결과를 밝혀달라고 하였지, 디지털증거분석을 발표해달라고 요구한 적은 없었다고 주장했다.

그러나 민주당에서도 분석결과를 빨리 발표해 달라고 공개적으로 요구했다. 특히 당시 민주당 선대위 상임고문이었던 정세균 의원은 12월 13일 〈CBS 김현정의 뉴스쇼〉에 전화로 출연해 이를 분명히 요구했다.

◇ **김현정** : '국정원 여직원이 문재인 후보를 비방하는 댓글을 달았다. 그런데 그 여직원뿐 아니라 조직적인 여론조작 행위가 있었다.' 이런 주장입니까?

◆ **정세균** : 그렇습니다. 그런 제보가 있었고, 또 저희 당직자들이

국정원 댓글사건에 대한 여야 정치권의 신속한 수사촉구 관련 논평·언론 보도

구분	일시·장소	브리핑	내용
새누리당	12.14 당사	중앙선대위 수석부대변인 이상일	경찰은 국정원 직원 김○○의 컴퓨터에 대한 분석작업을 속히 마무리 짓고 결과를 국민께 공개해주기 바란다
	12.15 당사	중앙선대위 수석부대변인 김근식	진실을 호도하는 불필요한 논란이 되지 않도록 경찰의 조속한 수사를 거듭 촉구한다.
민주당	12.13 캠프기자실	대선캠프 대변인실 우상호 단장	저희가 무슨 내용을 원하면 또 진위공방을 벌이고 지지한 정치공방으로 이루어지고 있다. 수사당국이 오늘 하루 중의 수사를 통해서 즉각 확인해주실 것을 다시 한번 촉구한다.
	12.13 CBS라디오 (김현정뉴스쇼)	민주통합당 상임고문 정세균	문제가 되는 컴퓨터를 신속하게 확인해서 의혹을 해소하면 되겠죠.
	12.14 캠프기자실	대선캠프 대변인실 진성준	선거일 전에 수사결과가 나오는 것을 막기 위한 고의적인 시간을 끌기가 아니었는가 하는 의심을 갖지 않을 수 없다. 국정원은 풀리지 않고 더 쌓이기만 하는 의문에 대해 분명하게 대답하고 경찰 수사에 적극 협조할 것을 촉구한다. 시간이 없다.
진보정의당	12.12 당사	대변인 이정미	국정원의 선거개입과 여론조작 의혹, 신속하고 철저한 수사를 촉구한다.
언론 사설	12.12 한겨레	국정원 '대선 개입' 의혹, 신속하게 진위 가려라 題下 - 대선을 앞둔 민감한 시점이란 점을 고려하면 경찰과 선관위는 불필요한 논란이 없도록 서둘러 진위를 가려야 할 책임이 있다.
언론 사설	12.13 서울신문	국정원 직원 선거운동 의혹 신속히 가려야 題下 - 수사 당국은 이번 의혹을 신속하고 엄정하게 조사해 대선 전에 흑백을 가려내 발표하기 바란다.

나름대로 법의 테두리 안에서 확인한 결과, 그 제보가 사실인 것 같다. 이렇게 판단했습니다.

◇ **김현정** : 조직적인 여론조작 행위라는 제보의 내용은 구체적으로 어떤 식인가요?

◆ **정세균** : 국정원에 특별한 조직을 만들고 거기에 인원을 확충을 해서 여론, 특히 SNS 상의 여론을 만드는 역할을 했다는 그런 제보였습니다.

◇ **김현정** : 어제 진성준 당 대변인이 발표한 바에 따르면 '한 200여 명 정도가 3개의 조로 나누어져서 하루에도 몇 개씩 어떤 댓글을 달아라. 라는 상부의 명령을 받았다.' 이렇게까지도 제보가 구체적으로 들어왔던 모양이죠?

◆ **정세균** : 그렇습니다.

◇ **김현정** : 그런데 지금 민주당이 지목한 국정원 여직원은 '나는 개인 차원에서조차 댓글을 단 적이 없다.' 라는 입장 아닌가요?

◆ **정세균** : 당연히 그렇게 나오겠죠. 그러니까 만약에 그렇게 떳떳하다면 문제가 되는 컴퓨터를 신속하게 확인해서 의혹을 해소하면 되겠죠.

－ 〈CBS 김현정의 뉴스쇼〉, 2012년 12월 13일

여기서 '문제가 되는 컴퓨터를 신속하게 확인' 한다는 의미가 디지털증거분석의 의미가 아니라면 도대체 무슨 의미라는 것인가? 고발 당사자인 민주당이 신속히 조사해서 결과를 발표하라고 요구

했음에도 훗날 발표 시각을 문제 삼아 선거개입이라 주장한 것은 엄청난 모순이 아닐 수 없다.

여야 요구를 떠나 경찰은 사건의 진실이 밝혀지면 즉각 발표하는 것을 원칙으로 삼았다. 밤 10시에 디지털증거분석결과보고서가 완성되었다. 만약 디지털증거분석결과가 나왔는데도 바로 발표하지 않고 그 다음 날 아침에 발표했다면 야권에서는 밤새 증거를 조작했다고 몰아세웠을 지도 모른다. 여권은 여권대로 결과가 나오면 바로 발표한다고 천명해 놓고서 바로 발표하지 않는 것은 직무유기라고 비난했을 것이다.

12월 17일 월요일

아침 9시에 수서서장 주재로 언론 브리핑이 열렸고 이 자리에는 분석을 담당했던 디지털증거분석팀의 분석관들이 참석해 기자들의 질문에 답변했다. 언론 브리핑은 설전이 오가기는 했어도 큰 문제 없이 마무리되었다. 오후 2시에 민주당 관계자들이 서울청을 항의 방문했는데 역시 분석관들이 참석했다. 5시경에 서울청에서 다시 기자간담회가 열렸는데 이 자리에도 분석관들이 참석했다. 그들이 빠짐없이 참석한 이유는 분석의 과정과 결과를 상세하고 정확하게 설명하기 위해서였다. 나는 컴퓨터 전문가가 아니고 실제 분석에 참여하지 않았기에 담당자들이 자신의 일에 대해 설명을 하도록 한 것이다.

오후 5시에 수서서에서 서울청으로 ID와 닉네임을 보내달라고 요청했다. 그런데 담당자들은 ID와 닉네임이 압수할 전자정보에 해당하는지 여부를 판단하지 못했다. 그 상태에서 나는 그동안 이 사건을 담당하느라 고생한 수사라인 간부들을 위로하는 차원에서 저녁식사를 함께 하고 있었고, 수서서의 요청을 받은 직원이 이○○ 수사과장에게 그러한 요구가 있었다는 사실을 보고하는 것을 깜빡 잊는 일이 있었다. 나는 재판 과정에서 이 사실을 알게 되었다.

12월 18일 화요일

아침 10시 20분에 수서서에서 디지털 분석결과를 도출하는 과정에서 나온 모든 자료를 송부해 달라는 공문을 서울청으로 보냈다. 통상 디지털 분석결과만을 제공하는 것이 일반적인데, 분석결과물과 분석결과를 도출하게 된 중간 과정의 모든 자료를 보내달라는 이례적인 요구에 대해, 분석관들 사이에서는 ID와 닉네임은 압수할 전자정보에 해당되지 않기 때문에 K의 동의가 필요하다는 의견이 강하게 제기되는 등 의견이 분분하였다.

자료 제공에 대해 논란이 있었으나 서울청의 담당과장이 모두 보내라는 지시를 내렸다. 법리 관계를 떠나 사건이 발생한 수서서에서 분석단계의 모든 자료를 보내달라는 유례없는 공문을 보내왔기 때문에 그로서는 당연한 지시였을 것이다. 오후 1시 30분에 본청에서 파견 나온 분석관들을 포함해 그동안 분석에 참여한 모든 직원을 전부 소집해 분석결과물을 취합하고 분류하는 작업을 했다.

저녁 7시 30분에 서울청을 방문한 수서서 직원에게 ID와 닉네임 목록이 담긴 엑셀 파일을 포함해 모든 분석결과물을 넘겨주었다. 이때 결과물 목록에 일일이 제목을 붙여 알아보기 쉽게 했다.

자정이 조금 지난 00:38경 수서서 수사팀이 다시 서울청을 방문했다. 서울청은 44개 키워드를 활용해 하드디스크 저장정보를 검색한 결과물이 저장되어 있는 별도의 CD를 넘겨주었다. 이날 제18대 대통령선거가 실시되었다.

증거의 은폐와 축소는 애초부터 불가능했다

이렇게 하여 길다면 길고, 짧다면 짧은 9일이 지났다. 이 자리를 빌려 9일 동안 수사와 분석에 참여한 경찰청, 서울청, 수서서의 모든 직원들과 분석관들에게 깊은 감사를 드린다. 또한 대한민국의 경찰로서 맡은 책무에 충실했음에도 조작과 모의라는 억울한 비난을 받은 것에 대해 당시 총체적 책임을 지고 있던 서울경찰청장으로서 이 자리를 빌려 심심한 위로의 말을 전하고 싶다.

일부 언론과 소수의 사람들이 터무니없는 억측으로 그들을 비난할지라도 나는 우리 경찰관들이 공명정대하게 수사와 분석에 임했음을 잘 알고 있다. 그 사심 없는 노고는 국가와 국민을 위한 것이었음을 언젠가는 모든 국민이 인정할 것이라 믿는다.

검찰과 야권에서 주장하는 것처럼 내가 분석관들에게 증거를 조작하고 삭제하라는 압력을 행사했을까? 분석관들이 선거개입에 대한 명확한 정황을 발견했을 때 내가 나서서 인멸하라고 지시했을까?

이는 원초적으로 불가능했다. 12월 12일에 압수수색영장 신청에 대해 부정적 의견을 제시한 사람은 내가 아니라 김 본청장이었고 그 이전에 검찰에서도 부정적 의견을 피력했다.

그럼에도 내가 영장을 막았다는 A의 주장은 허위임이 명확하다. 또한 직원의 권유로 A에게 수고한다는 격려 전화를 한 것이 외압으로 둔갑하는 현실 앞에서는 참담함을 느끼지 않을 수 없다. 분석하는 모든 과정을 CCTV로 녹화하도록 했는데 분석관들이 나누는 극히 일부의 대화만 발췌하여 조작했다고 주장하는 아전인수격 해석에는 할 말을 잃을 지경이다. 그 전후 과정을 보면 조작이 아니라 분석을 위한 다음 단계의 대화임을 명백하게 알 수 있다. 이를 잘 알면서도 조작이라 몰아세우는 것은 본질을 흐리는 행위에 불과하다.

또 문제된 컴퓨터의 디지털증거분석 결과 대선후보에 대한 지지 비방의 증거를 찾았다고 하든, 발견치 못했다고 하든 어느 한쪽으로부터는 비난을 받을 상황이었다.

그에 대처하는 최선의 방법은 무엇일까? 원칙대로 하는 것이다. 원칙대로 한다는 것은 당장 한쪽으로부터 비난은 받을지언정 양심에 떳떳하고 죄를 짓지 않는 것이다. 그래서 모두 원칙대로 했고, 나는 단 한번도 분석실을 찾아가 진행 상황을 묻거나 재촉하지 않았으며, 심지어 격려조차 하지 않았다.

아쉽게도 우리 국민의 일부는 아직도 대한민국 경찰을 과거의 시각으로 본다. 권위적이고 무조건 상명하복하고, 부정부패를 일삼는다고 본다. 정말 안타까운 일이 아닐 수 없다. 현재 대한민국 경찰은 엘리트 집단이며 무조건 상명하복하는 집단도 아니다. 원칙에 벗어나는 지시는 수용하지 않으며, 서장이나 청장이라 해서 불법적 지시를 수행하라고 요구하지도 못한다.

당연한 이야기지만 정치 성향이나 선택은 각자의 몫이다. 댓글 사건에 참여한 수사 직원과 분석관들의 정치 성향도 모두 다르다. 그들에게 내가 특정 후보에게 유리한 결론을 내리라고 지시한다면 그 지시를 받아들일까? 절대 그렇지 않다.

야권에서는 당시 서울청 간부가 전부 영남 출신이었기 때문에 진실을 조작하고 은폐했으리라는 의심을 했다. 터무니없을 뿐 아니라 본질을 흐리는 주장에 불과하다. 참여한 간부들 중에 숫자로 따지면 영남 출신이 더 많을 수도 있지만 분석에 참여한 분석관들은 출신지가 여러 곳에 분포되어 있었다.

위에서 9일 동안의 경과를 밝힌 것처럼 서울청 직원이 나의 지시에 따라 수서서를 따돌리고 증거를 조작하고 은폐했다는 것은 모두 허위 주장에 불과함이 길고 긴 재판 과정을 통해 명백히 밝혀졌다.

03

사건 전모를 엿볼 수 있는
나의 1심 최후진술

누구보다도 공명정대하게 공직생활을 했다고 자부해온 내가 개인영달에 눈이 어두워 증거를 축소하고 은폐하여 대선에 개입했다는 혐의로 법정에 섰을 때의 심정은 어떠하였겠는가?

하지만 나는 1심 결심공판에서 최후진술의 기회가 주어졌을 때 애써 감정을 삼키며 나의 말 한마디 한마디에 역사를 담고자 했다. 나의 1심 최후진술을 통해 사건 전모를 보다 쉽게 엿볼 수 있을 것이다.

1심 최후 진술(2013. 12. 26)

재판장님, 저는 먼저 재판장님과 재판부에 대해 진심으로 존경과 감사의 마음을 전하고 싶습니다. 지난 6개월간의 공판과정을 지켜보면서 시종 공정하게, 합리적으로 소송지휘를 하고 계시는 데 대해 많은 감명을 받았기 때문입니다.

지금부터 최후진술을 하겠습니다.

언제나 국민의 입장에서 직무를 수행해 온 자긍심

저는 1990년 7월 경찰에 들어와 23년이 지난 금년 4월초 퇴직하였습니다. 그동안 어려움과 난관이 없었던 것은 아니지만 늘 국민의 입장에서 법과 원칙에 입각하여 직무를 수행함으로써 그러한 난관을 헤쳐 나올 수 있었습니다.

저는 작년 5월초, 수도치안을 책임지는 서울지방경찰청장으로 부임하였습니다. 저는 저에게 주어진 막중한 그 책무를 제대로 수행하기 위해 두 가지 속담을 제 치안철학의 원천이자 동력으로 삼았습니다. 하나는 "산의 일은 나무꾼에게 묻고, 바다의 일은 어부에게 물으라"라는 속담이며, 다른 하나는 "한 그루의 나무로는 숲이 되지 않는다"는 속담이었습니다.

저는 조직의 구성원 한 사람 한 사람이, 모두 주인공 의식을 가질 때만이 각자 누구나 내면에 가지고 있는 창조적 에너지를 분출

하여 큰 성과를 낼 수 있다고 생각했습니다. 이를 위해서는 무엇보다 개개인을 상호 존중하고, 신뢰하며 각자 지닌 지혜와 경험을 의미 있게 결집시킬 수 있는 조직문화의 구축이 가장 중요하다고 인식하였습니다. 이것이 바로 제가 주창한 자기주도형 근무의 핵심 내용입니다.

작년 한 해 주민들로부터 과분할 정도의 칭찬과 격려를 받았던 주폭척결이나 공원정화 같은 시책은, 바로 이러한 직원들의 지혜와 경험이 의미 있게 결집되어 나타난 성과라 할 수 있습니다.

저는 저의 치안철학이 녹아든 책을 경찰 재직기간 중에 출간하고 싶었습니다. 그리고 작년 10월말에 드디어 평생의 꿈이었던 책을 출간하였습니다.

이 국정원직원 댓글 사건이 있었던 작년 12월은 이러한 저의 치안철학이 서울청 산하 대부분의 직원들에게 공유되고, 공감되어 무르익을 때였습니다. 저는 당연히 이러한 평소의 치안철학을 바탕으로 이 사건에 임하였습니다.

저는 국정원 여직원이 게시글이나 댓글을 통해 대선에 개입하고 있다는, 소위 국정원여직원 사건이 처음 문제되었을 때부터, 수사를 맡은 수서서장과 이를 지도하는 서울청 수사간부들에게 이렇게 말하였습니다.

"이 사건은 우리가 아무리 법과 원칙에 의해 처리한다고 해도 어느 한쪽으로부터 비난받을 소지가 있다. 투명과 공정을 대원칙으로 하여 수사에 임하여야 한다. 어려운 때일수록 더욱 원칙을 지켜야 한다."라고 누차 강조하였습니다.

2012년 12월 13일 국정원 여직원이 컴퓨터 2대를 임의 제출함에 따라 본청의 조정에 의해 서울청 디지털증거분석팀에서 분석을 맡게 되었습니다. 여·야정치권에서는 모두 경찰에서 신속하게 컴퓨터를 분석하여 그 결과를 발표하여야한다는 입장을 피력하였습니다. 경찰 또한 본청을 포함하여 서울청 내에서도 디지털증거분석 결과가 나오면 나오는 그대로 바로 발표한다는 것이 대원칙이었습니다. 이러한 사실은 이미 언론을 통해 천명되어 있었습니다.

저는 서울청장으로서 2가지 관점을 가지고 이 사건에 임하였습니다. 먼저 제가 주체적으로 판단하고 결정할 여지가 있는 영역에서는 분명하게 의견을 제시하는 등 지침을 주지만, 디지털증거분석 같은 기술적이며 과학적인 전문분야에 대해서는 기본적으로 관여하지 않고, 이들 분석관들이 자율적인 분위기에서 주체적으로 분석하고 정리할 수 있는 환경을 조성해 준다는 것이었습니다.

본청의 적극적인 지원으로 이루어진 면이 있지만, 서울청 단독으로 분석치 않고 본청에서 4명의 분석관을 지원받아 전문성과 투명성을 보강한 것도 같은 맥락입니다. 심지어 분석관들에게 신속히 해야 한다는 심리적 부담을 줄까 우려해 분석 현장의 격려 방문마저 자제한 것만 보아도 이 사건에 임한 저의 마음을 알 수 있을 것입니다.

디지털증거분석에 참여한 서울청 분석관들과 본청의 지원분석관들은 외국에서도 그 분석 노하우를 배우러 올 정도의 전문성을 인정받고 있습니다. 컴맹에 가까운 저는 평소부터 이들에 대해 존경한다고 말할 정도의 깊은 신뢰를 보내고 있었습니다. 서울청의 수사부장 이하 수사간부들에게도 이들이 분석하는데 관여하지 말고 이들을 최대한 존중하고 신뢰하며, 지원하라고 수시로 강조하였습니다.

민감한 대선 정국에서 보안을 강조했을 뿐

민감한 대선정국에 있어서 디지털 증거분석 내용은 언론을 비롯한 정치권의 초미의 관심사였습니다. 2012년 12월 14일 저녁 무렵, 분석대상 컴퓨터에 걸려 있던 보안락이 국정원 직원의 도움을 받아 해제되었다는 내용이 본청에 출입하는 기자를 통해 특정 언론 한 곳에서 보도되었습니다. 따지고 보면 그렇게 심각한 내용이 아니었음에도 불구하고 다른 언론사의 항의가 빗발쳤습니다.

그 중 한 언론사에서 그날 저녁 저에게 직접 전화를 걸어, 강력 항의하였습니다. 저는 이 항의를 받음과 동시에 수사부장과 수사과장에게 전화를 하여 다음날부터 저에게 분석진행사항을 보고할 때는 구두로 하되 필요시 메모를 보면서 간략하게 보고하라고 지시하였습니다. 언론사에 엠바고도 요청토록 하였습니다.

그리고 본청에도 행정보고서 대신 유선으로 간단히 보고할 수 있도록 협의하라 하였고, 본청의 승인을 받았다는 보고도 받았습니다. 저 또한 본청장에게 보고하여 승인을 받았습니다.

이 사건에 있어서 보고받는 정점에 있는 사람은, 서울청에서는 서울청장인 저였고, 본청에서는 김○○ 본청장이었습니다. 당시 본청장과 저는 공통적으로 분석이 어떻게 진행되고 있는지에 대한 보고가 중요한 것이 아니라, 분석관들이 자율적으로 분석하여, 그 결과를 제대로 도출해 내는 것이 중요하다는 데 완전히 의견이 같았기 때문에, 구두보고나 유선보고와 같은 조치가 이루어질 수 있었던 것입니다.

이와 같이 저에게 보고할 때는 구두나 메모를 보면서 보고하게 하고, 본청에는 유선으로 보고토록 한 것은 문자 그대로 수사 '보안'을 강조함과 동시에 보고자들이 '간략'하게 보고토록 하기 위한 조치였습니다. 분석을 포함한 수사지휘라인에 있는 사람들이 분석 진행사항을 접한다 하더라도 최소한으로 간략하게 아는 것이 보안에 도움이 될 것임은 자명합니다.

당시는 사사로운 자료유출이 큰 사회적 문제를 야기할 수 있다는 것을 적나라하게 보여준 소위 검사 성추문 사건 관련 피해자 사진 자료 유출에 대해 서초경찰서에서 수사하고 있는 시점이었습니다. 대선정국이라는 민감한 시기에 분석결과가 공식 발표되기도 전에 분석내용이 사사로이 유출되는 것을 막고자 하는 생각에서 나온 조치가 바로 메모보고 등의 보안강조 조치였습니다. 이는 서울청장으로서 당연히 취할 수 있는 조치이고, 일반적인 관점에서 판단하고 결정할 수 있는 영역이었다 생각합니다.

그런데 검찰은 저를 조사할 때 수서서 수사팀은 분석진행사항을 알려주는 '분석라인이냐 아니냐'라는 질문을 하였고, 저는 분석 당시 수서서 수사팀에 대해 한 번도 분석진행사항 통제 여부와 관련하여 언급하거나 지시한 적이 전혀 없었지만, 상식적으로 수서서 수사팀은 분석라인이 아니기 때문에 분석진행사항이 전달되는 대상이 아니라는 취지로 대답했던 것입니다.

이러한 진술은 언론 등으로부터의 보안유지 방안으로 했던 메모 보고 에 대해 설명할 때 나온 것입니다. 분석관도 보안을 지켜야 한다는 의미에서 보안대상이듯 수사팀도 보안대상이 맞다는 취지이며, 그야말로 언론 등으로부터의 보안유지를 강조한 것으로서, 사사로이 분석정보가 유출되어서는 안 된다는 순수한 취지의 보안유지 그 이상 그 이하도 아니었습니다.

저의 신문조서 중 다른 부분에는 "제가 보안을 강조한 것은 맞지만 수사부에서 판단하여 수사팀의 의견을 들어야할 필요가 있는 경우에도 수사팀에 보안을 지키라는 취지로 말한 것이 아닙니다"라는 진술이 있습니다. 이러한 취지의 진술을 비롯하여, 조서상의 전체 맥락과, 수서서 사이버직원을 처음부터 분석과정에 참여시키겠다는 수사부의 건의를 받아들인 점 등을 살펴보면, 수사팀에 대해 수사정보 교류를 차단한 것이 아님을 명백히 알 수 있습니다.

무엇보다 저로부터 수서서에 정보를 통제하라는 지시를 받은 적이 전혀 없다는 수사부장이나 수사과장의 진술을 보아도 수사팀에 대한 전면 통제의 보안지침이라는 게 허구라는 것을 알 수 있습니다. 당시 저는 '수사팀이다, 분석팀이다' 하여 이원적으로 바라보는 관점 자체를 가지고 있지 않았습니다.

그러나 검찰은 이러한 진실은 애써 외면한 채 '수서서는 분석 진행사항을 알려주는 분석라인이 아니다' 라는 저의 진술을 마치 수서서에 대한 전면적인 정보통제의 지침인양, 제 자신의 유일한 자백 증거인양 저에 대한 기소의 핵심 논거로 삼고 있습니다. 심지어 중간수사발표 이후 분석결과가 수서서에 지연 송부된 이유도, 저의 이러한 보안지침에 의해서 이루어졌다고 말하고 있을 정도입니다. 메모보고 또한 증거 인멸을 위한 교묘한 논리로 개발되었다 말하고 있습니다.

'보안'과 관련된 검찰의 이러한 자의적 해석은, 실제 존재하지도 않았던 보안지침을 허구로 디자인하여, 견강부회식 짜맞추기 관점에서 나온 것이며, 왜곡의 극치라 아니할 수 없습니다. 이러한 검찰의 잘못된 결론 도출에는 경찰 시스템의 이해 부족에서 비롯된 면도 적지 않았으리라 생각됩니다.

검찰의 독선적 관점이 그대로 드러나

서울청장 산하에는 민생치안, 집회시위, 수사, 교통 등의 업무를 담당하는 7개 부, 1개 본부(기동대)와 2개 담당관 및 31개의 경찰서가 있습니다. 총 구성원은 무려 3만여 명에 달합니다. 서울청은 경무관 계급인 7명의 부장과 1명의 본부장을 중심으로 업무가 이루어지며, 그 밑으로 과장, 계장 등이 실무 업무의 대부분을 수행하고 있습니다. 특히 부서 간의 행정절차는 기본적으로 해당 기능에서 독자적으로 처리하고 있습니다.

이 사건은 물론 중차대한 사건으로 저 또한 처음부터 각별한 관심을 가지고 지켜보고 있었으나, 분석결과 송부라는 부서 간의 절차에 있어서는 평소에도 청장인 저에게 보고하거나 지침을 받는 영역이 아니었습니다. 동 사건 또한 저에게 아무런 보고도 없었고 저 또한 사전에 결과를 보내지 말라고 지시한 사실이 전혀 없습니다.

검찰은 디지털증거분석의 범위와 관련하여 이 또한 저의 지시에 따라 분석 결과를 축소·은폐하기 위한 수단으로 개발된 논리라 호도하고 있습니다.

서울청 수사 간부들은 일선에서의 수사 경험이 많고 법률 지식 또한 상당한 수준의 수사 전문가들입니다. 이들로부터 임의 제출자가 의사표시한 단서의 내용을 무시해서는 절차적 정당성을 잃을 수 있기 때문에, '문재인 박근혜 후보 지지비방 게시글과 댓글을 찾는 것이 분석의 방향이다'는 취지의 보고를 받았습니다. 이에 저는 수사 간부들과 직원들이 한번 더 지혜와 경험을 모아 법적으로 문제가 없도록 잘 살펴보라고 하였습니다. 이 문제는 제가 일반적 관점에서 다른 의견을 개진하거나, 어떤 결정을 하고 승인할 수 있는 영역이 아니라, 엄정한 법리 검토라는 전문적인 분야이므로, 전문성 있는 직원들의 결집된 의견을 존중하고 수용하는 영역으로 보았기 때문입니다. 실제 당시의 상황에서, 여·야정치권 및 언론을 비롯한 모든 국민의 관심 사항은 과연 문재인 후보를 비방하거나 박근혜 후보를 지지하는 글이 있느냐는 데 있었기 때문에, 법리적 해석을 떠나 기본적으로 공감되는 사항이기도 하였습니다.

2012년 12월 12일 아침, 수서경찰서장이 저에게 국정원 직원의 컴퓨터에 대한 압수수색영장을 신청할 필요가 있다는 취지의 지휘

보고를 하였습니다. 저는 사건을 현장지휘하는 일선 경찰서장의 의견을 존중하는 마음과 함께, 사안의 중대성에 비추어 검찰의 의견을 들어볼 필요가 있다는 경찰서장의 말에 공감하였기 때문에, 김 본청장에게 수서서 의견대로 압수수색영장을 신청하는 것이 필요하다고 건의하였습니다. 하지만 경찰청과 대검찰청에서는 이러한 영장 신청과 관련하여 이미 협의를 하였고 검찰측에서는 '검찰에 떠넘기기' 수사란 이유를 들어 영장신청에 대한 반대 의견을 밝혔습니다.

강제 수사에 대해 이러한 소극적 입장을 보였던 검찰이 이후에는, 제가 국정원의 입장에 서서 국정원의 혐의가 드러나지 않도록 결의하여 수서서에 분석정보 전달을 통제하는 방법으로 수서서가 강제수사를 하지 못하도록 하였다는 관점을 보이고 있습니다. 저는 검찰의 이러한 관점이야말로 적반하장의 독선적 관점이 아닌지 묻지 않을 수 없습니다.

경찰은 계급조직이긴 하지만 상관의 위법부당한 지시를 반발 없이 무조건적으로 따르는 그런 조직이 아니며, 그러한 경찰관은 단 한명도 없다고 해도 과언이 아닙니다. 또한 순경공채, 특채, 간부후보, 경찰대학, 고시 등 서로 다른 계급별로 채용되는 등 다른 공무원 조직에 비해 입직 경로가 다양하여 성향 또한 이질적인 면이 매우 강합니다. 특히 주관이 뚜렷한 직원들이 많아 사소한 불합리한 지시에도 자신들의 의견을 강하게 표현합니다. 하물며 위법, 부당한 지시가 있다면 결코 용납될 수 없는 조직문화를 이미 가지고 있습니다. 이 사건에 관련된 서울청의 수사 간부들과 분석관들 또한 다양한 입직 경로와 출신 지역을 가지고 있으며 정치적 성향 또한 같지 않습니다.

그런데 놀랍게도 검찰은 이 사건에 있어서 실제 경찰의 이러한 조직문화와 현실을 도외시하고 있습니다. 경찰조직의 상명하복 관계로 인해 당시 서울청장인 저의 부당하고 위법한 지시에도, 저의 위력에 눌린 서울청 직원들이, 별다른 이의 없이 동조하고 가담하였다는 취지의 시각을 보이고 있는 것입니다. 제가 정말로 그러한 의도를 가지고 실제 축소·은폐 지시를 하는 등 부당하게 관여하였다면, 출생 지역과 정치적 성향이 현저하게 다른 그들의 입에서 지금쯤은 다양한 형태의 양심선언이 줄을 이었을 것입니다. CCTV 동영상 내에서도 어떤 식이든 확실한 흔적이 남았을 것입니다.

현행 수사구조상 경찰수사는 초동 수사에 불과합니다. 이 사건과 같이 검찰로 송치되어 보강 수사를 하게 되는 현 형소법 체제 내에서는 검찰이 주장하는 경찰의 상명하복 관계라는 것은 애당초 큰 의미가 없습니다.

이번 사건에 관련된 분석관이나 수사 간부들이 관련 서류에 서명하고, 그 서류가 자기의 책임 하에 그대로 송치가 되는데, 어느 누가 위법하고 부당한 지시를 그대로 따르겠습니까? 더욱이 정치적으로 매우 민감하여, 향후 국정조사나 특검도 예상되는 상황에서 위법, 부당한 상사의 명령에 그대로 따른다는 것은 있을 수도, 상상할 수도 없는 일입니다.

저는 저와 경찰에 대한 이러한 검찰의 비하적인 선입견과 짜맞추기 관점에 대해 지금 이 순간까지도 정말 경악하고 있습니다. 평소 검찰에 가졌던 제 나름대로의 존중의 마음자리에 너무나도 큰 충격과 실망만이 남아 있습니다. 저는 검찰의 공소장을 볼 때마다 대한민국 검찰이 어떻게, 이런 상식적으로도 이해가 되지 않는, 황당한 기소 논리를 내세우게 되었을까 하는 의구심을 가지게 됩니다. 참으로 안타깝습니다.

어려운 때일수록 원칙을 지킨다

저는 이제껏 공직생활을 하는 동안 정치권 등에 줄을 대어 자신의 영달을 추구하는 행태에 대하여 비판적인 시각을 견지해 왔습니다. 부족하지만 오직 자존감과 명예심으로 제 스스로를 지켜왔다고 감히 말씀드리고 싶습니다.

그렇지만 저는 지금 이렇게 법정에 서 있습니다. 제가 경멸하다시피 했었던 정치경찰이란 오명을 덮어쓴 채 이 자리에 서 있습니다. 그것도 개인 영달에 눈이 멀어 조직을 팔아 대선에 개입한 역사의 죄인이요, 철면피한 자로 매도되어 이 자리에 서있습니다. 너무나도 참담한 심정입니다. 억울하고 분한 마음에 수많은 나날을 불면으로 지새우고 있습니다. 더욱 안타까운 것은 저뿐만이 아니라 서민들의 삶의 질에 가장 큰 영향을 주고 있는, 국가의 중추기관인 경찰조직 전체가 범죄조직 같은 비난을 받고 있다는 것입니다. 정말 감내하기 어려운 고통이요 아픔이 아닐 수 없습니다.

저는 이 자리에서 분명하게 말씀드리고 싶은 것이 있습니다. 당시 서울청 디지털증거분석팀에서 도출해낸 분석 결과는, "문재인·박근혜 후보에 대한 지지·비방 게시글, 댓글이 발견되지 않았다"는 것이었고 이 분석 결과는 누구의 외압에 의해서 나온 것이 아니라 당시의 분석관들이 자율적인 분위기에서 책임있게 도출해낸 결과였습니다.

다만, 이 분석결과를 작년 12월 16일 중간수사결과 발표 형태로 밤 11시에 발표함에 있어서, 발표 시기와 관련하여 어찌 망설임과 고뇌가 없었겠습니까. 결과가 나오면 나오는 그대로 바로 발표한다는 대원칙이 있었고, 엠바고의 결렬로 언론 보도가 예상되는 상황이었으며 내부적인 논의 과정과 경찰청장의 승인이 있었던 것도 사실입니다. 하지만 그 결정 과정에 있어서는 제 자신이 당시 가장 중요한 위치에서 판단을 한 그 자체는 부인하고 싶지 않습니다.

제가 만약 지금도 그 당시와 똑같은 상황에 직면한다면 그때와 마찬가지로 고뇌는 하게 될 것입니다. 그렇지만 결국은 '어려운 때일수록 원칙을 지킨다'는 그 기준대로 똑같은 선택을 할 수밖에 없을 것입니다. 따라서 저는 당일의 이러한 중간수사결과 발표 결정 과정 자체가 책임을 져야 하는 위치에 있다면, 제가 비록 그 책임에 동의는 하지 않더라도, 감내할 수밖에 없을 것입니다.

하지만 제가 처음부터 특정 후보를 위해 축소·은폐의 의도를 가지고, 직원들에게 허위의 분석을 하게 하고, 이러한 허위의 분석 결과를 미리 계획한 날짜와 시간에 맞춰 발표토록 하고, 그 분석결과 마저 수사팀에 알려주지 못하게 하거나 부실하게 알려주도록 하여, 수사팀의 수사를 방해하였다는 검찰의 주장은, 전혀 실체적 진실이 아닙니다. 저는 결코 이에 동의할 수 없고, 절대 인정할 수 없습니다.

검찰은 경찰의 중간수사결과 발표는 저의 축소 은폐 지시에 의해 이루어진, 짜맞추기 분석에 따른, 짜맞추기 발표라고 하면서 저를 국기문란적 범죄행위를 하였다는 취지로 기소하였습니다. 하지만 저는 이 자리에서 오히려 검찰에 되묻고 싶습니다. 검찰이야말로 저를 기소함에 있어서, 잘못된 선입견에 기초하여 짜맞추기 수사에 따른, 짜맞추기 기소를 한 것이 아닙니까?

마지막으로 저는 "진실은 가끔 왜곡되게 해석될 수는 있어도, 실체적 진실 그 자체는 결코 바뀔 수 없으며, 진실은 결국 밝혀진다"는 말을 거듭 새겨봅니다.

지금까지 공정하게 재판을 진행해 주시고 이렇게 최후진술의 기회를 주신 재판장님과 재판부에 진심으로 감사드립니다. 공정한 판결이 있을 것이라 믿어 의심치 않으며 최후진술을 마치겠습니다. 고맙습니다.

2013. 12. 26
피고인 김용판

나는 이른바 '국정원 여직원 댓글사건'에 있어서 그때나 지금이나 한 점의 부끄러움도 없다. 사실을 감추거나 국민을 기만한 일은 더더욱 없다. 아직 나의 말을 신뢰하지 않는 사람들이 있을지라도 시간이 흐르면 모두 진실임을 확실히 알게 될 것이라 믿는다.

제2부

23개월에 걸친
재판 과정

01

죄란 무엇인가

죄의 종류는 의외로 많다

죄는 무엇일까? 이 질문에 답하기란 쉽지 않다. 죄의 정의가 명확하지 않으며 시대에 따라, 또 사람들의 공통적인 생각에 따라, 처한 상황에 따라 다르기 때문이다. 일반적으로 죄는 "규범이나 윤리에 어긋나거나 반하는 행위"를 말한다.

우리는 통상 법을 어기는 행위를 죄라 일컫고 죄를 지으면 동서고금을 막론하고 그에 해당하는 벌을 받는다. 죄의 구성요건이 법에 정해져 있듯 형벌도 법에 규정되어 있다.

이른바 형법은 시대 상황에 따라 수시로 변하는데 우리나라 형법은 범죄를 크게 42개로 나누고 있고 세부적으로는 360여 개의 죄가 포함되어 있다. 그 외 특별법으로 규정한 죄도 무수히 많다. 하지만 그렇게 걱정할 필요는 없다. 일반적인 상식과 도덕, 양심에 따라 살아가면 평생을 살아도 그런 법에 저촉될 일은 없기 때문이다.

그렇다면 그 반대의 경우는 어떨까? 죄를 짓지 않은 사람이 모함이나 상대의 고의적인 복수, 제3자의 억지 고발에 의해 죄인으로 몰릴 경우 어떻게 자신이 죄인이 아님을 명백하게 밝힐 수 있을까? 예컨대 당신이 회사원이든, 공무원이든, 자영업자이든 어느 날 갑자기 불법행위를 했다고 고발당하면, 그 고발이 엉터리이며 자신은 아무런 죄가 없다는 것을 어떻게 입증할 수 있을까?

이 과정과 절차는 결코 쉽지 않다. '나 자신만 떳떳하면 그만이다'라고 생각해서 대비를 소홀히 하거나 재판정에 출두해 사실 그대로 밝히면 될 것이라 여겨서는 안 된다. 당신을 고발한 사람은 이미 많은 정황 증거와 자료, 증인을 확보한 후에 고발하기 때문이다. 즉 당신은 아무런 죄가 없다 해도 상대의 치밀한 계획에 의해 고발당하는 순간 죄인으로 전락할 수 있다.

억울한 죄인에서 벗어나려면

나는 2012년 5월 서울지방경찰청장으로 부임해 10개월 22일 동안 봉직한 후 2013년 4월 2일 퇴임하고 자연인으로 돌아왔다. 1987년 공직생활을 시작해서 25년 동안 공직자로 살았다. 공직에서 물러나면 그간 하지 못했던 가족여행도 하고, 책도 읽고, 글도 쓰고, 사회봉사도 하려 했으나 이 계획은 나의 의지와 상관없이 하루아침에 물거품이 되고 말았다.

이른바 '국정원 여직원 댓글사건'으로 나는 정쟁의 회오리바람에 휩싸였고, 나의 죄없음을 증명하기 위해 2년에 걸친 길고도 외로운 재판을 받아야 했다. 재판을 받는 동안 억울하고 분노가 치솟기는 했어도 오롯이 외롭기만 한 것은 아니었다. 나의 진실을 믿는 수많은 사람들의 응원이 있었고, 특히 나와 함께 일했던 경찰관들의 격려가 있었기 때문이다. 이 자리를 빌려 그들에게 다시 한번 감사의 말을 전한다.

서울청장에서 물러나고 보름이 지난 즈음인 2013년 4월 18일 국정원 댓글사건은 검찰로 송치되었다. 그리고 채동욱 검찰총장은 이른바 국정원사건특별수사팀을 편성하여 이 사건을 지휘하였다. 그날 이후 나는 공식적으로 길고 긴 법정 투쟁에 들어간 셈이다. 5월 21일과 5월 25일 양일간에 걸쳐 피고발인 신분으로 서울중앙지검 특별수사팀에 불려가 2차례 조사를 받았다. 거의 평생을 경찰에서 공명정대함을 소신으로 근무해온 내가 검찰에 피의자 신분으로 두 번이나 불려가 조사를 받으리라고는 꿈에도 상상하지 못했다.

이후 6월 14일에 불구속 기소되고 국회의 국정조사와 국정감사에 증인으로 불려가고, 2014년 6월 5일 2심(항소심)에서 무죄선고를 받을 때까지 18차례 재판을 받아야 했다. 그리고 2015년 1월 29일 대법원에서 무죄가 확정되었다.

긴 법정투쟁을 거치는 동안 나는 느낀 것도 많았고 깨우친 것도 많았다. 그중에서도 진실과 거짓, 위증과 배신, 믿음의 가치 등을 온 몸으로 체득했다. 어려운 상황에서 비싼 대가를 지불해가며 많은 것을 배운 것이다. 그 중에서도 무죄를 증명하는 방법을 배운 것은 내 인생에 또 다른 교훈이었다.

1심 무죄판결을 받았던 날 변호인에게서 들었던 3가지 조건과 나의 경험을 보태어 무죄를 받기 위한 4가지 조건에 대한 이야기를 하고 싶다.

첫째는, 가장 당연하게도 자신이 죄를 짓지 않았어야 한다. 사실 이 조건만 갖추면 다른 조건이 필요없이 당연히 무죄판결이 나야 맞겠지만 현실은 그렇지 않은 경우가 있기 때문에 억울한 누명을 쓰고 옥살이를 했다는 이야기가 심심치 않게 나오는 것이다.

둘째는, 능력 있고 좋은 변호사를 만나야 한다. 변호사의 역할은 무엇일까? "구슬이 서 말이라도 꿰어야 보배"라는 속담을 떠올리면 된다. 어떤 사건의 뒤에는 반드시 진실들이 있게 마련이다. 그 진실이 하나로 통합되지 않으면 진실이 되지 못한다.

허위 진술이라 하더라도 의연하고 당당하게 잘 표현된 반면, 실체적 진실은 제대로 밝혀질 기회가 없어서 묻혀버린다면 그 거짓은 진실인 양 힘을 받게 되는 것이 현실이다. 그러므로 그 진실들을 모두 엮어 나의 정직을 밝히는 보배로 만드는 과정은 아주 중요하다. 변호사가 바로 그러한 역할을 하는 것이다. 물론 변호사에게 정확한 정보를 줄 수 있는 사람은 자기 자신이기 때문에 자신의 노력이 무엇보다 중요하다.

나는 천행으로 능력 있는 변호사를 만나 무죄를 입증할 수 있었다. 「법무법인 화우」의 유승남 변호사와 이동규 변호사는 국정조사에서 내가 선서를 거부할 수 있는 권리에 대해 조언해주었고, 유승남 변호사는 국정조사장에 동석해 큰 힘이 되어주었다.

나아가 「화우」의 이지훈, 이한나 변호사의 맹활약은 무죄를 입증하는데 큰 힘이 되었다. 두 변호사는 20~30대의 젊고 패기 넘치는 인재들로서 주어진 변호의 책무를 훌륭하게 수행했다. 특히 1심 법정에 제출하기 위해 이지훈 변호사가 마지막으로 만든 변호인 의견서는 하나의 작품이라고 감탄한 기억이 새롭다. 이들 모두에게 다시 한번 감사를 표한다.

또한 나의 무죄를 입증하는 데 큰 힘이 되어준 사람이 한 명 더 있다. 이번 사건은 디지털증거분석과 관련된 사건이었기 때문에 이 분야 전문가의 도움이 절실한 상황이었다. '레드아이포렌식스'의 윤오영 대표를 만난 것은 나에게 행운이었다. 레드아이포렌식스(REDEYE FORENSICS)는 '진실을 찾을 때까지 잠을 자지 않음'을 모토로 하는 컴퓨터 포렌식 등의 영역에서 한국을 대표하는 기업이다. 윤 대표는 세계적으로 찾기 어려운 경험과 사이버 및 법률지식을 모두 갖춘 디지털 증거 전문가로서 이러한 뛰어난 기술력을 바탕으로 나와 서울청 분석관들이 디지털 증거를 은폐·조작하지 않았음을 입증해주었다. 이 자리를 빌려 윤오영 대표에게 깊은 감사를 전한다.

셋째, 운이 따라주어야 한다. 재판은 명확한 행위와 증거, 법률을 따지는 것이기 때문에 과학적인 절차다. 그럼에도 운이 어느 정도 작용하는 것은 사실이다. 예컨대, 검찰 측이 피고인을 불리하게 만들기 위해 부른 증인이 뜻밖에 피고인에게 유리하게 진술하는 경우도 있다. 이런 사례는 극히 드물다 해도 증인이 횡설수설하면 그 증인을 부른 측이 불리해진다. 나의 경우, 검찰이 부른 A의 증언이 나를 구렁텅이로 빠뜨린 측면도 있지만 재판 과정에서 허위증언이 밝혀짐으로써 역설적으로 무죄 판결에 도움이 되었다.

운은 지극히 피상적이고 주관적이다. 내가 진정으로 운이 좋았다고 생각하는 것은 국정조사 청문회 자리였다. 그 자리에서 나는 나의 떳떳함과 억울함을 당당하게 피력하여 나에 대한 불신의 시각을 많이 해소시킬 수 있었기 때문이었다.

믿고 격려해주는 사람이 없으면…

변호사들이 말한 이 3가지에 덧붙여 나는 한 가지가 더 필요하다는 것을 절실히 깨달았다. 바로 믿고 격려해주는 사람이 있어야 한다는 것이다.

피고인이 되는 순간 의견은 순식간에 둘로 갈라진다. 죄가 있다고 믿는 사람과 죄가 없다고 믿는 사람으로 자연스레 나뉘는 것이다. 자신을 믿는 사람이 많으면 많을수록 힘이 된다. 이들의 격려와 응원이 거짓을 이겨내고 긴 재판의 시간을 견딜 수 있게 해주는 원동력이 되기 때문이다.

참으로 많은 사람들이 나를 믿고 격려해주었지만 재판이 열릴 때마다 정말 지극정성으로 기도해준 관음성 회장을 비롯한 보승문,

청연화, 대연화, 무자(舞慈) 등 다섯 분에 대해서는 특별히 이 자리를 빌려 감사드리고 싶다.

이외에 마음의 평정과 꾸준한 체력단련이 필요하다. 피고인이 되었을 때 자신의 의지와 관계없이 대부분은 분노에 휩싸이고 절망에 빠진다. 술로 분노를 달래다 몸이 망가지는 사람도 많다. 나 또한 수면제의 도움을 받은 적이 많았다.

결과적으로 나는 이 4가지 조건을 모두 갖추어 대법원에서 무죄 확정판결을 받았다. 앞에서 말한 것처럼 원래의 상태로 돌아가기 위해 부단히 노력하고 많은 비용을 들인 끝에 만 2년 만에 이루어 낸 서글픈 성과였다. 원래 내가 죄가 없음에도 그것을 증명하기 위해 쏟아 부은 시간과 비용, 노력들이 어찌 아깝지 않겠는가?

그러나 나는 그 어려움 속에서 배운 교훈이 나의 앞날에 나침반 역할을 하리라 굳게 믿기 때문에 평화로운 마음으로 감사하게 생각한다. 또한 이 자리를 빌려 길고 긴 시간 동안 나를 믿고 응원해준 모든 사람들에게 다시 한번 고마운 마음을 전한다.

02

검찰의 공소제기에서부터
14차 공판까지

애초부터 실체가 없었던 공소 제기

민주당의 고발에 따라 2013년 6월 14일 검찰은 나를 기소했다. 사실 이 기소는 추후에 밝혀진 것처럼 애당초 무리한 것이었다. 검찰은 나를 3가지 죄목을 들어 죄인이라 단정짓고 수천 페이지에 달하는 기록과 증거, 17명의 증인을 동원했으나 하나의 사실도 입증하지 못했다.

민주당이 나를 고발한 것은 정략적 차원으로서 이해를 한다고 해도 이를 받아들인 검찰측에 문제가 있었다. 몇몇 사람들의 편파적인 주장과 A의 편견에 가득 찬 폭로를 믿고 공소를 제기하였지만, 그것이 부메랑으로 작용하여 결과적으로 나의 무죄를 입증한 셈이 되었다.

16쪽에 이르는 장황한 공소장 내용을 요약하면

1. 나는 국정원 직원 K의 컴퓨터를 분석한 결과물을 수서서에 넘겨주지 않아 수사를 방해하였고,
2. 국정원 직원 K가 인터넷에서 정치 활동을 한 사실을 발견했음에도 이를 은폐하였고,
3. 이 사실을 감춘 채 허위의 보도자료를 만들도록 하였고,
4. 수서서로 하여금 이 허위의 보도자료를 배포하도록 강제 지시하였다.
5. 결과적으로 특정 후보가 선거에 유리하게 되도록 경찰들에게 압력을 가해 진실을 은폐함과 아울러 축소시킨 것이다

그런데 아이러니한 것은 A의 진술을 바탕으로 공소장이 작성되었음에도 A가 가장 강조했던 내가 압수수색영장을 신청하지 못하도록 압력 전화를 했다는 부분은 공소장 내용에는 빠져 있었다는 점이다. 검찰이 봐도 A의 진술에 앞뒤가 맞지 않는 게 있어 뺐으리라 생각된다. 어쨌든 검찰의 공소장 내용을 읽어보면 나는 엄청난 죄를 지은 사람이다.

그러나 결국 검찰은 단 하나의 사실도 입증하지 못했다. 검찰이 무능해서도 아니고 게을러서도 아니다. 검찰의 주장이 옳지 않기 때문이며, 내가 그러한 행위를 하지 않았기 때문이다. 또한 검찰과 야권이 A의 허무맹랑한 폭로를 그대로 믿었기 때문이다.

혹자는 A를 제외한 나머지 경찰관들이 나의 범죄사실을 알면서

도 일치단결하여 거짓 증언을 하지 않았느냐고 생각할 수 있다. 앞에서도 여러 차례 말했지만 대한민국 경찰은 그러한 3류 집단이 결코 아니며 각자의 정치 성향도 다르다. 내가 그 많은 경찰관들을 일일이 만나 협의나 협상을 하는 것도 사실 불가능하다. 설사 그렇게 했다 해도 십수 명의 경찰관들이 서로 입을 맞추는 게 과연 가능한 일인가?

그들은 진실과 양심에 따라 증언을 했을 뿐이다. 설사 백보 양보하여 모든 경찰관들이 위증을 했다 해도 증거 자체를 조작할 수는 없다. 검찰은 수많은 증거를 파헤쳤지만 어느 것 하나 사실로 드러나지 않았다.

또 다른 사람들은 내가 정치권, 즉 여권과 밀접한 관계가 있어 누군가 뒤를 봐주지 않았느냐고 의심의 눈길로 바라본다. 고백컨대 나는 정치권과 소위 말하는 아무런 '끈'이 없다. 오죽하면 그 많은 경찰관들이 "청장님처럼 정치인을 모르는 사람은 처음입니다"라고 말할 정도였겠는가?

나는 1990년 경찰에 입문한 이후 소위 힘 있는 사람이나 정치권과의 인맥 쌓기에는 별 관심이 없었다. 이제 와서 고백컨대 나는 충북경찰청장을 거쳐 경찰청 보안국장으로 일할 때, 서울경찰청장 후보군으로 물망에 올랐다. 그때 청와대 비서진 중에서 누군가 반대했다는 소문을 후에 들었다. 업무추진력은 뛰어나지만 성격이 직선적이고 강해서 통제하기 어렵다는 것이 반대 이유였다고 한다. 물론 확인되지는 않았지만 실제 그런 말이 나왔을지도 모른다는 생각이 든다.

14차례에 걸친 공판 과정

2013년 8월 23일 드디어 첫 공판이 열렸다. 이 날은 몇 가지 사실만을 확인했는데 나는 당연히 공소 내용을 전면 부인했다. 본격적인 재판은 2차 때부터 시작되었다. 2차 공판은 일주일 후인 8월 30일에 열렸다. 이날 A가 첫 증인으로 출석했는데 언론에서도 큰 관심을 기울였다.

A는 시종일관 서울청에서 증거를 은폐하고 축소한 것이 맞다고 단정적으로 증언했다. 오죽했으면 1심 재판장이 "증거를 은폐하고 축소시킨 것이 맞는지 아닌지를 판단하기 위해 이렇게 재판하고 있지 않느냐, 증인은 본인이 경험한 것만 진술하라"고 지적하였을까.

A의 증언에 대해서는 별도의 장에서 다루기로 한다.

9월 6일 3차 공판에서 검사는 보도자료 배포에 대해 수서서 경찰관에게 물었다.

- 검사 : 증인은 12월 16일 중간수사 결과 보도자료 발표에 반대한 적 있나?
- ○○○ : 누가 반대하거나 한 적은 없다.
- 검사 : 이날 서장이랑 회의도 하고 증인이 바로 보도자료 배포는 맞지 않다고 반대 의견을 낸 적이 없나?
- ○○○ : 보도자료 관련해서는 반대 의견이 없었다.
- 검사 : 이○○ 수서서장이 '서울청이 나를 죽이려 하는구나'라고 말하는 걸 들은 적 있나?

- ○○○ : 그런 말 들은 적 없다.

이 증언을 통해 보도자료 배포를 반대하지 않았다는 사실이 밝혀졌고 A의 증언이 신빙성이 없다는 정황도 드러났다. 변호인은 다른 경찰관을 상대로 외압이 있었는지에 대해 물었다.

- **변호인** : A는 수사 외압을 당했다면서 언론사에 공개적으로 폭로했는데, 증인을 포함해 의견을 구하거나 동의를 구한 적 있나?
- ○○○ : 없다.
- **변호인** : 폭로 당시 수사팀 직원들은 동조하거나 응원하는 분위기였나?
- ○○○ : 내 생각을 말하면, 처음부터 진실을 밝히기 위해 최선을 다했을 뿐이고…. 외압은 없었다.

9월 16일 열린 4차 공판에서 보도자료 배포에 관한 사항이 또 도마 위에 올랐다.

- **검사** : 12월 16일 오전 서울청장으로부터 직접 중간수사 결과 보도자료를 준비하라는 지시를 받았나? 증인이나 수사팀 입장에선 분석결과 내용을 모르는데, 23시에 보도자료 배포하라는 지시에 아무 이견이 없었나?
- **수서서장** : 당시 상황은 정당이든 국민이든 언론이든 하드디스크

분석결과가 무엇이냐에 대해 관심이 집중된 상황이었다. 이견이 없었다.

9월 27일 열린 5차 공판에서는 서울청에서 녹화한 CCTV 검증이 있었고 10월 10일 열린 6차 공판에서는 다른 증인에 대한 신문이 있었다.

- **변호인** : 증인은 검찰 조사 때 "메모로 보고하도록 지시한 이유는 보안 유지를 위해 그렇게 지시한 것으로 기억한다"라고 진술했는데, 증거 인멸이 아니라 보안 유지 의도였나?
- ○○○ : 그렇다.

이러한 식으로 10월 11일 7차 공판, 10월 18일 8차 공판, 10월 24일 9차 공판, 11월 7일 10차 공판, 11월 14일 11차 공판, 11월 21일 12차 공판, 12월 19일 13차 공판까지 이어졌다.

2013년 12월 19일 13차 공판에서는 처음으로 나를 상대로 검찰의 직접 신문이 벌어졌다.

- **검사** : 12월 11일 댓글 사건이 발생한 날 국정원 직원과 통화했는데 어떤 내용인가?
- **나** : 계속 이런 대치 상태로 가면 어떻게 되냐고 묻기에 당연히 법과 원칙에 따라 강제 수사 등의 절차를 밟는다고 대답했다.
- **검사** : 12월 16일 피고인이 주재한 회의에서 밤 11시 보도자료

배포와 다음 날 오전 9시 언론 브리핑 방침을 결정하고 최종 확정한 건 맞는가?

● 나 : 그건 '서울청장이 최종 확정했다'고 표현하는 건 적절치 않다. 기본적으로 발표는 증거 분석이 나오면 바로 발표한다는 경찰 내부에 공감대가 확산된 내용이기 때문에, 그날 밤에 해야 될지 (다음날) 아침에 해야 될지를 두고 충분히 내부 논의를 거쳤다. 그 의견을 본청장에게 보고했다. 본청장도 시간에 관계없이 발표하는 것이 맞다고 이미 천명한 바 있어 바로 승인한 것이다. 한 사람 의견으로만 확정해서 지시했다는 것은 적절치 않다.

이날 나는 재판부에 발언권을 요구해 나의 억울한 심정을 처음으로 공개적으로 밝혔다.

"제가 진짜로 디지털분석팀에 보안지침을 내려 정보를 통제했거나 또는 은폐·축소 수사를 했다고 하면 CCTV 동영상에 반드시 나오게 돼 있습니다. 그리고 다양한 형태의 양심선언이 있었을 것입니다. 재판 과정에서 가슴 아픈 것은 지난번 ○○○(디지털 증거분석관) 증인도 나와서 (검찰에서) 너무 무섭게 조사를 받았다고 얘기했습니다. 디지털 분석을 할 때 영상녹화를 다 했듯이 우리가 조사받는 과정도 진술녹화실에서 했다면 과연 그런 말이 나왔을까요.
저도 검찰조사 받을 때 말을 많이 했는데도 나중에 보면 간단한 조서로 되어 있었습니다. 다 끝나고 난 다음에 수정한다는 것은 아무리 변호사가 있다 해도 한계가 있습니다. 제가 재판을 통해 느낀 것은 수사의 효율성이 다소 떨어지더라도 정말 중요한 인권과 공정성을 위해선 반드시 진술녹화실에서 해야되고 최소한 양면 모니터로 두 사람이 말하는 걸 실시간으로 그 안에서 볼 수 있도록 해야 한다는 점입니다.

제가 검찰 조사 시에 피의자 신문조서를 살펴보았을 때

- **검사** : 수기(메모) 보고서를 누군가에게 주었지요?

- **나** : 네.

라고 되어 있는 조서 내용을 보고 깜짝 놀랐습니다. 이는 질문에도 없었고 저도 그렇게 답한 적이 전혀 없었기 때문입니다. 담당 검사의 고의라고 생각지는 않지만 만약 제가 조서를 최종 검토할 그때 이것을 발견하여 삭제하지 않았더라면 또 어떤 식으로 억울하게 빌미가 잡혔을지 모릅니다.

또 하나, 서민 삶의 질에 큰 영향을 주는 경찰조직이 제 사건으로 범죄집단으로 매도되고 저의 불법 · 부당 · 위법한 지시에 편승한 것처럼 비치는 것은 너무나도 큰 아픔입니다. 검찰은 특정인의 진술만 너무 의존해서 저보고 짜깁기 수사와 발표를 했다고 하는데, 검찰이야말로 짜깁기 기소한 것 아닙니까?

보안을 강조한 것이 유일한 자백 증거인 양 담긴 공소장을 보고, 대한민국 검찰이 이런 수준밖에 되지 않느냐며 저는 밤새 술 마시고 울었습니다. 나머지 이야기는 최후진술 때 하겠습니다."

내가 검찰 조사 방식에 대해 거론한 까닭은 검찰의 조사를 받으면서 잘못된 행태를 여러 가지 겪었기 때문이었다. 검찰 조사에서는 예컨대 길게 어떤 상황을 변소하는 설명을 했음에도 조서에는 1~2줄로 기록되어 있기도 한다. 이는 말한 것을 문자로 기록하는 과정에서 나타나는 축약 현상이라 백번을 양보해도 이것으로 인해 피고인에게 불리하게 작용하는 것은 어떤 이유를 막론하고도 지양되어야 할 문제라고 본다.

국민의 권리를 지켜주고 혹여 발생할 수 있는 문제를 방지하기 위해 진술녹화실에서 조사를 받도록 하고, 조사관의 컴퓨터를 양면 모니터로 하여 조사자와 피조사자 간의 질문과 대답이 제대로 기록되고 있는지를 살펴보아야 하는 것이다. 이는 검찰뿐만 아니라 모든 수사기관에게 공통으로 요구되는 사항이다. 나는 경찰에 몸담고 있을 때는 여기에 대한 성찰이 부족하여 이를 시행하지 못했다. 아쉬운 점의 하나다.

03

나의 진실을 믿은
1심 무죄판결

1심 마지막 14차 재판인 결심공판은 2013월 12월 26일에 열렸다. 이날 검찰은 최후 의견을 진술하고 징역 4년을 구형했다.

피고인은 분석결과를 은폐하고 수사팀에게 허위 사실 발표를 지시했다. 서울청에서 수서서로 가는 분석결과 송부를 거부·지연해 수사팀의 수사도 방해했다. 어떤 변명에도 불구하고 직권남용이 명백하다. 또 중간수사 결과 발표는 2012년 TV토론 직후에 있었다.

예상대로 언론의 관심은 국정원 여직원 사건이었다. 의혹이 사실무근이라는 경찰의 발표가 크게 보도되었다. 이 보도로, 대선을 이틀 남겨두고 대선 최고의 승부처로 여겨진 TV토론도 관심 밖으로 밀려났다. 피고인의 행위가 선거에 미친 내용을 계량화할 수는 없으나, 일정 부분 표심에 영향을 미쳤다고 분석할 수 있다.

종합해 검찰은 피고인에게 공직선거법 위반 및 경찰공무원법 위반죄 징역 2년, 직권남용 및 권리행사방해죄 징역 2년을 구형한다.

이에 맞서 변호인은 최후변론에서 이렇게 주장했다.

수서서 수사팀은 정치적 고려 없이 실체적 진실을 밝히기 위해 최선을 다해 수사했다고 자부한다. 서울청 분석팀은 누구의 지시도 받지 않고 분석관의 독자적 판단에 따라 분석했다고 증언한다. 피고인은 누구에게도 부당한 압력을 행사하거나 수사 방해를 지시한 사실이 전혀 없다. 이 사건을 둘러싼 경찰 내부 갈등과 반목을 부추기고 추측만으로 의혹을 제기해 경찰 조직 전체 사기를 떨어뜨린 것은 검찰이 아닌가 한다.

'사람들은 거짓에 열광하고 진실에 실망한다'는 말이 있다. 여전히 피고인의 수사 은폐 지시가 있었다고 주장하며 수많은 증언을 믿지 못하겠다고 하는 것은 눈앞의 진실을 애써 외면하는 건 아닌지 되묻고 싶다.

최후 변론 다음에 이어진 나의 최후진술은 이미 제1부에서 살펴본 바와 같다. 검찰의 발표처럼 경찰이 짜맞추기 분석에 맞추어 짜맞추기 발표를 한 것이 아니라, 오히려 검찰이야 말로 잘못된 선입견에 기초하여 짜맞추기 수사에 따른 짜맞추기 기소를 한 것이 아니냐며 말을 맺은 나의 최후 진술은 역사가 평가할 것이다.

결심공판이 끝난 다음 날, 우리 집에 작은 해프닝이 있었다. 나의 큰딸이 2014년 2월 22일 결혼식을 올리기로 되어 있었는데 사돈댁에서 내가 4년 징역을 받은 것으로 언론에 나왔다면서 그러면 결혼은 어떻게 되느냐고 걱정했다는 이야기였다.

당시 큰딸은 로스쿨에 다니면서 나의 최후진술문 작성도 도와주고 결심공판 때도 참관하였기에 그 진실을 잘 알고 있었지만 일반 사람들의 경우는 검찰의 구형을 판사의 선고와 같은 것으로 오해하기 때문에 그러한 걱정은 어쩌면 당연한 것이었다. 1,2,3심 판결에서 모두 무죄를 받았을 때 사돈이 누구보다 좋아하였다. 나를 믿고는 있었겠지만 이런저런 들리는 이야기 때문에 재판 내내 불안한 마음이 완전히 가시지는 않았을 것이다.

1심법원, 검찰의 짜맞추기 기소를 지적하며
모든 쟁점에서 무죄판결하다

길고 긴 공판을 거친 끝에 재판부의 1심 판결은 해를 넘긴 2014년 2월 6일 내려졌다. 재판부는 먼저 사건의 개요와 검사의 주장, 변호인단의 주장을 객관적으로 기술한 뒤 핵심 쟁점과 판단의 방법에 대해 논했다.

이 사건의 핵심 쟁점은 '피고인이 선거에 개입하고 실체를 은폐할 목적으로 허위의 언론 발표 및 분석자료의 회신 거부 및 지연을 지시, 승인하였는지 여부' 라고 할 것인데, 이 사건에서 피고인이 보도자료의 게시 및 배포와 언론 브리핑의 실시를 지시하고 승인한 사실은 인정하나 '선거에 개입하고 실체를 은폐할 의도' 및 '허위의 언론 발표를 한다거나 분석자료의 회신을 거부하고 지연시킨다는 의사' 가 있었음은 부인하고 있고 이를 입증할 만한 직접증거가 전혀 제출되지 아니하였으므로, 결국 상당한 관련성이 있는 간접사실 혹은 정황사실을 증명하는 방법으로 이를 입증할 수밖에 없다.

검사는 이 사건 공판 과정에서 다수의 사실관계를 제시하면서 그러한 사실들이 피고인에게 선거개입 및 실체은폐의 의도가 있었음을 뒷받침하는 충분한 간접사실 혹은 정황사실에 해당한다고 주장하였고, 이에 대응하여 피고인 및 변호인은 그에 관해, 검사의 일방적인 시각에서 해석한 사실관계들은 검사의 주장과 같은 피고인의 선거개입 및 실체은폐 의도의 존재를 뒷받침하는 간접사실 혹은 정황사실로 보기 부족하고, 오히려 피고인이 서울청장으로서 '국정원 여직원 사건' 을 공정하고 투명하게 처리하려 했다는 점에 부합하는 사실들을 제시하였다.

따라서 '피고인에게 선거에 개입하고 실체를 은폐하려는 의도' 및 '허위의 언론 발표를 한다거나 분석 자료의 회신을 거부하고 지연시킨다는 의사' 가 있었는지 여부는 검사가 제시한 간접사실 및 정황사실의 의미와 그 각 연결 관계의 해석에 달려있다고 할 것이다.

그러므로 검사가 그러한 의도 및 의사를 추단할 수 있는 간접사실 혹은 정황사실이라고 주장하였거나, 공판과정에서 그 의미에 관해 치열하게 공방이 전개되었던 개별적 사실관계를 먼저 검토하고, 이를 바탕으로 피고인에게 그러한 의도가 있었는지 여부 및 이 사건 각 공소사실이 충분히 입증되었는지 여부를 판단하기로 한다.

이후 재판부는 증인의 증언과 검찰의 주장을 세세하게 분석하고 판단을 내렸다.

● 이 법원이 적법하게 채택하여 조사한 증거에 의해 인정되는 사항을 종합하여 보면, 피고인이 권○○에게 압수수색영장 신청을 하지 말라고 지시하였다는 권○○의 진술은 당시의 사건 진행 상황이나 다른 경찰관들의 진술에 비추어 객관적 상당성, 합리성이 없다고 보이고, 달리 그 진술에 일치하는 객관적 자료를 찾아볼 수 없어 믿기 어렵다.

● 2012. 12. 12. 11:00경에는 이미 경찰청과 서울청은 압수수색영장 신청이 부적절하므로 신청을 보류하기로 결정한 상태였음을 알 수 있고, 수서서장인 이○○도 상급청의 지침에 공감하여 영장신청 보류를 지시한 상황인데, 서울청장인 피고인이 그로부터 4시간 정도가 지난 14:59경에 권○○에게

직접 전화하여 재차 영장신청 보류를 지시했다는 것은 선뜻 납득하기 어렵다.

- 결국 수서서가 압수수색영장 신청을 보류하게 된 것은, 영장신청 요건이 불비되어 있었다는 점과 무리한 영장신청으로 인해 경찰조직에 미칠 파장 등을 고려한 경찰청장 김○○의 결단이 있었기 때문이고, 피고인도 그러한 결단의 취지에 동의하여 경찰청장의 지침을 수서서장인 이○○에게 전달하였으며…… 피고인이 권○○에게 직접 전화하여 압수수색영장 신청을 하지 말도록 종용하였다는 권○○의 진술은 믿을 수 없다.

- 수서서가 아닌 서울청에서 디지털증거분석을 진행하게 된 것은 수서서가 서울청에 증거분석을 의뢰했기 때문이고, 서울청은 오히려 사안의 중대성을 감안해 경찰청에 증거분석을 재의뢰했음을 알 수 있다. 달리 피고인이 서울청에서 디지털증거분석이 이루어지도록 조율했다는 검사의 주장을 뒷받침할 만한 자료는 전혀 없다.

- 서울청은 임의제출된 노트북과 데스크탑 '전체'를 열람하고 확인하는 방법으로 증거분석을 실시하려고 했던 것으로 보지 않을 수 없다.…… 피고인과 서울청이 불순한 의도를 가지고 디지털증거분석 과정에 K를 개입시키려 했다고 인정할 만한 아무런 증거가 없다.

- 피고인이 보안을 강조하고 수기보고서를 작성하라고 지시한 것은 증거분석 상황을 은폐하거나 분석 과정에서 수서

서를 배제하려는 의도와는 무관한 것임을 알 수 있다. 피고인은 사안의 중대성을 감안하여 철저한 보안조치를 하였음에도 분석 준비과정 중 일부 사항이 특정 언론에 의해 단독 보도되는 상황이 발생하였음을 계기로, 외부 언론에 의한 증거분석 상황에 관한 정보 유출을 막기 위해 보안강화를 지시한 것임이 인정될 뿐이다. 피고인이 수서서에 대해 증거분석 내용을 은폐하려 했고, 수서서를 배제하려고 했음을 인정하기 부족하고 달리 이를 증명할 증거가 아무것도 없다.

- 검사는 디지털증거분석팀은 수사 지원부서에 불과하므로 담당수사관서인 수서서가 분석 의뢰한 키워드에 기속되어야 한다는 전제 하에 키워드 축소를 요구한 것은 특정 의도가 있었기 때문이라고 볼 수밖에 없다고 주장하나, 디지털증거분석팀이 담당수사관서의 분석 의뢰 내용에 무조건적으로 기속된다는 논리의 근거가 무엇인지 쉽게 이해하기 어렵고, 서울청 디지털증거분석팀은 분석의 대상 및 혐의사실과의 관련성, 현실적인 분석 기간 등을 고려하여 키워드 축소를 요구한 것으로 보이는 바 그 요구가 크게 불합리하다고 보이지 아니한다.

- 대통령선거에 영향을 미칠 의도로 사전에 발표 시기를 미리 정해두었다는 취지의 검사의 주장은 막연한 추측에 불과하고 이를 뒷받침할 만한 증거가 없어 받아들일 수 없다.

- 서울청이 분석결과를 은폐하기 위해 '국가안보에 중대한 위

협'이라는 변명을 하면서 수서서의 분석자료 회신 요청을 거부하였다는 검사의 주장은 도저히 받아들일 수 없다.

● 실제로 분석결과물이 다소 늦게 반환되기는 하였지만 분석관들의 업무일정에 비추어 지연된 사유를 충분히 수긍할 수 있고, 서울청이 수서서에 반환한 분석자료가 그 내용을 확인하고 분석하는 데 현저히 곤란한 상태에 있었다고도 보이지 아니한다. 그렇다면 이 부분 공소사실도 범죄의 증명이 없는 경우에 해당한다.

이처럼 모든 사항에 대하여 조목조목 분석한 뒤 종합적으로 결론을 내렸다.

| 결론 |

…… 검사의 주장과 논리가 우연적이고 지엽적인 사실의 조각들로 성글게 엮어 그 안에 여러 불일치, 모순, 의문이 있음에도 피고인에 대한 불신과 의혹을 전제로……

이 사건에서 적법하게 증거조사를 마친 많은 증거를 통해 파악된 사실관계를 기초로 정상적인 경험칙, 논리법칙과 건전한 상식에 근거하여 보건대, 이 사건 공소사실에 관한 검사의 논증이 단순한 의혹 또는 추측을 넘어 법관으로 하여금 합리적인 의심의 여지가 없을 정도로 유죄의 확신이 드는 정도에는 이르지 못하였다고 판단한다…….

1심 판결문은 96,234字에 이르며 원고지로 487매나 되는 방대한 분량이었다. 하지만 요약한다면 '검사의 주장과 논리가 우연적이고 지엽적인 사실의 조각들로 성글게 엮어져 있다'고 지적한데서 보듯이, 증거가 부족해서가 아니라 범죄의 실체가 없다는 취지의 판결문임을 알 수 있다.

되돌아보면 이 사건은 애초부터 '야당과 일부 언론, 검찰'이 '~을 했지 않았을까'라는 선입견으로 억지로 끼워맞춘 사건이었다. 처음부터 야당이 당리당략에 따라 움직이지 않고, 언론이 객관적으로 진실을 파헤치고, 검찰이 냉정하게 조사했다면 기소 자체가 되지 않았을 사건이었다.

04

1심 무죄판결의 의미

폭로와 야합으로 얼룩진 정치공세를 이겨내다

1심 재판이 정식으로 시작된 것은 2013년 8월 23일이며 14차례의 공판을 거쳐 1심 재판부 최종판결이 내려진 것은 2014년 2월 6일이었다. 거의 반년인 168일 동안 17명의 증인이 출석했고 증거기록은 5,400여 쪽에 달한다. 그 기간 동안 언론기사는 수천 건에 이르고 인터넷에 올라온 글은 헤아릴 수 없을 정도다.

내가 '김용판 기사'를 전부 스크랩해서 모았다면 책으로 10권은 족히 나왔을 것이다. 그만큼 온 국민의 주목을 끈 사건이었고 검찰은 나의 유죄를 입증하려 노력했지만 재판부 판결문에서 보듯 검찰의 주장이 사실로 드러난 것은 하나도 없었다.

야권은 아무런 증거 없이 줄기차게 나의 유죄를 주장했다. 여기에는 명확한 증거나 사실관계는 없고 오직 심증만 있었다. 그 심증이 잘못 되었음이 길고 긴 재판을 통해 모두 밝혀졌다. 더 모순된 사실은 박지원 원내대표가 선거가 끝난 12월 28일에 한 이야기다.

박지원, "국정원 여직원 사건 증거 없어, 나는 말렸다"

민주통합당 박지원 원내대표는 대통령선거 운동기간 있었던 국가정보원 여직원 감금 논란과 관련해 "어떠한 증거가 없이 단순한 제보를 가지고 했다"며 "감금하고 가해를 한 것은 옳지 않다"고 뒤늦게 말했다. 박 전 원내대표는 27일 YTN 뉴스인에 출연해 대선 패인으로 국정원 여직원 사건, 3자토론(이정희 통합진보당 후보의) 분탕질, NLL의혹 제기에 대한 효과적인 반격 부족 등을 꼽으며 이같이 토로했다.

박 전 원내대표는 "당시에 일부 언론에서 제가 국정원 여직원 사건을 (지휘)했다고 보도했는데 저는 사실 굉장히 말렸다"고 해명했다. 그는 "물론 구체적 제보를 저도 받았고, 당에서도 확보를 했지만 증거가 없는 것을 무조건 하는 것은 바람직하지 않고, 특히 상대방은 28살의 여성"이라며… 그러니까 우리도 철수해야 한다고 설득했다고 전했다.

- 〈조선일보〉, 2012년 12월 28일

이 기사를 보면 당시 선거운동 책임자 중 한 명이었던 박지원 원내대표조차 별다른 증거가 없다고 인식하고 있었음을 엿볼 수 있다. 그럼에도 결과적으로 민주당은 국정원 여직원에 대한 감금 논란 사태를 일으켰고, 선거 후에 공정하게 진실만을 밝힌 나를 고발하는 지경에까지 이르렀다. 극히 모순적인 행동이 아닐 수 없다. 나아가 1심 무죄판결이 내려지자 민주당은 이를 반박하고 비난하는 논평을 냈다.

김용판 1심 무죄선고에 대해

국정원의 대선 불법개입 사건에 대한 경찰 수사를 축소·은폐한 김용판 전 서울경찰청장에 대해 1심에서 무죄가 선고됐다. 피고인 김용판은 "진실은 결코 변하지 않는다"고 했다고 한다. 충격적이다. 재판부는 국민의 보편적 법 감정과 상식을 무시했고, 김용판과 그 비호세력에 의해 '진실'은 조롱당하고 모욕당했다.

권력에 편승한 자의 불법은 '무죄'가 된다는 현실은 '정의'의 개념을 뒤엎어 버렸다. 군사독재 시대와 권위주의 시대에 승자를 위한 법이 집행되고 민주주의의 근간이 뿌리째 뽑혔던 경험을 갖고 있다. '승자무죄 패자유죄(勝者無罪 敗者有罪)'의 시대가 다시 시작되는 일은 결코 있어서는 안 된다. …… 민주당은 지금의 상황을 엄중하고 심각하게 받아들이고 있다.

– 2014년 2월 7일 민주당 수석대변인 ○○○

나를 고발한 민주당으로서는 반박 논평을 내는 것이 당연하다. 하지만 "재판부는 국민의 보편적 법 감정과 상식을 무시했고, 김용판과 그 비호세력에 의해 '진실'은 조롱당하고 모욕당했다"는 말은 맞지 않다. 재판에 한번이라도 참여해 지켜본 사람은 재판부가 얼마나 공정하게 검찰측과 변호인측의 의견을 경청했는지 잘 알 것이다.

무죄판결이 내려진 후 진보 성향의 언론들이 게재한 비판 기사와 사설들은 너무 많아 일일이 거론하기 힘들 정도다. 인터넷에서도 찬반양론으로 나뉘어 거센 논쟁이 벌어졌다. 그러한 논쟁이 벌어졌다는 것은 우리 사회가 다양한 관점을 지니고 있으며, 활력이 넘친다는 의미이기도 하다. 이에 사법부의 판결을 비난한 사설과 존중한 사설을 나란히 게재한다. 나의 관점을 떠난 제3자의 시각에서 판결을 어떻게 평가했는지 판단해보기 바란다.

거짓과 진실이 뒤바뀐 김용판 무죄 판결

국가정보원 대선개입 사건에서 김용판 서울경찰청장에게 법원이 무죄를 선고했다. 선거개입 의도가 있었다는 A 수사과장의 주장은 믿지 않고, 자체 판단으로 "지지 댓글 없다"는 중간수사 결과를 발표했다는 다른 경찰들과 김 청장 주장을 그대로 받아들인 결과다. 판결 내용을 살펴보면 '합리적 의심'을 허용하지 않을 정도의 엄밀한 증거를 요구하는 형사법의 대원칙을 내세우고 있으나 상식적으로 이해하기 힘든 대목이 적잖다.

우선, 국정원 직원 K가 40개의 의심스런 ID와 닉네임을 사용한 사실을 서울경찰청 디지털증거분석팀이 확인했고, 김 청장이 그에 대해 보고받고도 허위의 보도자료 배포를 지시한 사실까지 재판부가 인정해놓고 "선거에 개입할 의도가 없었다"고 결론지은 것은 상식에 반한다. 김 청장이 수서경찰서에 분석 상황을 알려주지 말라고 지시하는 등 '의도'를 의심할 만한 여러 증거들을 고려하면, 재판부가 무죄를 선고한 것은 앞뒤가 맞지 않는다.

그럼에도 경찰은 "비방·지지 게시글이나 댓글이 발견되지 않았다"고 발표해 결국 국민을 속였는데도, 이런 경찰의 말이 맞다고 손을 들어준 것이다. 이미 국회 청문회를 통해 A 과장을 제외한 나머지 경찰들이 말을 맞춘 것 같다는 의혹이 제기돼온 것과는 동떨어진 판단이다.

- 〈한겨레〉, 2014년 2월 6일

김용판 무죄, 정치공방의 대상 아니다

헌법이 재판의 독립을 규정한 건 공정한 재판을 보장하기 위해서다. 만약 재판이 다른 국가기관이나 정치권, 여론의 영향에 좌우된다면 우리 모두 피해자가 될 수밖에 없다. 재판의 독립은 사법 기능의 심장으로 판사들은 물론이고 법원 나아가 전 사회가 함께 지켜야 할 문제다.

국가정보원 댓글 의혹 사건에 대한 경찰 수사를 축소·은폐한 혐의로 기소된 김용판 서울경찰청장에게 무죄가 선고됐다. 담당 재판부의 결론은 "검찰이 제시한 증거가 합리적 의심의 여지가 없을 정도에는 이르지 못했다"는 것이다.

특히 "핵심 증거인 A 수사과장의 진술을 믿을 수 없다"는 판단이 결정적 영향을 미쳤다. 가장 큰 부담을 지게 된 것은 검찰이다. 재판부가 "검사의 주장과 논리가 우연적이고 지엽적인 사실의 조각들로 성글게 엮었다"고 지적함에 따라 검찰은 혐의를 뒷받침할 증거와 진술을 보강해야 한다. 이것이 정상적인 재판의 과정이다.

그러나 정치권은 판결을 아전인수식으로 활용하기에 급급하다. 민주당은 "법과 상식에 부합하지 않는 정치적 판결" "정권 차원의 노골적인 수사 방해"라며 특검을 통한 재수사와 법무장관 해임 등을 주장하고 나섰다. …… 사법은 국민 신뢰 없이는 존립할 수 없다. 사법부 구성원들의 노력도 중요하지만 진영논리의 색안경을 쓰고 무죄냐, 유죄냐에만 민감하게 반응하는 습성도 버릴 때가 됐다. 판결을 비판하고 평가할 수는 있지만 재판 제도의 근본까지 흔들어선 안 된다.

- 〈중앙일보〉, 2014년 2월 8일

나는 나를 비난하거나 재판부 판결에 동의하지 않는 사람들의 심정도 이해는 한다. 그 사람들은 자기 나름대로의 가치관과 신념의 차이로 인해 그들이 믿는 것이 진실이라는 확신에 차 있는 사람들이기 때문이다. 정말 내가 아쉬워하는 것은 이 재판이 처음부터 잘못되었다는 점이며, 특히 A라는 한 사람의 허위증언에 의해 사건의 파장이 증폭되었다는 점을 많은 국민들이 제대로 알지 못한다는 점이다.

이 책 제2부의 마지막 장에 나오는 'A는 왜 편견에 가득 찬 허위진술을 했을까?' 부분을 읽게 되면 나의 말에 공감하게 될 것이다.

1심에서 무죄판결이 내려지자 몇몇 사람들과 야권, 언론은 재판을 담당했던 부장판사를 맹비난했다. 한 단체는 "대한민국의 역사를 유신으로 돌려놓는 데 혁혁한 공을 세우셨다"고 비꼬았다. 아이러니한 것은 2013년 서울시 공무원 간첩사건에서 그 판사가 당시 간첩으로 지목된 유○○에게 무죄를 선고하자 야권은 열렬히 환영하고, 여권은 비난을 퍼부었다는 사실이다. 도대체 왜 이러한 웃지 못할 현상이 벌어지는가?

판사는 오직 증거에 의해 판단하는데 그것을 받아들이는 사람들의 마음과 태도가 갈대처럼 변하기 때문이다. 우리가 법원의 판결을 존중하지 않으면 사법 체계 자체가 흔들릴 수 있고 이는 국가의 존망에도 영향을 끼친다. 결국 그 폐해는 고스란히 우리에게 돌아오게 될 것이 자명하다.

사법연수원생들의 〈의견서〉 사건에 대해

여기에서 부기하고 싶은 것 중의 하나는 1심 재판이 시작되기 전 사법연수원생 95명이 채동욱 검찰총장에게 보낸 의견서이다. 연수원생들은 제43기 예비 법조인들로서 2013년 7월 5일 대검찰청 민원실을 통해 의견서를 전달했다.

존경하는 검찰총장님께,
지난 대선 직전부터 최근까지 국가정보원과 서울경찰청에서 일어났던 불행한 사건들을 지켜보면서, 저희는 이 일들이 수많은 법조 선배들이 오랜 기간 피땀 흘려 닦아 놓은 민주적 기본질서의 근간을 흔드는 일이라고 확신하게 되었습니다. 그리고 검찰이야말로 바로 지금 헌법과 법치의 이름으로 이 일련의 사건들을 바로잡을 수 있는 기관이며, 이와 유사한 불행이 반복되는 것을 막을 수 있는 기관이라는 믿음으로 여기까지 이르게 되었습니다.

서울경찰청의 위법행위에 관하여

서울경찰청 CCTV 영상이 공개되었습니다. 김용판 전 청장의 지시에 의해 수사기록들이 증거를 남기지 않는 수기로 이루어졌고, 김 청장은 증거분석 상황에 대한 보고를 받고서도 자료를 모두 폐기하도록 지시하였다는 것이 알려졌습니다. 김 청장은 선거 3일 전인 2012. 12. 16일에 "양당 후보에 대한 비방·지지 게시글이나 댓글을 게시한 사실은 발견되지 않았다"고 발표하였습니다.

국가경찰은 국민 전체에 대한 봉사자로서 공정·중립을 지켜야 하며, 부여된 권한을 남용하여서는 아니 됩니다.(경찰법 제4조) 범죄사실을 발견하고서는 증거를 은폐하고 스스로 도출한 결론과도 다른 발표를 하는 것은 결코 용서받을 수 없는 범죄입니다.

저희는 이상과 같은 이유로 다음과 같이 의견을 개진합니다.

- 원○○ 전 국가정보원장과 김용판 전 서울지방경찰청장에 대해 엄정한 공소유지를 해 주시기 바랍니다. 이 사건은 결코 선처되어서는 안될 중대한 헌정파괴 범죄임을 감안하시어 우리 사법체계가 상정하고 있는 합당한 처분을 받을 수 있도록 끝까

지 힘써 주시기 바랍니다.

● 과연 원○○과 김용판 두 사람이 이 사건의 핵심인지, 그렇지 않다면 이 사건에 관여한 다른 국가기관이 있는지를 명확히 수사하여 주시기 바랍니다.

2013. 7. 4일 제43기 사법연수생 95명 일동

이 글은 신문과 인터넷에 게재되어 큰 반향을 불러일으켰다. 나역시 이 글을 통한의 마음으로 읽었다. 한 법조인은 그 글을 읽고 사법연수원생들을 나무랐다. 나는 그 말을 듣는 즉시 이렇게 이야기했다.

"그들은 예비법조인으로서 자신들의 선배인 검찰의 말을 믿고 그에 따라 행동한 것입니다. 사건의 내막을 정확히 알지 못하니까 그러한 청원서를 낼 수도 있는 것이겠지요. 정의감이 불타오르는 젊은 사람들이 할 수 있는 행동이라 이해 못할 것도 아닙니다. 진짜 문제는 무리하게 기소한 검찰에 있다고 봐야겠지요."

나는 '헌정문란 범죄' '용서받을 수 없는 범죄'라는 단정적 표현이 들어 있는 그 글을 읽으면서 비장한 마음이 들었다. 자신이 하지 않은 행동으로 인해 타인의 공개적 비난을 받는다면 누군들 가슴이 아프지 않을 수 있을까? 또 그에 대해 아무런 해명이나 답변도 할 수 없는 처지라면 더욱 가슴이 찢어질 것이다. 나는 주어진 책무를 공정하게 수행했음에도 이처럼 여러 사람에게서 상상도 할 수 없는 모욕을 받았다. 어찌 가슴에 상처가 남지 않겠는가!

05

2심(항소심) 재판

민주당 의원조차 인정한 1심 판결

1심 무죄판결이 내려지고 5일이 지난 2014년 2월 12일, 검찰은 고등법원에 항소했다. 검찰 측이 1심 재판부의 판결에 승복하지 않은 것은 그들의 관점에서 보면 당연한 것이었다, 그들은 자신들이 조사한 사항과 수많은 증언, 댓글사건 당시의 모든 정황을 살펴보면 내가 무죄임을 분명 파악했을 것이다. 또한 A의 진술이 신빙성이 없다는 것을 잘 알았을 터이지만 굳이 항소를 한 것은 항소를 포기하면 잘못된 기소를 인정하는 셈으로, 범죄자로 말하면 자신의 잘못을 자백하는 꼴이니 검찰 입장에서는 자연스런 선택이라 생각한다.

1심 재판이 진행되는 동안 내 이름과 재판 과정은 온 국민의 관심사였으나 1심에서 무죄판결이 내려지고 한 차례 격한 논쟁이 지나간 후에는 국민들의 관심에서 많이 멀어졌다. 이미 2년 전의 사건에 얽매이는 것은 시간낭비라고 여겼을 것이다.

무죄판결에 대해 나를 고발했던 민주당 내에서도 사법부의 판결을 존중해야 한다는 의견이 대두되었다.

민주당 조경태 최고위원은 김용판 서울경찰청장에 대한 1심 무죄판결과 관련해 "법리 해석을 통한 사법부의 판결을 존중해야 한다"고 밝혔다. 조 최고위원은 YTN 라디오 방송과의 인터뷰에서 "검찰이 철저한 공소유지로 항소하려는 상황에서 항소심, 3심 재판의 결과를 겸허한 자세로 지켜봐야 한다"면서 이같이 말했다. 조 최고위원의 언급은 국가기관 대선개입 의혹에 대한 특검 도입을 요구하고 있는 당 지도부의 주장과 배치되는 것이어서 당내 논란이 예상된다. 특검 요구에 대해서도 "마음에 안 들면 무조건 특검하자는 식의 정쟁으로 비칠 우려가 있는 만큼 먹고 사는 문제나 외교·안보 문제에 관심을 두고 대다수 국민의 이익에 당이 앞장선다면 지지율도 회복할 수 있다"고 주장했다.

－〈아주경제〉, 2014년 2월 14일

2심(항소심)에서 아무런 쟁점을 제기하지 못한 검찰

1심 재판이 무려 14차례나 열린 것과 대조적으로 항소심은 3차례만 열렸다. 첫 재판은 항소를 제기한 검찰 측이 나의 죄를 논증하는 자리였으며, 두 번째 재판은 변호인단이 나의 무죄를 입증하는 재판이었다. 두 번째 재판에서는 A와 국회의원 P가 증인으로 출석했지만 의미 있는 증거는 하나도 제시하지 못했다.

5월 1일 열린 첫 재판에서 검찰은 나의 죄를 조목조목 짚었다. 검찰의 〈항소이유서〉는 매우 장황하고 복잡하지만 요약하면 간단했다. "김용판 서울경찰청장이 제18대 대통령선거에서 특정 후보에게 유리하게 하기 위해 직권을 이용해 수서서에 압력을 가해 수사를 제대로 진행하지 못하게 하고, 컴퓨터 분석결과를 조작 은폐했으며, 허위의 결과를 강압적으로 발표토록 했다"는 것이다. 1심에서 제기한 이슈를 그대로 되풀이한 것이다.

그동안 검찰은 새로운 증거를 하나도 찾아내지 못했다. 검찰이 게을러서 증거를 찾지 못한 것이 아니라 증거가 없기 때문이었다. 단지 A만이 다시 증인으로 출석해 줄기차게 허위 진술을 했는데 그 허위 진술이 오히려 진실을 밝혀내는 데 큰 도움이 되었다. 논고가 끝난 뒤 검찰은 1심 때와 마찬가지로 징역 4년을 구형했다.

명확한 진실을 밝혀낸 변론 요지

5월 13일 열린 두 번째 재판에서 나의 변호인단은 검찰 주장을 하나하나 논리정연하게 반박했다. 다음은 변호인단의 변론 요지 중 핵심적인 사항이다.

변론의 요지
2014년 5월 13일

1. 직권남용권리행사방해죄

● 피고(김용판)는 허위의 수사결과를 발표하게 함으로써 의무 없는 일을
  하게 하였는가?

– '결과가 나면 발표한다' 는 데 서로 의문의 여지가 없었고 무조건 결과
  가 나오면 발표한다는 공감대가 다 있었다… (늦은 밤 발표하는 것에
  대해) 국민들의 관심이 많은 사안이고, 궁금해하기 때문에 그대로 가
  자, 법과 원칙대로 해라…. 예정대로 진행하는 것이 좋겠다고 생각했
  고, 승인을 했던 것이다. (김○○ 본청장)

– 중간수사 결과를 발표할 법령상 의무가 있는 이○○ 수서서장이 김○
  ○ 본청장의 승인을 받은 김용판의 지시에 따라 중간수사 결과를 발표
  한 것 : 여기에 서울청장으로서의 직권을 남용하여 이○○ 수서서장
  에게 법령상 의무 없는 일을 시켰다고 볼 수 없다.

2. 공직선거법위반죄

● 허위의 보도자료를 수서서 홈페이지에 게시하게 함으로써 선거운동을
  하였는가?

– 보도자료를 경찰서 홈페이지에 게시하는 것은 경찰수사 공보의 관행
  이다. 이를 지시하는 것은 서울청장이 그 권한 내에서 행할 수 있는 통
  상적인 업무의 일환이다.

– 디지털 분석결과 등을 알리는 것 외에 특별히 특정 후보에 대한 지지

를 호소하는 등의 내용은 포함되어 있지 않았다.

즉 서울청장의 일상적·의례적인 업무행위로서, 분석결과가 나온 직후에(시기), 경찰수사 공보 관행에 따라(방법), 일선경찰서 홈페이지 게시판(장소)에 배포하도록 한 것은 선거운동으로 보기 어렵다.

3. 피고인이 증거분석 상황 및 결과를 은폐하고 수서서를 증거분석 과정에서 배제하라고 지시하였는지 여부

● 검찰 주장 : 서울청장이 2회 피고인 신문 당시 수사팀도 보안대상이라고 발언. 수서서 수사팀에 증거분석 상황 및 결과를 은폐하고 분석결과물을 지연 송부하도록 지시했다.

● 실체 진실 : 위 발언은 YTN 단독 특종보도 사건을 계기로 언론 등 외부인에게 보안을 지키라는 의미일 뿐 수서서를 배제하라는 취지가 아니었다. 수서서 수사팀은 증거분석 전 과정을 통틀어 구체적인 진행 상황을 문의하거나 필요한 사항을 요청한 사실이 없었고 오히려 유○○(수서서 사이버팀장)은 자의로 서울청의 증거분석 현장을 이탈하여 수서서로 복귀했다.

4. '분석범위 제한 논리'에 대하여

● 검찰 주장 : 임의제출물이 데스크탑과 노트북 그 자체이며 특정 전자정보를 임의제출한 것이 아니었다.

● 실체 진실 :

- 임의제출서에 K의 자필 기재. 특히 통상의 경우와 달리 임의제출서가 분석팀에게까지 송부되었다.

- K 변호사의 확인서: 강제수사에 해당하는 임의제출물 수사에 대한 적
  법성 통제는 '제출과정에서의 임의성'에 대한 엄격한 심사로 이루어
  졌다.
- 임의제출서에 기재된 K의 의사 및 민주당의 고발 사실 등에 따라 핵심
  쟁점으로 인식된 '박/문에 대한 비방·지지 게시글/댓글 작성'으로 분
  석범위를 설정한 분석팀의 판단이 부당하다고 볼 수 없다.

5. 발표를 강행하기 위해 키워드 축소를 강요했는지 여부

● 검찰 주장 : 서울청은 수서서의 반발을 무릅쓰고 키워드 축소를 강행
  했다.

● 실체 진실 :

- 수서서의 키워드 분석의뢰 공문은 참고용으로 키워드를 알려달라는
  실무분석관인 임○○의 독자적인 요청에 따른 것으로서 분석팀이 이
  에 기속된다는 근거를 찾아볼 수 없다.
- 수서서가 요청한 100개의 키워드가 불필요하다고 분석관들이 자체 판
  단했다.
- 키워드의 개수에 따라 분석에 걸리는 시간에는 상당한 차이가 있다.

6. 분석과정에서 발견된 자료와 피고인에게 보고된 내용

1) 메모장 txt파일

● 검찰 주장 : K의 선거개입, 정치 관여를 확인할 수 있는 중요한 단서를
  이미 분석 초기에 발견했다.

● 실체 진실 : 오히려 분석 초기였기 때문에 국정원의 대북 업무를 수행

하는 자료라고 생각하는 등 처음부터 그 의미나 중요성을 정확히 파악하지 못했다. 예컨대 분석관들은 해당 ID닉네임이 K가 사용하는 것인지조차 바로 확정하기 어려웠다.

2) 서태진아 작성 '저는 이번에 박근혜 찍습니다' 게시글

- 검찰 주장 : 닉네임 사용자가 누구인지 확인되지 않아 K 또는 다른 국정원 직원일 가능성을 배제할 수 없는 상태에서 수사가 아닌 분석 단계에서 정치적 여론조성 활동 관련 자료가 아니라고 단정하기 어렵다.
- 실체 진실 : 이 사건의 쟁점(분석범위)은 K가 게시글·댓글을 작성했는지 여부였으므로 분석관들은 서태진아가 작성한 글은 K(숲속의참치)가 단순 열람한 글이라고 자체적으로 결론내리고 위 글은 분석범위에서 제외했다.

3) 이정희 후보의 '남쪽정부' 게시글

- 검찰 주장 : 대선 당시 야권연대 논의가 계속 있어왔고 이 후보는 박 후보에 대한 공격을 위주로 선거운동을 해왔으며 대선 직전 야권단일화 차원에서 후보를 사퇴했음. 이 후보에 대한 비방 의견 유포행위는 박/문 후보에 대한 비방·지지글로 볼 수 있다.
- 실체 진실 : 분석관들의 자발적인 논의 끝에 분석결과보고서에서 제외하기로 결론 내렸고, 그 과정에서 피고인의 지시나 부당한 간섭은 없었다.

4) 찬반클릭 행위

- 검찰 주장 : 찬반클릭 역시 정치적 여론조성 행위의 중요한 유형이다.

원○○ 국정원장 등에 대한 공직선거법위반 공소사실에 이 유형이 포함되어 있는 점을 고려하면 찬반클릭이 게시글·댓글 작성이 아니라는 이유로 배제된 것은 납득하기 어렵다.

- 실체 진실 : 검찰조차도 K의 휴대폰 압수수색영장 신청 기각 시 지휘한 내용에서 보듯 K의 찬반클릭 행위를 인지하고도 범죄혐의가 명백하다고 보지 않았다.

7. 디지털증거분석보고서에 대하여

- 검찰 주장 : 특히 메모장 txt파일은 국정원 직원이 인터넷 여론조작 활동에 사용하는 다수의 ID닉네임을 관리할 목적에서 작성한 문서이므로 단순히 ID닉네임만을 디지털분석결과보고서에 포함시켰다고 하여 적정하게 작성한 것으로 볼 수 없다.

- 실체 진실 : 앞서 말했듯 당시 분석관들은 문/박 비방·지지 게시글/댓글 작성 여부에 초점을 맞췄기에 메모장 txt파일이 분석범위와 직접적인 결정적 단서라고 생각하기 어려웠다.

8. 허위의 디지털증거분석결과(중간수사 결과) 발표 강요 여부

- 검찰 주장 : 서울청장이 일방적으로 보도자료 배포 및 언론 브리핑 시기를 결정하여 수서서 수사팀에 디지털증거분석결과 발표를 지시했다.

- 실체 진실 : 당시 디지털증거분석이 마무리되는 대로 그 결과를 바로 언론에 발표한다는 것은 수서서, 서울청, 본청을 비롯한 경찰 내부의 지배적인 의견이자 정치권 및 여론의 당연한 요구였을 뿐 피고인의 지

시나 종용은 없었다. 또한 사전에 언론 브리핑과 관련하여 예상 질의 답변은 준비하는 것은 통상적인 업무의 일환에 불과하다.

9. 고의로 분석결과를 송부 지연 여부

● 검찰 주장 : 서울청이 수서서 수사팀의 반발을 우려하여 분석결과물 송부를 일부러 지연시켰다.

● 실체 진실 : 임○○ · 김○○ · 최○○ · 장○○ · 김○○ 분석관은 12월 13일 낮부터, 성○○ · 임○ 분석관은 12월 14일부터 12월 17일 17:00까지 밤새도록 분석작업을 하느라 야근하였고, 그 후로도 언론 브리핑 준비 및 참석, 민주당의 서울청 항의 방문 참석, 기자간담회 참석 등 살인적인 일정을 소화하였으며, 김○○ 분석관은 언론브리핑 전에 과로로 쓰러졌음. 사실상 12월 17일에는 분석결과물 송부 준비가 불가능했다.

● 검찰 주장 : 증거분석 과정에서 출력된 자료들이 수서서에 제대로 전달되지 않았다.

● 실체 진실 : 분석과정에서 출력된 자료는 분석작업의 보안 유지를 위해 폐기하는 것이 일반적이지만 이 사건의 중대성을 고려하여 추후 국정감사를 대비하여 사소한 자료라도 파란 박스에 담아 보관하였음. 그후 최○○ 분석관이 파란 박스에 담긴 출력물 자료를 수서서에 통째로 전달하였다.

● 검찰 주장 : 서울청의 1 · 2차 송부 분석결과물이 수서서 수사팀으로 하여금 그 내용을 확인하여 수사에 활용하는데 현저히 곤란한 상태였다.

● 실체 진실 : 원래 수사팀은 분석팀으로부터 디지털분석 결과만을 받아

이를 수사의 단서로 활용하는 역할을 한다. 디지털 분석결과를 도출하게 된 과정에서 나온 모든 자료를 송부해 달라고 요구한 사례는 이 사건이 최초였으므로 분석결과물 송부 형태에 관한 특별한 선례가 없었다. 키워드 분석 결과 데이터(케이스파일)의 경우 서울청은 수서서로 하여금 EnCase 프로그램을 실행하여 케이스파일을 열어볼 수 있도록 EnCase 프로그램을 구동할 수 있도록 하는 도구인 동글키를 최○○에게 주었다.

결론

1심의 판단에는 사실 오인이나 법리 오해의 위법이 없다.

'영남대 · 국정원 출신 서울청장의 지시' 라는 일부 언론의 보도에서 보듯 검찰 또한

- 이 사건의 객관적 사실관계에 대한 엄격한 증명 여부에 대하여는 눈감은 채
- 피고인의 출신(고향, 학력, 경력 등)에 대한 선입견을 바탕으로
- '특정 후보에게 유리하게끔 발표를 강행한 것이다' 라는 결론을 내려 놓고
- 이에 이르기까지 엄격한 증거가 아닌 수많은 당위명제(응당~했어야 했다)를 쌓아올림으로써 무리하게 피고인에게 형사책임을 추구하는 잘못을 저질렀다.

이처럼 변호인단은 검찰의 항소가 어느 부분이 잘못되었는지 명쾌하게 규명했고, 특히 A의 증언이 위증이라는 점을 철저히 입증했다. 5월 27일에 열린 마지막 재판인 결심공판에서 검찰의 최후논고에 이어 변호인의 최후변론이 이어졌다.

변호인 최후변론

존경하는 재판장님,

사회적 파장이 큰 이 사건 재판의 진행 부담이 매우 크심에도, 실체적 진실을 발견하기 위하여 객관적 중립적으로 재판 진행을 해주셔서, 변호인으로서 감사드립니다. 그리고 언론 기자 여러분께도 감사드립니다. 1심 첫 재판기일에 막강한 검찰에 대항하여 변론하는 변호인으로서 불필요한 오해의 소지를 방지하기 위하여 이 사건과 관련하여 기자분들의 전화나 연락을 받지 않겠다고 선언하였습니다. 기자분들은 이를 존중해 주셔서 일체의 전화나 연락을 하지 아니하셨고, 항소심 절차에서도 지금까지 단 한 분도 이 사건과 관련하여 전화나 연락을 하지 아니하심을 감사하게 생각합니다.

1심 판결에 의하더라도 15개나 되는 쟁점이 있고, 지금까지 제출된 변호인 의견서와 PT자료 및 항소이유에 대한 답변서는 엄청난 분량입니다. 이 사건은 작년 6월 14일 기소되어, 1심에서 무려 17명의 증인신문과 진술녹화동영상 검증 등을 거쳤습니다. 이 사건을 시기적으로 분류해보면, 피고인이 국정원 여직원에 대한 압수 수색영장 신청보류지시를 하였는지, 디지털증거분석 준비과정, 보안강조 및 보고라인, 키워드 분석, 디지털증거분석과정, 중간수사결과 발표, 디지털증거분석결과물 지연 송부 단계로 나눌 수 있습니다.

각 단계에서, 경찰의 부정한 행위가 있었는가? 없었습니다. 모든 수사과정이 적법하였고, 중간수사결과 발표는 당시 하드디스크 증거분석 결과를 사실 그대로 발표한 것이었습니다. 결코 그 모든 과정에 부정한 행위가 없었습니다. 그리고 피고인의 위법부당한 지시가 있었는가? 없었습니다. 단언컨대 이를 뒷받침하는 직접증거는 없습니다. 그나마 공소사실에 일부 부합하는 A의 증언이 존재하기는 합니다. 수사팀, 분석팀 모두 '외압을 받은 사실이 없다'고 증언하는 반면에 A만 '외압을 당했다'고 위증하였습니다.

심사숙고 끝에 금년 2월 6일 1심 재판부는 무죄를 선고하였습니다. 1심은 '검사의 주장과 논리가 우연적이고 지엽적인 사실의 조각들로 성글게 엮어 그 안에 여러 불일치, 모순, 의문이 있음에도 피고인에 대한 불신과 의혹을 전제로 피고인의 변소를 뒷받침하는 다수의 증거를 무시하는 것은 무죄추정의 원칙이 우리 법원에 허여하는 바가 아니다… 이 사건 공소사실에 관한 검사의 논증이 단순한 의혹 또는 추측을 넘어 법관으로 하여금 합리적인 의심의 여지가 없을 정도로 유죄의 확신이 드는 정도에는 이르지 못하였다.'고 판단하였습니다.

검찰 항소이유가 타당한지를 판단하기 전에, 다시 한번 강조하는 것은 이 사건을 바라보는 관점은 '현재'가 아니라 '2012. 12. 당시'이어야 한다는 점입니다. 2012. 12. 중간수사결과 발표 당시의 시점에서는 명확한 범죄혐의가 없었고 여야 정치권과 국민 모두 신속히 분석결과를 발표하여 의혹을 해소해 주기를 요구하던 때였습니다. 이 사건 발생 당시로 돌아가 살펴보면 당시 경찰이 처한 입장은 매우 난처했고, 어떤 결과가 나오더라도 시비에 휘말릴 수밖에 없었습니다.

경찰청과 서울청은 정치적 중립과 수사의 공정성을 위하여 협의 하에 이 사건의 수사는 관할서인 수서서에서 주도하되, 디지털 증거분석은 신속하고 정확한 분석을 위해 수서서를 관할하는 서울청에서 맡기로 했습니다. 분석관들 또한 분석을 시작하기에 앞서 분석의 목적과 방향을 세워야 했습니다. 조금이라도 불분명한 분석결과가 나오면 대선에 영향을 줄 수 있었기에, 10명의 분석관들은 공정성 시비에 휘말리지 않으려고 밤을 새워가며 교차분석을 하는 등 정확한 분석을 위해 노력했습니다.

다음으로, 이 사건의 '진실'은 사실을 밝힘으로써 규명될 수 있습니다. 그런데 검찰이 제출한 항소이유서는 여전히 증명력을 가진 엄격한 증거에 의한 사실규명을 소홀히 하거나 외면한 채, 사실과 주장을 혼용하고 있습니다.

마지막으로 검찰은 변호인의 주장과 1심의 판단을 왜곡하고 있습니다. 검찰은 항소이유서 곳곳에서 전후 맥락은 살피지 아니한 채 '문구'만을 기초로, 변호인의 주장과 1심의 판단을 나름의 기준으로 추측하고 있습니다.

변호인은 과연 검찰이 항소심에 어떤 새로운 증거를 제시할 수 있을지 관심이 컸습니다. 그런데 A를 다시 증인으로 신청하는 것을 보고, 실망스러웠습니다. 지금까지 A 진술의 신빙성이 가장 크게 문제되는 이유는 A가 다른 수서서 경찰관들과 배치되는 진술을 하고 있기 때문입니다. 이 사건 공소사실의 핵심은 피고인이 직권을 남용하여 수서서 수사팀에 의무 없는 일을 하게 하였다는 것인데, 정작 A를 제외한 수서서 수사팀은 외압을 받은 사실도 없고, 아무런 고려도 없이 충실하게 수사를 했다고 진술하였습니다. 사정이 이러하다면 응당 A 진술의 신빙성에 따라 이 사건 공소유지가 좌우될 수 있습니다. 따라서 검찰이나 변호인 모두 A 진술의 신빙성을 극렬하게 다투었으며, 1심은 이를 토대로 A 진술의 신빙성을 판단한 것입니다.

결론적으로 수서서 수사팀은 정치적 고려 없이 실체적 진실을 밝히기 위해 최선을 다해 수사했습니다. 서울청 증거분석팀은 누구의 지시도 받지 않고 분석관으로서의 독자적인 판단에 따라 분석했습니다. 피고인은 누구에게도 부당한 압력을 행사하거나 수사방해를 지시한 사실이 없습니다. 피고인에게 이 사건을 저지를 이유와 동기가 없습니다. 경찰 조직상 이 사건을 저지를 수도 없었습니다. 피고인은 무죄입니다.

존경하는 재판장님, 이상과 같이, 1심의 판단에는 검사의 항소이유가 지적하는 바와 같은 사실오인이나 법리오해의 위법이 없습니다. 그럼에도 수사검사는 이 사건의 객관적 사실관계에 대한 엄격한 증명 여부에 대하여는 눈감은 채, 피고인의 출신(고향, 학력, 경력 등)과 A의 진술에 대한 지나친 신뢰를 바탕으로 형성된 선입견을 기초로 하여 '특정 후보에게 유리하게끔 발표를 강행한 것이다' 라는 결론을 내려놓고, 이에 이르기까지 엄격한 증거는 하나도 제시하지 못한 채 수많은 당위명제(응당 ~ 하였어야 했다)를 쌓아 올림으로써 무리하게 피고인을 기소한 것입니다. 그러므로 피고인은 1심 판단과 같이 무죄이고, 검사의 항소는 이유 없으므로 검사의 항소를 기각하여 주시기 바랍니다.

그리하여 23년 동안 천직으로 알고 봉직해 온 경찰로서의 명예를 회복시켜 주시고, 피고인이라는 치욕스런 멍에를 벗겨주시기 간절히 바랍니다. 거듭 재판장님과 재판부 여러분께 감사의 말씀을 드리면서 변호인의 최후 변론을 마칩니다.

2014. 5. 27.

피고인의 변호인 법무법인(유) 화우

담당변호사 유승남, 이동규, 이지훈, 이한나

항소심 최후진술

변호인의 최후변론이 끝난 후 나 역시 1심 때와 마찬가지로 최후진술을 했다.

2심 최후 진술(2014. 5. 27)

먼저 최후진술의 기회를 주신 재판부에 대해 감사의 말씀을 드립니다. 1심에 이어 오늘 이 자리에 서니 많은 소회가 떠오릅니다. 저는 이 사건으로 인해 그간 상상조차 할 수 없는 수많은 비난과 모욕을 받았고, 한 인간으로서 생명처럼 지켜온 자긍심과 명예가 송두리째 나락으로 떨어졌습니다.

과연 제가 세간의 비난처럼 권력에 편승하기 위해, 또한 이른바 '한 자리 얻기 위해' 진실을 은폐했는가 하는 부분에서는 비분강개한 마음을 금할 수 없습니다.

돌이켜보면 이 사건은 객관적 진실과는 무관하게 정치적 고려나 음모만이 난무하는 사건으로 치부되었고, 그 속에서 지난 23년간 경찰에 몸담으며 묵묵히 자기 임무만을 해왔던 한 공직자의 일생이 매도되었습니다.

나아가 이 사건 공소사실은 단지 한 사람의 자가당착적인 증언을 바탕으로 하여 제기된 것임에도 그것이 객관적 진실인양 힘을 얻는 모습을 보면서 과연 정의는 무엇이고, 국가기관의 올바른 책무는 무엇인가를 다시 한번 되돌아보게 되었습니다.

긍지 넘치는 제복인이었던 사람으로서 참기 어려웠던 통한의 시간

당시 민주당 원내대표였던 박지원 의원은 제가 근무하지도 않았던 대구 달성경찰서장, 대구지방경찰청장으로 근무하였다는 허위 사실을 최소한의 확인도 없이 방송과 트위터를 통해 버젓이 유포하는 등 야당과 일부 시민단체·언론 등에서 제가 지연과 학연을 등에 업고 선거에 개입하였다고 주장해왔습니다.

여기에 검찰까지 편승하여 제가 개인영달에 눈이 어두워 직권을 남용하여 증거를 은폐하는 등 선거에 개입했다고 비난하였지만 길고 긴 1년여의 14차례에 걸친 공판 끝에 1심판결에서 모두 허위로 판명 났습니다.

애초부터 존재하지 않았던 저의 혐의가 늦게나마 깨끗이 씻겨 내려가는 순간이기도 했으나, 그 지난한 과정은 조국을 사랑하고, 평생 국민을 위해 일해 왔던 긍지 넘치는 제복인(制服人)에게는 참기 어려운 통한의 시간이었습니다.

수사를 맡은 실무자에게 노고를 치하하면서 '신중하되 당당하게 하라'는 격려 전화를 한 것이 한순간에 외압으로 둔갑되고, 보안을 철저히 유지해야 한다는 방침이 수서경찰서를 배척시켰다는 기상천외한 논리가 되었습니다. 그리고 세계적 수준의 디지털 증거분석 전문가들에 의해 투명한 가운데 자율적으로 분석된 객관적이고 과학적인 사실에 근거한 중간수사결과 발표는 국민 호도용 발표라는 비난의 씨앗이 되었습니다.

심지어 지인들과 점심식사를 한 평범한 일상조차 정치권과의 음모라고 몰아가는 견강부회 앞에서는 분노를 넘어 염량세태의 한 단면을 보게 됩니다.

그러나 저는 이 사건과 관련하여 하늘을 우러러 한 점 부끄러움이 없습니다. 그간 여러 의혹 제기와 비난을 받으면서도 공판 과정에서 변호인을 통한 입장 표명 외에 달리 어떠한 대응을 하지 않은 것도 바로 제 스스로가 당당했기 때문입니다. 물론 일부 사람들이 "자신이 그렇게 당당하다면 지난해 국정조사 청문회 때 왜 선서를 거부했느냐, 떳떳하지 못하니까 선서를 거부한 것 아니냐"는 비판을 하고 있음을 알고 있습니다.

하지만 당시 제가 선서를 하고서 검찰의 공소사실을 부인하는 증언으로 일관하였다면, 저는 검찰의 공소 내용을 금과옥조의 진실로 믿으며 칭송했던 야당 의원들에 의해 위증죄로 바로 고발되었을 것입니다. 검찰 또한 자신들의 공소 내용을 스스로 부정할 수 없을 테니 당연히 저를 불러 조사하고, 위증죄로 기소하였음은 불문가지입니다. 그렇게 했다면 아마도 지금쯤 저는 위증죄 혐의로 또 다른 재판을 받고 있을 것입니다. 이것이 바로 제가 당당하게 공직생활을 하였지만, 당당함만이 능사는 아니더라는 말과 함께 국민의 기본권으로 주어진 방어권으로서 선서를 거부한 진정한 이유였습니다.

과연 누가 정치적 행태를 보였는가

저는 이 자리에서 묻고 싶습니다. 이제껏 재판과정을 통해 밝혀진 사실들을 근거로 볼 때, 과연 누가 가장 정치적인 행태를 보였고, 누가 진정 국기문란적 행위를 하였습니까?

제가 이렇게 실체적 진실과 관계없이 검찰에 의해 무리하게 기소되고, 일부 언론과 일부 단체의 사람들에 의해 마녀사냥 식의 여론재판을 받아 부도덕한 정치경찰로 낙인찍혔지만, 저는 결코 좌절하거나 낙담하지 않았습니다.

무엇보다 제 자신이 떳떳하고, 이 사건에 관계된 직원들이 책임감을 가지고, 투명하고 자율적인 분위기에서 엄정하게 업무를 수행했다는 것을 잘 알고 있었기 때문입니다.

23년간 주어진 책무를 성실히 수행

저는 1990년 경찰에 투신한 이후 2013년 4월 서울경찰청장으로 퇴임할 때까지 언제나 공명정대한 경찰, 평범한 서민들의 안전과 행복을 위해 애쓰는 경찰이 되고자 노력했습니다. 그 결과 주폭척결, 공원정화 등 법질서 확립에 눈부신 성과를 거두었습니다.

특히 사전(辭典)에 등재조차 되지 않았던 주폭이라는 말을 최초로 창안하고, 주폭을 척결하기 위해 힘을 쏟았던 바탕은 대한민국의 주인은 국민이며, 그 국민의 대다수는 평범한 일상을 살아가는 우리 서민들이기 때문이었습니다. 저 역시 서민의 아들로 태어나 서민들의 애환을 잘 알기에 어떻게 하면 보다 나은 치안복지를 창조할 수 있을까 끊임없이 고뇌했습니다. 술의 힘을 빌려 이루 말할 수 없는 행패를 부리는 주폭을 근절시키면 누가 가장 행복하겠습니까. "이제 맘 편히 장사할 수 있게 되어 정말 좋다"고 말하면서 경찰관의 손을 꼭 붙잡고 눈물을 흘리는 시장통 우리 어머니들입니다.

저는 경찰생활 23년을 통틀어 권력에 기웃거리지 않고 소신껏, 주어진 책무를 성실히 수행하기 위해 수없이 고뇌하며 노력해 왔다고 감히 말씀드리고 싶습니다.

1심의 무죄판결을 통해 그 동안 저에게 씌워졌던 많은 의심이 눈 녹듯이 사라지고 있는 것은 사필귀정이라 생각합니다. 진실은 고의적으로 외면은 할 수 있을지언정 진실 그 자체만은 왜곡하거나 부정하지 못합니다. 하지만 아직도 검찰과 일부 사람들은 여전히 저를 비난하며 매도하고 있습니다. 검찰은 지금 2012년 12월 17일 있었던 민주당 의원의 서울청 항의방문과 곧이어 있었던 서울청 기자간담회에서 제가 했던 말을 보면 저의 범의를 알 수 있다는 취지로 주장하고 있습니다.

두 경우 모두 공개된 장소였고, 저는 분석에 관한 전문적인 답변은 분석관들이 하도록 함과 동시에 보도자료에 나온 그대로 앞으로도 계속 수사할 것이며 요건만 갖춰지면 강제수사도 당연히 진행된다는 취지로 분명하게 말했습니다.

검찰은 저를 기소함에 있어서 공소장과 언론보도를 통해 제가 특정인을 당선시키기 위해 사전에 D-day를 정하여 왜곡된 중간수사 결과를 발표토록 하여 국기문란적인 범죄를 저지른 파렴치한 정치경찰이라고 비난하였습니다. 그러나 이러한 공소 내용은 1심 재판 과정을 통해 전혀 실체적 진실이 아님이 밝혀졌습니다.

그리고 지금의 항소심 재판에서도 검찰은 새로운 증거를 전혀 제시하지 못하고 있으며 1심에서와 마찬가지로 추상적 사실의 나

열로 일관하고 있습니다. 이는 공소사실이 실체가 없다는 것과 다름 아닐 것입니다.

그러나 1심판결에서 제가 비록 무죄는 선고받았다 하지만, 제복인으로서의 명예에 씻을 수 없는 상처를 입었습니다. 특히 일부 정치권·언론에서는 그 동안 저를 부정의 대명사로 칭해왔기 때문에 재판에서 진실이 밝혀지더라도 이를 받아들이고 인정하는 것은 곧 자기부정이라 여기고 굳이 외면하려 들 것입니다.

이는 1심 무죄판결에 대한 반응에서 엿볼 수 있습니다. 심지어 1심판결이 무죄가 된 이유도 검찰이 정권에 눌려 공소유지를 제대로 하지 않았기 때문이라는 얼토당토 않는 이야기가 힘을 받고 있는 세태이기도 합니다.

제가 진정 바라는 것은 재판 과정을 통해 드러난 진실이 조금이라도 더 명쾌하게 국민들에게 알려져서, 국민들이 이 사건의 실체적 진실을 보다 더 잘 알았으면 하는 것입니다. 아울러 실추된 제 명예가 다소나마 회복될 수 있고, 경찰 조직이 언제나 국민의 신뢰를 바탕으로 신명나게 국민을 위해 봉사할 수 있는 조직으로 거듭날 수 있는 계기가 될 수 있기를 소망합니다.

현명하신 재판장님과 재판부에서 이제껏 밝혀진 많은 증거를 토대로 공정하게 판결해 주시리라 믿어 의심치 않으며 최후진술을 마치겠습니다. 고맙습니다.

2014년 5월 27일
피고인 김용판

06

2심(항소심) 무죄판결의 의미

어둠이 아무리 깊은들 오는 아침을 막을 수 없다

2심 선고 공판은 2014년 6월 5일 아침 10시 열렸다. 다른 재판은 보통 오후 2시에 열렸는데 이 날은 선고공판인 때문인지 오전에 열렸고, 앞의 3차례 재판 때와 달리 기자들이 대거 출동해 있었다. 정각 10시에 개정한 뒤 재판관은 판결문을 읽어 내려갔다.

서울고등법원

제2형사부

- 사건 : 2014노530 공직선거법 위반, 경찰공무원법 위반, 직권남용권리행사 방해
- 주문 : 검사의 항소를 기각한다.

- 검사의 2014. 1.10다 의견서에는 ○○○, □□□가 적극적으로 범행을 주도하고 피고인(김용판)이 배후에서 승인한 것처럼 기재되어 있어 당심(재판부)이 공모 여부에 대하여 공소장을 명확히 정리하라는 취지로 석명요구를 하였음에도 검사는 공소장은 그대로 둔 채 또다시 2014. 5.27자 의견서만을 제출하여 피고인이 공모를 하였다는 취지라고 밝혔을 뿐인 바, 과연 피고인이 ○○○ 등과 공모하여 범행을 한 것으로 기소된 것이라고 볼 수 있을지, 단독범행으로 기소된 것이라면 법원이 공모 여부에 대하여 판단할 의무가 있는 것인지 등에 의문이 있다.

- 이 사건의 경우 정부기관의 불법행위에 대한 수사결과를 발표한 행위가 선거운동, 즉 특정 후보자의 당선 내지 낙선을 위하여 필요하고도 유리한 행위로서 당선 또는 낙선을 도모한다는 목적의사가 객관적으로 인정될 수 있는 능동적 계획적 행위에 해당한다고 볼 수 있을지 문제된다.

- 결국, 국정원 직원의 컴퓨터를 분석한 결과 박근혜·문재인 비방/지지 게시글이나 댓글을 발견하지 못하였다는 내용의 수사발표는 박근혜 후보에 대한 목적의사가 객관적으로 인정될 수 있는 행위라고 보기는 어렵다. 그렇다면 이 사건 공소사실 자체에 의하더라도 피고인이 '선거결과에 영향을 미치는 행위'를 하였음은 별론으로 하고 '선거운동'을 하였다고 볼 수 없다.

- 분석팀이 메모장 파일에 기재된 ID 등을 키워드로 이용하여 URL 분석 등을 통하여 인터넷 사이트의 게시글을 찾아보았

으나 K(국정원 직원)의 혐의 내용을 명백히 인정할 만한 게시글 등은 발견되지 않았으며 메모장 파일에는 30여 개의 ID만 기재되어 있었으니 분석팀은 URL 분석 등을 통하여 나머지 10여 개의 ID를 찾아낸 점, 위 ID들을 K가 사용하였다는 사실도 결국 URL 분석 등을 통하여 확인된 점 등을 감안하면 분석팀이 위와 같이 발견한 ID를 명시한 이상 메모장 파일의 존재 및 ID가 메모장 파일에서 발견되었다는 사실을 〈디지털 증거분석 결과보고서〉 등에 밝히지 않았다 하더라도 허위이거나 은폐 축소된 것이라 보기 어렵다.

● 살펴건대, 게시글들의 작성자는 분석팀에서 확인한 K의 ID가 아니며, 수서서 경찰관들도 기간도과, 일괄삭제 등의 이유로 이 게시글들에 관하여 K가 어떠한 행위를 확인할 수 있었던 점 등을 감안하면 게시글 자체로만 볼 때 이를 K의 혐의를 인정할 유력한 증거라고 보기는 어렵다. 분석팀이 분석을 마친 뒤 분석결과물을 수서서에 전달하기 전에 이 게시글들에 대한 K의 활동내역이 삭제되었다는 점을 인정할 증거도 없다.

● (피고인이 수서서에 분석결과물 회신을 하지 말 것을 지시하였는지 여부에 대해) 이 진술은 언론에 발표되는 것을 막기 위하여 분석결과가 나올 때까지 보안을 지켜야 한다는 취지일 뿐 언론 발표 이후에까지 보안을 지켜야 한다는 의미로 이해되지 않는다. 서울청 경찰관들이 피고인의 지시에 의하여 중간수사결과 브리핑 이후에도 분석결과물 회신을 거부하였다는 점은 인정할 수 없다.

- 피고인이 은폐 축소된 〈디지털증거분석 결과보고서〉로 수서경찰서장 ○○○ 등을 기망하여 보도자료 게시 등을 하게 하였다고 단정하기 어렵다.
- A의 당심 법정에서의 진술은 1심법정에서의 진술과 대부분 동일한 내용인 바, 다른 증인들의 증언 또는 객관적 사실을 배척하고 피고인에 대한 이 사건 공소사실을 합리적 의심을 배제할 정도로 신빙성이 있다고 보이지는 않는다.
- A의 1심 및 당심에서의 증언은 수서경찰서 소속이었던 경찰관들의 증언과도 배치되는 부분이 있다.

이처럼 50쪽에 걸쳐 검찰의 공소 사실을 조목조목 분석한 뒤 그 어느 사항도 인정할 수 없다고 적시했다. 이어 재판부는 이렇게 결론을 내렸다.

결론

가. 이 사건 공소사실 중 구)공직선거법(이 법은 내가 재판을 받는 도중인 2014년 5월 14일에 일부 개정되었다) 위반의 점에 관하여 보건대, 구)공직선거법 위반죄는 공무원의 지위를 이용하여 선거운동을 한 것을 전제로 하는 바, 이 사건 공소사실에 의하더라도 피고인의 행위를 선거운동이라 볼 수는 없으므로 피고인을 구)공직선거법위반죄로 처벌할 수 없다. 피고인의 행위가 선거운동에 해당한다 하더라도, 이 사건에서 피고인이 구)공직선거법위반죄를 범하였다고 인정하기 위하여는 디지털증거

분석결과보고서 보도자료, 언론브리핑이 허위 또는 축소 은폐되었고, 그것이 피고인의 지시 또는 공범의 행위분담에 의한 것이며, 그 경위 및 정황 사실에 비추어 피고인의 고의에 의한 것임이 모두 인정되어야 하는데 위에서 살펴본 바와 같이 이를 인정할 수 없어 피고인을 구)공직선거법위반죄로 처벌할 수 없는 것은 마찬가지다.

또한 구)경찰공무원법(이 법은 내가 재판을 받는 도중인 2014년 1월 14일에 일부 개정되었다) 위반의 죄에 관하여 보건대 해당 조항에서 말하는 '문서 또는 도서'는 선거에서 특정 정당 또는 특정인을 지지 또는 반대하기 위한 내용을 포함된 것을 의미하는데 검사가 제출한 증거들을 살펴보더라도 수서서 홈페이지에 게시된 보도자료에 그러한 내용이 포함되어 있다고 보기는 어렵고, 그러한 내용이 포함되어 있다고 보더라도 전제 사실들을 인정할 수 없으므로, 피고인을 구)경찰공무원법위반죄로 처벌할 수 없다.

마지막으로 직권남용죄 중 허위의 보도자료를 게시하게 하는 등 의무 없는 일을 하게 하였다는 부분도 위 전제사실이 인정되어야 하며, 특히 수사권을 방해하였다는 부분은 위 전제 사실뿐만 아니라 이에 추가하여 수서서에 대한 분석결과물 회신이 의도적으로 지연되었고, 회신된 결과물도 제대로 분석할 수 없을 정도였으며, 그것이 피고인의 지시 또는 공범의 행위분담에 의한 것이며, 그 경위 및 정황 사실에 비추어 피고인의 고의에 의한 것임이 모두 인정되어야 하는데 살펴본 바와 같이 이를 인정할 수 없으므로 피고인을 직권남용죄로도 처벌할 수 없다.

나. 따라서 피고인에 대한 각 공소사실에 대하여 모두 무죄를 선고한 1심판결은 정당하며, 1심판결에 사실오인 또는 법리오해의 위법이 있다는 취지의 검사의 항소는 이유 없으므로, 형사소송법 제364조 제4항의 의하여 검사의 항소를 기각하기로 판결한다.

53쪽에 걸친 판결문은 1심과 마찬가지로 역시 무죄로 판결했다. 이는 당연한 결과였다. 검찰은 수많은 항목을 열거했지만 단지 열거에 불과했다. 그 어느 것 하나 나의 죄를 입증하지 못했다. 애초부터 무(無)였던 나의 죄를 억지로 만들어내는 것은 불가능했다.

항소심 무죄판결 이후 언론과 인터넷은 1심 때와 달리 비교적 조용하였다. 대부분 무죄판결이 내려졌다는 사실 보도에만 충실했다. 이미 1심에서 실체적 진실이 모두 밝혀졌으므로 더 이상 논쟁을 해봐야 큰 의미가 없다고 판단했기 때문일 것이다.

나는 항소심 무죄판결 직후에 잠깐 있었던 기자들과의 인터뷰에서 소감을 묻는 질문에 이렇게 대답했다.

"어둠이 아무리 깊어도 오는 아침을 막을 수는 없습니다."

07
대법원 무죄확정 판결

2014년 6월 5일, 2심(항소심)에서 무죄판결이 내려진 후 검찰은 판결에 불복하여 대법원에 상고했다. 두 번의 냉철하고 객관적인 재판에서 이미 나의 무죄가 명백하게 입증되었음에도 검찰은 또 다시 이 사건을 대법원으로 가져간 것이다.

대법원 재판은 1, 2심과 달리 피고인이나 검사, 변호인이 법정에 출두하지 않고 서류심리만으로 이루어진다. 국정원 댓글사건은 사안이 중대하고 관계 자료와 증인들의 증언이 엄청 많았기 때문인지 서류심리만으로도 오랜 시간이 걸렸다.

대법원은 약 7개월에 걸친 검토 끝에 2015년 1월 29일 오전 10시 20분, 이 사건에 대해 검사의 상고를 기각한다는 내용의 판결을 선고하였다. 2년 넘게 온갖 의혹과 추측이 난무하던 이 사건은 대법원의 무죄 확정 판결로서 마무리되었다

사필귀정

대법원의 판결도 2심의 판단과 동일했다. 다음은 판결문의 핵심 내용이다.

"원심(2심)은, 피고인이 인터넷 사이트에 제18대 대통령선거에 출마한 특정 후보자들에 대한 비방/지지의 게시글 및 댓글 등을 작성하였다는 등의 혐의를 받고 있던 국가정보원 직원에 대한 수사에 대하여 지도/감독권을 행사하던 서울지방경찰청장으로서, 위 직원이 임의제출한 노트북 등 컴퓨터 2대에서 혐의 사실과 관련된 증거들이 발견되었음에도 불구하고 특정 후보자의 당선을 위하여 증거가 발견된 사실을 은폐하고 혐의가 없다는 내용으로 보도자료 배포 및 중간 수사결과를 발표하게 한 후 수서경찰서 수사팀의 후속 수사를 방해할 의도로 디지털증거분석 결과물의 회신을 지연시킨 것이라는 등의 이 사건 각 공소사실에 관하여, 국가정보원 직원이 임의제출한 노트북 등 컴퓨터 2대의 분석범위를 설정하게 된 이유와 그 분석결과의 판단 과정, 디지털증거분석결과 보고서, 보도자료의 작성 및 언론 브리핑이 이루어진 경위 및 그 내용, 두 차례에 걸쳐 이루어진 수서경찰서 수사팀에 대한 분석결과물의 회신 경위 및 회신된 분석결과물의 범위와 내용, 특정 후보자를 반대 또는 지지하려는 의도로 피고인이 여러 지시를 한 것인지 여부 등에 관한 각 그 판시와 같은 사정을 들어 이 사건 각 공소사실에 대한 범죄의 증명이 없다는 이유로 무죄를 인정한 제1심 판결을 그대로 유지하였다.

원심 판결 이유를 기록에 비추어 살펴보면, 원심의 위와 같은 판단은 정당하고, 거기에 상고 이유 주장과 같이 필요한 심리를 다하지 아니한 채 논리와 경험의 법칙을 위반하여 자유심증주의의 한계를 벗어나는 등의 위법이 없다."

대법원의 판결은 1심과 2심의 판단이 정당하다는 것이다. 판결 이유가 불과 2쪽에 불과할 정도로 검사의 상고 자체가 이유 없다는 판단이었다. 다시 한번 분명하게 내가 아무런 죄도 저지르지 않았음을 천명한 것이었다.

대법원의 무죄판결이 내려진 후 나는 지인들에게 아래와 같은 감사의 글을 보냈다.

"정말 고맙습니다. 오늘(2015. 1. 29) 대법원 무죄확정 판결을 받은 전 서울지방경찰청장 김용판입니다. 사필귀정이지만 그간 변함없이 저를 믿고 격려해준 존경하고 사랑하는 가족친지, 동문 선후배님들과, 경찰가족을 비롯한 그간 소중한 인연을 맺어온 모든 분들 덕분입니다. 저에 대한 그러한 격려와 믿음이 그간 느꼈던 억울함과 분노와 고통을 극복케 해주었습니다. 그 뜨거운 사랑에 고개숙여 감사드립니다. 저는 빠른 시간 내에 〈나는 왜 청문회 선서를 거부했는가〉 라는 책을 통해 누가 진실을 말하고 누가 거짓을 말하는지 역사 앞에 낱낱이 밝히겠습니다. 이는 저에게 주어진 시대적 소명이라 생각합니다.

'한 그루의 나무로는 숲이 되지 않는다' 라는 말의 의미를 그간 절감하였습니다. 저 또한 미력하지만 함께 만들어가는 삶에 적극 동참하여 받은 은혜에 보답하겠습니다. 다시 한번 그간의 격려와 믿음에 감사드리며, 새해 더 건강하시면서 만사형통하시길 기원드립니다."

2015년 1월 29일 김용판 올림

나의 메시지를 받은 지인들은 뜨겁게 반응하며 격려해주었다. 이 자리를 빌려 다시 한번 감사드린다.

안개가 짙은들

대법원의 무죄판결에 대한 나의 감회는 '사필귀정' 과 한 수의 시로 정리하고 싶다.

안개가 짙은들 산까지 지울수야
어둠이 깊은들 오는 아침까지 막을수야
안개와 어둠속을 꿰뚫는 물소리, 새소리
비바람 설친들 피는 꽃까지 막을수야

나태주 시인의 〈안개가 짙은들〉이라는 시다. 나태주 시인은 내가 서울경찰청장으로 재직할 때 인연을 맺은 분이다. 그 분은 나를 위해 별도로 시를 써주어 위로해주었다. 고마운 인연이다. 늘 감사드린다.

08

A는 왜 편견에 가득 찬
허위진술을 했을까?

　서울청장을 퇴임한 지 대략 보름 후인 2013년 4월 19일, A는 "김 용판과 서울청이 수사에 압력을 넣고 증거를 축소, 은폐했다"는 취 지의 언론 인터뷰를 하면서 전국적인 인물로 급부상했다. 특히 내 가 건 격려 전화를 부당한 압력 전화의 증거로 제시하면서 나를 직 권을 남용한 파렴치한 정치경찰로 매도하였다.

　이로 인해 많은 사람들은 나를 A에게 전화를 걸어 이 사건과 관 련하여 불법 부당한 온갖 지시와 압력을 가한 정말 나쁜 사람으로 인식하게 되었고, 나의 명예는 끝없이 실추되었다.

　나는 "체계적으로 정리되어 의미 있게 알려지지 않은 진실은, 이 미 진실이 아니다"라는 것을 재판 과정을 통해 뼈저리게 느꼈다. 여 기서는 A의 편견에 가득 찬 많은 증언 중에서도 나와 직접 관련되 는 전화통화 부분과, 명백한 허위 증언으로 드러난 몇 가지 사례만

예를 들어 그 진실을 밝히고자 한다.

1. 2012년 12월 12일 내가 A와 전화통화한 것은 순수한 격려 전화, 그 이상도 그 이하도 아니었다.

이와 관련해서는 이미 제1부에서도 비교적 상세하게 언급하였지만 다시 한번 정확한 사실관계와 진실을 밝히고자 한다. 많은 사람들이 내가 A에게 전화를 걸어 압수수색영장 신청을 하지 못하게 했을 뿐만 아니라 기타 온갖 압력을 가하였다고 단순하게 믿고 있음을 확인했기 때문이다.

A는 연합뉴스와의 인터뷰를 통해 '서울청의 국정원 댓글사건 수사외압 의혹'을 제기한 2013년 4월 19일부터 반복적으로 '서울청장이 2012년 12월 12일에 이○○ 수서서장과 자신에게 전화를 걸어 압수수색영장을 신청하지 못하도록 외압을 가하였다'는 취지의 주장을 했다.

또한 2013년 8월 19일 국정조사 등 발언 기회가 있을 때마다 '서울청장이 2012년 12월 12일 자신에게 전화를 걸어 압수수색영장을 신청하지 말 것을 지시했다'고 수차례 강조했다.

이에 일부 사람들은 이러한 A의 일방적 주장을 특별한 검증없이 기정사실화하였고, 급기야 A야말로 소위 '양심선언'을 통해 경찰 조직의 부조리를 파헤친 유일한 경찰이라며 정치적 팬덤(fandom)을 형성하기까지 했다.

2012년 12월 12일 나와의 전화통화를 둘러싼 논란은 '서울청장이 직권을 남용하여 수서서의 수사를 방해하였다'는 검찰의 주장과 그 전체적인 맥락이 맞닿아 있다. 또한 검찰 역시 A에 대한 1심 증인신문 과정에서 위 쟁점에 관한 질문을 수차례 했으므로, 이에 관한 A의 증언을 살펴보는 것은 진실을 밝히는데 매우 중요한 의미가 있다.

2012년 12월 12일 압수·수색영장과 관련하여, A는 2013년 8월 19일 있었던 국정조사 청문회장에서 이렇게 증언했다.

● **박영선 위원** : A 증인에게 질문드리도록 하겠습니다. 12월 16일 김용판 청장하고 통화하신 적이 있지요?*

● **A** : 12월 16일은 통화한 사실은 없고 12월 12일에 직접 통화를 한 사실은 있습니다.

● **박영선 위원** : 무슨 통화, 통화 내용이 어떻게 됩니까?

● **A** : 12월 12일은 저희들이 오피스텔에서 철수한 이후에 새벽부터 수사팀에서는 압수수색영장을 신청하는 방침을 정하고 준비를 하고 있는 시간이었습니다. 제가 그것 때문에 지능팀 사무실에 올라가서 업무를 보고 있는데 서울청장이 전화를 직접 하셨고요. 통화를 해서는 압수수색영장을 신청하지 말 것을 지시하셨고 그 근거로는 내사사건인데 압수수색을 하는 것이 맞

---

* A가 나에게서 압수수색영장 신청을 하지 못하도록 하는 압력전화를 받았다고 주장한 이래 어떤 언론에서는 내가 중간수사발표 당일인 2012년 12월 16일 낮에도 A에게 전화를 했고, 실무 형사에게도 전화를 했다는 이야기가 있다는 식의 얼토당토 않는 보도를 한 적이 있었다.

지 않다라는 것과 경찰이 신청을 했는데 검찰에서 기각하면 어 떡하냐 이런 근거를 댔습니다.

- **박영선 위원** : 그러니까 지난 금요일 김용판 청장이 이 자리에 나 와서 얘기한 것은 다 거짓말이지요?

- **A** : 그 부분에 대해서는 사실을 말씀하지 않으셨습니다.

- **박영선 위원** : 12월 12일은 격려전화, A 과장과 통화한 것은 격려 전화를 했다라고 제가 질문한 내용을 부인했거든요. 지금 말 씀하신 그 내용을 제가 질의를 드렸더니 김용판 청장이 부인 했습니다. 그러면 거짓말한 것 아닙니까?

- **A** : 거짓말입니다.

- **박영선 위원** : 김용판 청장의 거짓말이지요?

- **A** : 예.

- **신경민 위원** : 아까 박영선 위원의 얘기에 대해 보충하겠습니다. 김용판 증인이 며칠 전 여기에 나와 가지고 자기는 압수수색 영장에 대해 긍정적이었다, 그런데 상부에서 —이 상부는 아 마 경찰청이나 대검에 미루는 것 같은데요— 반대를 해서 할 수 없이 실무진에게 그렇게 얘기했다라고 했는데 지금 말씀하 시는 건 완전히 다르게 들립니다. 어떤 게 진실입니까?

- **A** : 제가 그 압수수색영장 신청 당시의 상황을 좀 더 말씀드리 면 12월 12일 저희 수사팀은 새벽부터 압수수색영장을 신청하 려 하였고 여기에 계신 이○○ 서장이 또 강한 의지를 가지고 지시를 했습니다.

- **신경민 위원** : 아, 이 서장은 찬성하셨군요?

● **A** : 예. 그런데 서울청에서는 그것에 대해 반대하는 분위기라고 알고 있었고요, 여기 계신 이○○ 서장이 설득을 했습니다. 그래서…

● **신경민 위원** : 그것을 최○○ 수사부장도 반대하신 모양이지요?

● **A** : 그 부분은 추가로 서울청에 확인을 해야 될 것 같습니다. 설득을 해서 저희는 계속해서 압수수색영장 신청하는 수사를 준비하는 작업을 계속하고 있었습니다. 그러다가 전 서울청장이 저에게 직접 전화를 하였고, 그 전화를 받는 그 현장에는 이○○ 서장께서도 같이 올라와 있었는데 그때 그런 말씀을 하셨습니다. "오전에 설득을 했을 때는 그렇게 하겠노라고 하였는데 무슨 일인지, 누구에게 말을 들었는지 갑자기 입장을 바꾸어서 영장신청을 하지 말라고 한다"…

● **신경민 위원** : 정확하게 전화 받으신 시간이 몇 시입니까, 그러면?

● **A** : 오후 3시경을 전후해서 전화를 받은 것으로 기억합니다.

A는 2013년 8월 30일 열린 1심법정에서도 "2012년 12월 12일 14시 59분경, 지능팀 사무실에 있다가 전화를 받았는데 당시 이 사건이 '내사 사건이라는 것'과 '검찰에서 영장을 기각하면 어떻게 하느냐'라는 근거로 서울청장으로부터 압수수색 영장을 신청하지 말라는 내용을 들었다"고 증언하였다,

또한 나로부터 전화 받을 당시 수서경찰서장이 서장실에 있다가 지능팀 사무실에 올라와서 A 앞에 서 있었는데, 전화를 끊고 "서울청장이 압수수색 영장신청을 하지 말 것을 지시했다"고 말하자, 이

서장도 "그러한 통화를 오전에도 직접 했고 직전에도 했는데, 오전에는 설득을 했더니 '수서서 방침대로 하라고 했다'고 설득이 됐는데, 오후에는 누구에게 무슨 말을 들었는지 설득이 되지 않는다, 화를 내신다"는 이야기를 했다고 증언하였다.

한편 A는 2014년 5월 13일 열린 2심(항소심) 법정에서 "2012년 12월 12일 서울청장의 전화는 사법고시 출신의 법을 잘 아는 A 과장이 비사시 출신인 이○○ 서장을 설득해서 압수수색영장을 신청하지 말라고 하는 취지의 전화였다"라는 새로운 내용을 추가했다.

(1) 내가 A에게 전화한 14:59분은 이미 수서서에서 영장신청을 보류키로 한 지 4시간이 지난 후였다.

나는 2012년 12월 12일 오전경에 수서서장으로부터 영장신청의 필요성에 관하여 보고를 받았고, 이에 대해 "서장 책임 하에 오해받지 않도록 투명하고 공정하게 잘하라"는 취지로 압수수색영장 신청에 공감을 표했다. 이후 나는 그와 같은 취지를 김 본청장에게 전달하면서 '영장신청이 필요하다'는 의견을 밝혔다.

그러나 김 본청장은 나에게 영장신청 재검토를 지시했다. 그 과정에서 나는 "이번 영장신청 건은 서울청에 맡겨주시죠"라고 말했으며 재검토 지침을 재고해 줄 것을 요청했으나 그 뜻을 꺾지는 못해 결국 본청장의 지침을 수서서장에게 전달했다. 그때 수서서장은 "본청과 서울청의 담당과장으로부터 각각 전화를 받아 이미 들어서 알고 있다"고 대답하여 결과적으로 영장신청 보류는 김 본청장의 의지가 반영된 것이지 나의 의지는 특별한 영향을 끼치지 못한 셈이었다.

특히 이러한 일련의 과정은 모두 오전 11:00 이전에 발생한 것으로, 이미 본청, 서울청 및 수서서 사이에서는 영장신청 보류가 결정된 상황이었다. 이에 이○○ 수서서장은 11:00경, 서울중앙지방검찰청으로 향하고 있던 직원 2명에게 전화를 걸어 '민주당에서 자료를 제출하겠다 하니 일단 영장접수를 보류하라'고 지시를 내렸다. 이에 직원들은 수서서로 돌아와 대기하면서 민주당의 제출 자료를 기다렸다. 따라서 내가 경찰서장의 지휘를 받고 있는 일선 경찰서의 수사과장인 A에게 그로부터 4시간여나 지난 오후 2시 59분에 갑자기 전화를 걸어 영장신청을 보류하라는 지시를 할 이유는 전혀 없었다.

그리고 A는 지능팀 직원의 자리에서 영장신청 보류를 지시하는 나의 전화를 받았다고 주장했으나 지능팀 직원 그 누구도 그런 말을 들은 적이 없다고 일관되게 법정에서 진술했다. 서울경찰청장이 경찰서의 과장에게 직접 전화를 걸어 정치적으로 매우 민감한 수사와 관련하여 부당한 지시를 내렸다면 이례적인 사항이라 쉽사리 잊을 수 없을 것이다,

그런데 단 한 명도 이런 이야기를 들은 적이 없다고 하면 이상하지 않은가? 수서서 직원들이 위증죄의 처벌 위험을 무릅쓰면서까지 나의 편을 들어주었다는 말인가? 그렇지 않으면 A가 의도적으로 그렇게 말했거나, 아니면 임기응변으로 그렇게 말했던 것으로밖에 이해할 길이 없다.

(2) 왜 격려성 전화가 외압성 전화로 둔갑되었던 것일까?

A는 법정이나 국정조사 청문회장에서 줄기차게 내가 두 가지 이유를 들어 영장을 신청하지 못하도록 압력을 행사했다고 주장했다. 첫째는 내사사건이기 때문에 강제수사가 안 되고, 둘째는 검찰이 기각하면 어떻게 하느냐 라는 이유를 들었다고 한다.

내가 영장신청과 관련하여 A와 이야기한 것 중 분명히 기억하는 것은 압수수색영장 신청이 보류되었다는 전제하에, 소명자료를 보강하여 신중하되 거침없이 수사하라는 취지로 말했다는 것이다. 즉, 이미 제1부에서 밝힌 바와 같이 "소명자료가 부족하다고 들었는데, 곧 민주당에서 고발한다고 하니 자료를 잘 살펴서 신중하되 당당하게 하라. 본청에서도 수사주체성과 관련하여 신경을 많이 쓰는 것 같더라. 검찰에서도 요건이 안 되는 것을 신청하면 바로 기각시킨다는 말을 했다고 하던데, 새로 형소법이 개정되어 우리 경찰이 수사개시권도 확보하고 있으니 검찰에 대해서도 당당해야 한다. 어젯밤에 상황 보고하는 것을 보니 사시 출신답게 똑똑하더라. 믿는다"라고 말했던 것이다.

4분 30초 동안 통화한 것으로 확인되었는데, 아마 거의 대부분은 이런저런 일상적인 애로사항을 물으면서 칭찬하고 격려하는 이야기를 하다가 말미에 잠깐 압수수색영장 신청의 보류가 아쉽지만 적극적으로 증거를 보강하여 당당하게 수사하면 된다는 취지의 격려 전화를 한 것이었다.

제1부에서 말한 바와 같이 전화를 하게 된 계기도 우연적이었다. 그날은 내가 점심 무렵 외부 행사가 있어 오후 2시쯤 청사로 돌아왔는데, 그때 서울청 수사과장이 수서서의 압수수색영장 신청 건은 오전에 보류되어 일단락되었고, 오후에는 민주당에서 정식으로 고발장을 낸다는 이야기가 있다고 보고했다. 그러면서 전날 밤을 새면서 열심히 일하고 있는 A에게 격려 전화를 해주면 좋겠다고 건의하였기 때문이었다. 당시 나는 A에게 좋은 인상을 가지고 있었으므로 "좋지!" 하면서 흔쾌히 전화를 했던 것이다. 그 자리에는 수사과장 외에 수사2계장도 함께 있었다.

물론 사람인 이상 누구나 시간이 오래되면 서로 간에 기억하는 것이 조금씩 다를 수는 있다. 그리고 내가 아무리 격려전화를 하였다고 하더라도 듣는 사람이 압력을 받았다고 한다면 할 말이 없다. 사람의 감정은 지극히 주관적이기 때문이다. 하지만 그것이 정도를 넘어 지나치게 악의적으로 왜곡 전달되는 데는 그저 아연실색할 수밖에 없었다.

1심법정 증언을 살펴보면, 국정조사 청문회 때의 "격려전화를 했다는 것은 거짓말이다"라는 단정적 증언과는 많은 차이를 보여준다.

- **변호인** : "서울청장은 증인에게 격려차 전화를 하였다"라고 하는데, 실제로 격려 취지의 말도 했었나요?
- **A** : 격려의 취지는 그날 아침에 서울청장이 서울청에서 화상회의를 하였습니다. 당시 저는 압수수색 영장 신청 작업 때문에

지능팀 사무실에서 일을 하고 있었고, 그때 회의에 참석하지는 못했는데 거기에 참석했던 서장님과 과장들로부터 "서울청장님이 격려를 했다"라는 말을 전해 들었습니다.

● 변호인 : "피고인(김용판)이 격려했다"라는 것은 오전 화상회의 때 공식적으로 격려한 것을 얘기한다는 취지인가요?

● A : 예.

● 변호인 : 피고인이 증인과 전화 통화할 당시 증인에게 "어제도 밤샘하느라 고생많았다. 사시 출신이라 역시 똑똑하다, 당당하되 신중하게 하자"는 취지의 격려성 발언을 한 사실이 있지요?

● A : 예, 그런 말도 했습니다.

● 변호인 : 2012년 12월 12일 민주당 고발장에 범죄 사실을 특정할 만한 증거나 진술이 없었지요?

● A : 예

● 변호인 : 민주당 고발장 접수 후 2012년 12월 12일 17:30분경 "혐의사실 관련 소명자료 부족하여 강제수사가 불가능하다"는 취지의 언론 브리핑을 증인이 한 사실이 있지요?

● A : 예

● 변호인 : 증인의 평소 소신이나 지금까지의 행보에 비추어 보았을 때 증인이 누군가에게 강압적 지시를 받았기 때문에 압수수색영장 신청을 보류하게 된 것이라면, 누구의 지시가 있었든 위와 같은 언론 브리핑을 하지 않았을 것으로 보이는데, 아닌가요?

● A : 당시만 해도 중간수사결과 발표 때의 상황과 제가 서울청을 의심할 만한 정도나 정황에 차이가 있었습니다……. 하지만 12월 12일 당시만 해도 피고인에 대해 '부당하다, 의도를 가지고 부당한 지시를 했다'는 부분에 대해서 그 정도까지 제가 의심하지 못했던 상황입니다.

위 증언을 살펴보면 2012년 12월 12일 나와의 전화통화에서 격려성 내용이 있었다는 것을 인정함과 동시에 어쨌든 당시에는 나에 대해 특별한 거부감이 없었다는 취지로 해석된다. 그런데 전국민이 지켜보는 국정조사 청문회장에서는 그렇게도 단호하게 나의 격려성 전화 발언에 대해 눈 하나 깜빡이지 않고 '거짓말'이라고 증언했던 것이다.

나아가 A는 항소심 법정에서 "이○○ 수서서장이 영장을 신청하려 하니, 사시 출신인 A가 비사시 출신인 이 서장을 설득하라"는 말까지 내가 자신에게 하였다는, 완전히 새로운 증언을 내세웠다.

이에 대해 나의 변호인은 그동안 '사시 출신인 A가 비사시 출신인 이 서장을 설득하라'는 이야기를 단 한번도 꺼낸 적이 없음을 지적했다. 이에 A는 "제가 1심에서 하지 않은 이야기는 저희들 내부의 일상적으로 편하게 쉽게 하는 이야기들이 화제가 되어 논점을 흐리는 것이 두려웠고, 수사의 쟁점을 흐리지 않아야 됐기 때문이었습니다. 그러나 마지막 항소심 단계이기 때문에 쟁점은 이미 정해진 것으로 생각하고 가능한 한 구체적으로 사실 관계를 이야기하려 합니다"라는 해명을 내놓았다.

- **변호인** : 피고인이 증인에게 "사시 출신이라 역시 똑똑하다"라고 하면서 사시 출신인 증인이 비사시출인인 이○○ 서장을 말려달라는 이야기를 했다는 것인가요? 1심에서는 한번도 이런 이야기가 나온 적이 없는데, 어떤가요?
- **A** : 제가 1심에서 하지 않은 이야기는 저희들 내부의 일상적으로 편하게 쉽게 하는 이야기들이 화제가 되어 논점을 흐리는 것이 두려웠고, 수사의 쟁점을 흐리지 않아야 됐기 때문이었습니다. 그러나 사실심 마지막 항소심 단계이기 때문에 쟁점은 이미 정해진 것으로 생각하고 가능한 한 구체적으로 사실관계를 이야기하려고 합니다
- **재판장** : (증인에게) 그렇다면 피고인이 증인에게 이○○ 수서서장이 영장을 신청하려고 하니 증인이 똑똑하니까 말려달라고 이야기를 했다는 것인가요?
- **A** : 예, 그 이야기도 했습니다.

도대체 A는 어떤 마음으로 이런 말을 고안해냈을까? 법정에서 이 말을 듣고 나는 실소를 금치 못하면서 그저 눈을 지그시 감고만 있었다. 서울청장이 일선 경찰서 수사과장에게 직접 전화를 걸어 압수수색영장을 신청하지 못하도록 외압을 가하였다면 이는 지극히 이례적인 사건이다.

A가 2013년 4월 19일 외압 의혹을 최초로 제기한 것을 계기로, 2012년 12월 12일 나와의 전화 통화에서 나눈 모든 내용은 경찰들 내부의 일상적으로 편하게 쉽게 하는 이야기가 아니게 되었다. 특

히 사시 출신인 A가 비사시 출신인 이 서장을 설득하라는 발언은 왜 서울청장이 굳이 수사과장에게까지 전화를 걸어 외압을 가하였겠느냐는 반박에 그럴 듯하게 내세울 만한 명분이 될지도 모른다.

그럼에도 A는 그간 수많은 언론 인터뷰, 국정조사, 1심 법정 등에서는 위 내용에 관하여 일언반구의 언급도 없다가, 최초로 의혹을 제기한 때인 2013년 4월 19일로부터 1년도 넘은 2014년 5월 13일 항소심 법정에서 비로소 새로운 주장을 펼쳤다.

더불어 "마지막 항소심 단계이기 때문에 쟁점은 이미 정해진 것으로 생각하고 가능한 한 구체적으로 사실 관계를 이야기하려 합니다"는 말 자체로 이미 A가 이 사건의 사실 관계 전부를 자신이 '기억하는 대로' 증언해 온 것이 아니라 자신의 '의도에 따라' 계산적으로 증언했음을 웅변한다.

이는 위증을 하고 있는 사람들이 일반적으로 자신의 주장에 설득력을 가미하기 위해 점차 살을 덧붙여 감으로써 시간이 지남에 따라 진술이 오히려 구체화되어 간다는 전형적인 사례와 너무나 일치되고 있다. 과연 우연일까?

솔직히 말해 자존심 강하기로 소문난 내가 수서서장이 내 말을 듣지 않아 그 서장의 지휘를 받고 있는 수사과장인 A에게 전화를 걸어 서장을 설득하라고 지시했다는 A의 증언은 정말 소가 웃고도 남을 일이다.

덧붙여 말하면 문제되는 2012년 12월 12일 그날에는 화상회의도 없었다. 서울 시내 31개 경찰서장이 화상스크린에 나오고 지방청 간부들과 경찰서 간부들이 시청하는 서울청장 주재 화상회의는

2012년 12월 14일 금요일 아침에 있었을 뿐이다.

(3) 과연 내가 이○○ 수서서장에게 화를 내면서까지 영장을 신청하지 못하게 하였을까?

이○○ 수서서장은 1심법정에서 "그때 (서울청장과) 통화할 때 서울청장이 화를 낸 사실 자체가 없습니다"라면서, 자신은 A에게 그런 말을 한 사실이 없고 오히려 서울청장으로부터 영장신청 보류의 이유(본청장 지침)를 듣고 이에 공감하였다고 증언함으로써 A의 진술이 사실이 아님을 명백히 확인해 주었다.

이에 나의 변호인이 항소심에서 A에게 이를 지적하자 아무런 근거 없이 "저의 진술이 맞습니다. 그때 서울청장이 화를 냈습니다"라는 기존 입장을 고수했다.

여기서 나는 분명하게 다시 한 번 밝히고 싶은 것이 있다. K 컴퓨터에 대한 압수수색영장 신청과 관련하여서는 내가 수서서장 입장에 공감하고 있었음은 제1부에서 밝힌 바와 같다.

사실 본청장에게서 영장신청 보류 지침을 지시받은 내가 바로 수서서장에게 이 내용을 전달했다면 아마 처음부터 영장신청하러 검찰청으로 출발하지 않았을지도 모른다. 그렇지만 나도 본청장의 보류지침에 대해 다소 섭섭한 마음이 있었던 것이 사실이고, 10:00에 예정된 복지단체 방문행사에 맞추기 위해 바로 출발하느라 수서서장에게 즉시 전달하지 못했던 것이다.

수서서장에게는 전날 상황 보고를 틀리게 하였기 때문에 질책을 한 적은 있었지만 최소한 영장신청과 관련해서는 화를 낼 이유는 전혀 없었다.

국정조사 청문회 위원이었던 박영선 위원은 청문회를 마친 그날 자신의 트위터에

"김용판 청장이 격려전화를 했느냐는 저의 질문에 A 수사과장이 '그건 거짓말'이라고 당당하고 의연하게 답변할 때 제 가슴도 파르르 떨렸다"며 "오늘 청문회 가운데 가장 기억에 남는 순간이었지요…청문회를 마치고"라고 말하면서 "대한민국 경찰 가운데 A 수사과장 같은 분이 많다면 그것이 희망이요 미래이고, 대한민국의 정의를 바로 세우는 일"이라고 극찬했다.

과연 정의는 무엇이고 진실은 무엇인가? 사람들은 정말로 거짓에 환호하고 진실은 외면하는 것인가? 누군가는 감동으로 가슴을 파르르 떨고 있을 때 누군가는 억울함과 분노로 가슴을 치는 이런 일이 다시는 반복되지 않아야 할 것이다.

2. '국정원 직원의 임의제출 의사표현'(2012. 12. 13)과 관련한 1심법정 증언을 항소심에서 왜 뒤집었을까?

국정원 직원 K가 자신의 데스크탑과 노트북을 임의제출하면서 어떤 의견을 개진하였느냐 하는 문제는 분석범위와 직결되는 것으로 이 사건 재판에서 핵심 쟁점으로 부각된 중요한 사항이었다.

그런데 A는 1심법정에서 "국정원 직원 K는 임의제출 현장에서

부터 특정 전자정보만 임의제출 하겠다는 의사를 표현한 사실은 전혀 없지요?"라는 검사의 질문에 "예, 없습니다"라고 답변했다.

- **검사** : K는 임의제출 당시 임의제출서 제출자의 처분의견(반환 의사 유무) 항목에 '지난 10월 이후 3개월 동안 문재인·박근혜 후보에 대한 비방·지지 글에 대해서만 확인'이라고 부기하 였는데 알고 있나요?
- **A** : 예, 알고 있습니다
- **검사** : K와 그의 변호인이 이 부분을 부기하면서 무슨 말을 했 나요?
- **A** : 특별한 얘기는 하지 않았습니다.
- **검사** : K본인이나 변호인이 노트북 등 임의제출 당시 노트북에 저장된 전자정보 중 '특정정보'만 제공하겠다는 의사를 밝힌 사실이 있나요?
- **A** : 그런식으로 얘기한 사실은 없습니다.
- **검사** : K는 임의제출 현장에서부터 특정전자정보만 임의제출하 겠다는 의사를 표현한 사실은 전혀 없지요?
- **A** : 예, 없습니다.

그런데 A와 함께 K의 임의제출 현장에 동석한 수서서 J형사는 K가 "자기 혐의가 고발장에 가을경부터 그때 당시까지 문재인· 박근혜 후보 선거 관련 글을 적었다는 내용이기 때문에 거기까지 만 봤으면 한다"는 의사를 명시하였고, 이에 A와 함께 "처분의견란에 의사 표시를 하라"고 알려주었다고 1심 법정에서 명백히 증언했다.

- **변호인** : 증인은 K가 위 임의제출서를 작성하는 장면을 본 적이 있나요?
- **J형사** : 예, 있습니다.
- **변호인** : K가 임의제출서에 위와 같이 기재한 경위는 어떤가요?
- **J형사** : 본인의 생각이니까 의사는 모르겠지만, K가 당시 말하기를 "자기 혐의가 고발장에 가을경부터 그때 당시까지 문재인·박근혜 후보 선거 관련들을 적었다는 내용이기 때문에 거기까지만 봤으면 한다"라는 의사를 직접 말했던 것으로 기억합니다.
- **변호인** : 그렇게 쓰는데 누가 도와주거나 대화를 하거나 그랬나요?
- **J형사** : 위치만 지정해 줬습니다. 그렇게 한다고 해서 A과장과 제가 "여기다 의사표시를 하라"고 말하고, 제가 "비고란에 반환을 원하는지 원치 않는지 의사표현을 해라"고 말한 적이 있습니다.
- **변호인** : 다른 수서서 수사팀원들도 K가 위 임의제출서에 위와 같이 자필 기재하는 것을 지켜보았나요?
- **J형사** : 네. 김○○ 팀장님과 (유○○) 사이버 팀장님도 같이 있었습니다.

이에 나의 변호인은 항소심 법정에서 A에게 직접 J형사의 증인신문조서를 제시하며, 실제로 K는 현장에서부터 특정 전자정보만 임의제출 하겠다는 의사를 명시하였으므로 그 현장에 있던 A 역시 이를 분명히 인식한 것 아니냐는 질문을 했다.

그러자 A는 1심 법정 때와 달리 갑자기 말을 바꾸어 K가 그러한 임의제출 의사를 표현하는 것을 인식하였고 자신이 동의하는 발언까지 했다고 증언했다.

- **변호인** : J형사는 1심법정에서 K가 2012년 12월 13일 자신의 오피스텔에서 노트북과 데스크탑을 임의제출하는 현장에서 "자기 혐의가 고발장에 가을경부터 그때 당시까지 문재인 · 박근혜 후보 선거관련글을 적었다는 내용이기 때문에 거기까지만 봤으면 한다"는 의사를 명시하였고, 이에 증인과 J형사가 "처분의견란에 의사표시를 하라"고 알려주었다고 증언하여, 실제로 K는 증인이 동석한 현장에서부터 특정 전자정보만 임의제출하겠다는 의사를 명시하였고, 증인 역시 이를 분명히 인식하였던 것으로 보이는데, 어떤가요?
- **A** : 예, 현장에서 J형사가 저한테 이야기했고, 제가 "당연하다. 범죄사실과의 관련성이 있는 것을 우리가 압수수색하는 것이기 때문에 지금 선거 관련해서 컴퓨터를 제출하는 것이 아니냐. 그것은 기재할 수 있다"라고 이야기했었습니다.
- **변호인** : 증인도 그 자리에서 K가 위와 같이 말하는 것을 보았는가요?

● A : 기재하는 것을 저도 보았습니다.

이처럼 A는 J형사가 이 쟁점과 관련하여 정확하게 증언한 것을 알게 되자 1심법정에서의 증언을 아무런 이유없이 번복했다. 특히 항소심 법정에서 A는 임의제출 현장에서 자신이 한 발언, 예컨대 "당연하다, 범죄 사실과의 관련성이 있는 것을 우리는 압수수색하는 것이기 때문에 지금 선거 관련해서 컴퓨터를 제출하는 것 아니냐, 그것은 기재할 수 있다" 등을 매우 상세히, 구체적으로 증언했다. 이처럼 자신이 행한 발언 내용 및 그 맥락을 정확하게 기억하고 있으면서도 1심법정에서는 너무나도 단정적으로 "K가 특정 전자정보만 임의제출하겠다는 의사를 표현한 사실이 전혀 없다"고 증언했다.

만약에 J형사를 증인으로 신청하지 않았거나(J형사는 마지막 증인이었다), J형사가 기억 나지 않아서 잘 모르겠다는 취지로 증언했다면 A의 허위증언은 어떤 식으로든 생명력을 가지고 재판에 영향을 미쳤을 것이다.

왜 그렇게 어설픈 증언을 했을까 의아하게 생각할 수도 있다. 이미 앞에서도 여러 차례 언급했지만 그러한 어설픈 임기응변의 허위진술이라도 의연하고 당당하게 잘 정리되어 표현된 반면, 실체적 진실은 제대로 밝혀질 기회가 없어서 묻혀버린다면 그 거짓은 진실인 양 힘을 받게 된다. 참으로 무서운 이야기다.

3. '디지털증거분석의뢰서는 서울청에서 작성된 것이 팩트인데, A는 왜 수서서 사무실에서 작성했다고 주장했을까?

국정원 여직원 K로부터 임의제출 받은 컴퓨터에 대한 분석을 하기 위해 수서서에서 서울청디지털증거분석팀에 분석을 의뢰한 공문이 어디서 어떻게 작성되었는지 하는 것은 증거분석의 개시절차와 관련하여 중요한 부분이다.

A는 1심 법정에서 디지털증거분석의뢰서는 자신의 지시에 따라 수서서 최○○ 형사가 수서서 사이버수사팀 사무실에서 작성하여 서울청으로 발송한 것이라고 증언하였다.

- 검사 : 분석의뢰 내용을 보면…….라고 기재되어 있는데 맞지요?
- A : 예, 당시 인터넷상 불법선거운동이 범죄사실이었기 때문에 특히 인터넷과 관련하여 컴퓨터에 남아 있는 자료의 단서가 빠지지 않게 의뢰범위에 넣도록 제가 요청을 했었고 저 문서를 만들고 나서 저희들이 그 부분에 대해서 다시 확인을 했었습니다.
- 검사 : 특히 인터넷에 접속하고 활동한 기록이 남아있는 것을 철저하게 찾아달라는 취지에서 위와 같이 의뢰사항을 기재한 것이지요?
- A : 예, 맞습니다
- 검사 : 분석의뢰 공문의 형식과 내용은 어떻게 결정된 것인가요?
- A : 예, 최○○ 형사가 제 지시에 따라서 분석내용을 작성했고, 서울청으로 발송한 것으로 알고 있습니다.

- **변호인** : 최초 증거분석의뢰 공문은 누가, 어디에서, 어떻게 작성한 것이었나요?
- **A** : 저희 사이버팀의 최○○ 형사가 사이버팀 사무실에서 작성을 했습니다.
- **변호인** : 그럼 여기서 '분석의뢰 내용' 부분도 최○○ 형사가 정확히 증인의 지시에 따라 작성한 것이 맞나요?
- **A** : 제가 그것을 하나하나 지시한 것이 아니라 이 사안의 특성상 인터넷상 등의 그러한 활동내역에 대해서 수사의 단서를 빠짐없이 찾을 수 있도록 분석의뢰를 하라고 지시를 했고, 사이버수사팀의 전문가인 최○○ 형사가 그러한 내용을 하나하나 열거하는 방식으로 작성을 한 것입니다.
- **변호인** : 이 분석의뢰 공문은 수서서 사무실에서 최○○ 형사가 작성한 것은 맞나요?
- **A** : 예.

수서서 최○○ 형사와 분석을 담당했던 분석관들의 1심 법정증언을 통해 디지털 증거분석의뢰서는 A의 증언처럼 수서서 사이버팀 사무실에서 A의 지시에 따라 작성된 것이 아니라 서울청 사이버범죄수사대 사무실에서 작성된 것으로 확인되었다.

그것도 서울청 증거분석팀에서 분석을 하기 위해서는 디지털증거분석의뢰서가 필요하다는 설명에 따라 서울청 분석관의 적극적인 도움을 받아 최○○ 형사가 서울청에서 작성하였던 것이다. 당시 수서서 직원들은 K의 오피스텔에서 데스크탑과 노트북을 임의제출 받은 후 수서서를 거치지 않고 곧바로 서울청으로 갔었다.

- **변호인** : 최초 증거분석의뢰 공문은 누가, 어디에서, 어떻게 작성한 것이었나요?

- **김○○(서울청 분석팀장)** : 2012년 12월 13일, 하드디스크 이미징을 돌려놓고 사무실에서 나왔을 때 디지털증거분석의뢰서를 받아야겠다는 생각에 유○○ 수서서 사이버팀장에게 이야기를 했고, 유○○ 수서서 사이버팀장이 "디지털증거분석의뢰서를 어떻게 만들어야하는지 모르겠다"고 이야기하여 저 양식을 주면서 만들어달라고 했고, 당시 어떤 사항을 의뢰사항으로 넣어야할지 잘 모르겠다고 해서 임○○ 분석관에게 의뢰사항을 불러주라고 이야기를 했습니다. 분석실 사무실에서 의뢰공문을 만들었고, 거기에서 결재를 해서 공문을 받았습니다.

- **변호인** : 저 타이핑 작업은 누가 했나요?

- **김○○(서울청 분석팀장)** : 타이핑 자체는 최○○ 형사가 했고, 임○○ 분석관이 같이 도와줬습니다.

- **재판장** : '분석의뢰 내용'이라고 되어 있는 내용들은 수서서에서 작성한 것이 아니라 임○○ 분석관이 '통상 이렇게 작성하면 된다. 이렇게 쓰면 된다'라는 것을 그대로 적은 것이라는 것인가요?

- **김○○(서울청 분석팀장)** : 제가 항목을 적었고, 수서서에서 구체적으로 분석의뢰 내용으로 어떤 것을 분석해 달라해야 할지 모르니까 임○○ 분석관과 최○○ 형사가 분석의뢰사항을 같이 작성

했던 것입니다.

● **변호인** : 증인은 수서서 수사팀이 K가 임의제출한 데스크탑과 노트북 컴퓨터를 가지고 왔을 때 그 현장에 있었지요?

● **임○○(서울청 분석관)** : 예

● **변호인** : 당시 수서서 수사팀이 증거분석의뢰 공문을 작성하여 가지고 왔나요?

● **임○○(서울청 분석관)** : 작성해서 가지고 온 것이 아니라 저희 사무실에서 작성했습니다.

● **변호인** : 수서서 수사팀이 증거분석의뢰 공문을 어떤 양식과 내용으로 작성하는지 모른다고 하여 증인은 서울청이 보관 중이던 다른 사건의 증거분석의뢰 공문 샘플을 보면서 분석의뢰 내용을 불러주었고, 이를 최○○ 수서서 형사가 서울청 사이버범죄수사대 사무실내에서 타이핑하여 작성한 사실이 있지요?

● **임○○(서울청 분석관)** : 예. 타이핑해서 작성했습니다

● **변호인** : 수서서 A수사과장은 이 법정에서 "증인이 수서서 사이버팀 사무실에서 위 공문을 작성하였다"고 증언하였는데, 증인은 A의 증언과 달리 수서서가 아니라 서울청에서 위 공문을 작성한 것이 맞지요?

● **최○○(수서서 형사)** : 예.

● **변호인** : 김○○과 임○○은 이 법정에서 수서서 사이버팀장이 증거분석의뢰 공문을 어떻게 만드는지 모르겠다고 하여 '분석의뢰 내용' 부분을 임○○이 불러주었고, 증인이 이를 그대

로 타이핑하여 작성한 것이라고 증언하였는데, 증언내용이 사실인가요?

● 최○○(수서서 형사) : 사이버 팀장의 말씀이 몰라서 그런 것이 아니라 워낙 사안이 중요하고 기존에 다른 사건과 똑같이 증거분석의뢰서 분석범위 내용을 정하는 것이 너무 조심스러워서, 그때 당시 옆에 있던 임○○ 분석관과 얘기를 하면서 이 외에 부족한 부분은 충고를 받은 것입니다.

디지털증거분석 의뢰서 작성은 서울청 분석관과 수서서 형사의 증언내용이 다소 차이는 있어도 A의 증언과 달리 서울청 사이버수사대 사무실에서 작성된 것만은 명확한 사실이다.

나의 변호인이 항소심 법정에서 A에게 이 문제에 대해 재차 추궁하자 A는 '다시 한번 확인을 해봐야 될 것 같습니다' 라는 모호한 답변으로 얼버무렸다.

● 변호인 : 증인은 1심 법정에서 2012년 12월 13일 최○○ 형사가 수서서 사이버팀 사무실에서 증인의 지시에 의하여 증거분석 의뢰공문을 작성했다고 증언한 바 있지요?

● A : 예

● 변호인 : 그런데 최○○ 형사와 임○○ 분석관의 1심 증언에 의하면 최○○ 형사는 증거분석 의뢰공문을 작성해 달라는 분석팀의 요청을 받고 서울청 사이버범죄수사대 사무실에서 임○○ 분석관의 도움을 받아 위 증거분석 의뢰 공문을 작성하

였다는 사실을 알고 있는가요?

- A : 저도 1심 판결에서 보았습니다. 제가 사이버팀의 최○○ 형사가 작성한 분석의뢰서를 보고 "이렇게 하면 빠지는 것이 없는 것이냐, 빠지는 것이 없도록 해라" 이런 검토를 했었습니다. 그렇기 때문에 서울청에서 작성했다는 것이 무엇인지는 다시 확인을 해봐야 할 것 같습니다.
- 변호인 : 서울청에서 증거분석의뢰 공문을 작성하였다는 사실을 증인은 1심에서 최○○ 형사와 임○○ 분석관이 증언을 마치고 나서 알게된 것인가요?
- A : 판결문을 보고 알았습니다.

여러 증인들의 증언을 종합하면, A의 1심법정 증언과 전혀 다르게 '디지털증거 분석의뢰서가 애초에 수서서 수사팀원들끼리 체계적으로 논의가 이루어져 정리·작성된 것은 아니었다' 는 점, '서울청에서 디지털증거 분석의뢰서를 작성하면서 서울청 직원들의 도움을 상당히 많이 받았다' 는 것으로 명백히 확인되었다.

A는 그동안 '국정원 댓글 사건과 관련한 수서서 수사팀의 실무 책임자' 로 자처한 반면 '수사의 총책임자인 수서서장을 보좌하는 수사참모' 라는 정의에 대하여는 동의할 수 없다는 입장을 취해왔다. 그러면서 "이○○ 수서서장은 수사의 실무 책임자인 자신의 실질적인 지휘 및 판단에 대하여 명시적인 반대의사를 표시할 권한 정도는 있다"는 진술로 일관하여 왔다.

- 변호인 : 소위 '국정원 사건' 과 관련하여 수사의 총책임자는 누

군가요?

● A : 서장님이 종국적인 총책임자로 보면 되고, 수사의 실무 책임자라고 한다면 저라고 보면 됩니다.

● 변호인 : 증인은 수사의 총책임자가 아니지요?

● A : 서장님의 명시적인 의사에 반해서 제가 판단을 하기는 어려울 것입니다.

● 변호인 : 그런데 증인은 국정조사에서 스스로를 수서서 수사팀의 주임 책임자라고 지칭하였는데, 이는 무슨 의미인가요?

● A : 말씀드렸다시피 서장님과 저의 관계를 염두에 둔 것이고, 수사와 관련된 실질적인 지휘, 실질적인 판단 이런 부분들은 제가 하고 있었습니다. 다만 이와 관련하여 서장이 명시적인 반대의사를 표명하는 경우 제가 그와 반대되는 수사지휘를 하기는 상당히 어려울 것으로 보이는데, 이 사건에서 서장이 수사와 관련하여 명시적인 반대의사를 표시한 경우는 1월 달에 참고인 입건 여부에 대한 판단을 할 때 당시 입건에 대해서 반대의사를 표시하였습니다.

● 변호인 : 결국 증인은 수사의 총책임자인 수서서장을 보좌하는 수사 참모이지요?

● A : 그렇게 정의를 내리기는 어렵습니다. 왜냐하면 일선 경찰에서 일반적으로 수사 책임자라고 하면 수사과장인 저를 의미하는 것이 맞고, 다만 아까 말씀드렸다시피 청문회에서 그렇게 답변한 것은 서장이 명시적인 반대의사를 표시했을 때 제가 명시적인 반대의사에도 불구하고 수사를 반대하는 쪽으로

계속 지휘하기는 어렵다, 분명히 서장에게도 그런 권한은 있다는 취지입니다.

경찰법 제17조 제2항에 의하면 "경찰서장은 지방경찰청장의 지휘·감독을 받아 관할구역의 소관사무를 관장하고, 소속공무원을 지휘·감독한다"고 규정되어 있다. 그리고 동법 제20조에서는 "국가경찰공무원은 상관의 지휘·감독을 받아 직무를 수행하고…구체적 사건 수사와 관련된 지휘·감독의 적법성 또는 정당성에 대하여 이견이 있을 때에는 이의를 제기할 수 있다"고 규정하고 있다. 경찰의 직무에는 수사도 당연히 포함됨은 물론이다.

한편 경찰청은 제19대 총선을 앞두고 2012년 2월 9일, 2012년 총선·대선에 대한 경찰의 중립성과 공정성 의지를 대내외에 표명함으로써 선거사건 수사에 대한 대국민 신뢰를 확보한다는 의지로 '정치적 중립성 실현을 위한 선거사범 수사 공정성 확보 대책'을 마련하여 전국 지방청에 내려 보냈다.

그 골자는 모든 선거사범에 대해서 첩보, 내사, 수사 및 종결 전반에 걸쳐 경찰서장이 직접 수사지휘를 하라는 것이었다. 총선·대선을 앞두고 몇 번이고 반복해서 강조되었던 사안이었으므로, 경찰서 수사과장으로 있던 사람이 그러한 내용을 몰랐을 리 없다. 그렇지만 A는 법정에서 이러한 진실은 외면한 채 경찰서장의 역할은 축소시키고 자신의 역할과 존재감을 높이는 증언으로 일관하였다.

자신이야말로 이 사건의 수사를 완전히 장악하고서 진두지휘한 사람이라는 '착각' 인지, 아니면 자신의 역할에 대한 강렬한 인상을 심어주기 위한 '의도적 제스처' 인지는 모르겠으나, A는 분석의뢰서가 어디에서 어떻게 작성되었는지 그 실제 경위도 잘 알지 못하면서 잘 아는 것처럼 증언한 것은 사실이다. 나도 재판을 통해 이 사실을 처음으로 알게 되면서, A는 왜 저렇게 이해하기 어려운 행태를 보이고 있을까 하는데 대한 의구심을 지울 수 없었다.

4. "ID · 닉네임이 없어 분노했습니다." 축소 · 은폐의 대명사가 된 이 말은 과연 진실인가?

서울청에서 수서서로 보내준 분석결과물에 ID · 닉네임이 포함되었는지 여부에 대해 A는 1심법정에서 이렇게 증언했다.

- **변호인** : 증인은 "2012년 12월 18일 19:32경 1차 송부 당시 그 자료에는 ID와 닉네임 목록이 빠져 있었다"고 진술했지요?
- **A** : 예.
- **변호인** : 증인은 검찰 2회 조사시, '1차 송부 때 제일 중요한 ID, 닉네임 자료가 있는지부터 확인했는데 없어서 분노했던 기억이 난다'고 진술한 바 있지요?
- **A** : 예.
- **변호인** : 증인은 1차 송부가 이루어진 분석결과물을 '실물'로 직접 본 사실이 있나요?

- **A** : 그것은 주로 최○○ 형사가 분석을 했습니다.

- **변호인** : 외관은 전혀 본 적이 없나요?

- **A** : 하드디스크 저장장치는 직접 봤었고, 그 내용과 관련해 최 ○○ 형사가 "이것은 무엇, 이것은 무엇"이라고 설명하는 개 략적인 내용을 봤습니다.

- **변호인** : (1차 송부 분석결과물 사진 자료를 제시하고) 이것은 12.18. 19:32경 수서서에 전달되어 김○○이 서명을 했지요?

- **A** : 예.

- **변호인** : 1차 송부가 이루어진 분석결과물 사진을 보면 '추출된 ID와 닉네임 목록'도 이때 송부된 것으로 표시되어 있는데, 증인은 "그 당시에는 ID와 닉네임이 없어서 분노했다"고 했 고, "실물도 봤다"고 했는데 여기 실물에는 ID와 닉네임이 적 혀 있지 않나요?

- **A** : 봉지가 뜯어진 하드디스크를 보았고, 최○○ 형사가 저장 장치의 내용을 주로 분석해서 보았다라고 말씀드렸습니다. 그 리고 최○○ 형사가 그 내용을 보고 "이것은 시스템 파일, 이것 은 무엇" 이런 식으로 설명을 해주었고, 추출된 ID나 닉네임 부 분이 없다고 얘기했고 실제 최○○ 형사와 유○○ 팀장이 12.19 새벽에 서울청에 가서 CD로 받아왔던 사실이 있습니다.

- **변호인** : 결국 증인은 ID와 닉네임이 있는지 없는지는 들어서 아는 것인가요?

- **A** : 예, 최○○ 형사를 통해서 들었습니다.

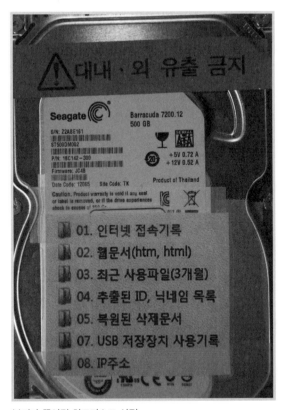

봉지가 뜯어진 하드디스크 사진

A의 증언 중에 '봉지가 뜯어진 하드디스크 저장장치는 직접 봤었다'는 내용에 주목해야 한다. 나의 변호인이 1심에서 증거로 제출한 바 있듯이 2012년 12월 18일 19:32경 송부된 1차 분석결과물인 하드디스크 저장장치는 다음과 같다.

이처럼, 글을 읽을 줄 아는 사람이라면 누구라도 하드디스크 저장장치를 실제로 보았을 경우, 그 위에 기재된 '04. 추출된 ID · 닉네임 목록'이라는 문구를 볼 수 있었을 것이다. 그럼에도 A는 '자신의 두 눈으로 봉지가 뜯어진 하드디스크를 보았다' 면서도 'ID·닉네임이 없어 분노했다' 는 너무나도 황당한 논리를 펼쳤다. 나의 변호인은 이 부분에 대해 항소심 법정에서 집중적으로 추궁했고, 항소심 재판장도 직권으로 질문을 했다.

- **변호인** : 증인은 1차 분석결과물 하드디스크 외관까지 보았다고 진술한 적이 있지요?
- **A** : 예.
- **재판장** : 당시 증인은 위 하드디스크 외관에 8개의 파일명이 적혀 있는 것을 보았는가요?
- **A** : 적혀 있는 것을 보지 못했습니다.
- **변호인** : 그리고 위 분석결과물에 대해서 최○○ 형사가 하나하나 짚어가면서 설명을 해주었다는 진술도 했었지요?
- **A** : 최○○ 형사의 인식을 보면 될 것 같고, 제가 아까 말씀드린 수사보고서를 보면 될 것 같습니다.

A는 '위 하드디스크 외관까지 본 것은 사실이나 외관에 8개의 파일명이 적혀 있는 것은 보지 못했다' 는, 상식적으로 납득할 수 없는 답변을 했다. 그리고 최○○ 형사가 하나하나 짚어가면서 설명을 해주었다는 부분에 대해서는 '최○○ 형사의 인식을 보면 될 것 같다' 는, 도대체 무슨 말인지 이해할 수 없는 답변까지 내놓았다.

'서울청의 수서서에 대한 ID · 닉네임 송부 시기'는 '분석결과물 송부 지연' 논점과 관련하여 지극히 중요한 쟁점으로 다루어졌다. "2012년 12월 18일 19시 32분경의 1차 송부 분석결과물에 이 사건의 핵심이라 생각했던 ID · 닉네임이 없어 수서서 수사팀 전체가 분노했다"라는 A의 발언은 그동안 수많은 언론기사에서 다루어졌고, 서울청이 수사를 방해하기 위해 저지른 대표적인 꼼수 중 하나로 끊임없이 회자되었다. 실제로 검찰도 최소한의 검증 없이 A의 주장을 받아들여 공소를 제기했다가 진실이 밝혀지자 부랴부랴 공소장을 변경하였다.

나에 대한 변경 전 공소사실에는 '수서서에 분석결과물 송부를 지연시켜 수사를 방해하라는 서울청장의 지시 하에 1차 송부 분석결과물에 ID · 닉네임을 포함시키지 않았다'는 내용이 있다.

A는 1심법정에서 나의 변호인이 1차 송부 분석결과물 사진자료를 들이대기 전까지 '1차 송부 분석결과물에 ID · 닉네임이 없었다'는 입장을 고수했지만, 객관적 사실관계가 그렇지 않은 것이 밝혀지자 항소심 법정에서 '위 하드디스크 외관까지 본 것은 사실이나 외관에 8개의 파일명이 적혀 있는 것은 보지 못하였다'라고 변명했다.

결국 '1차 송부 분석결과물에 ID · 닉네임이 없었다'는 A의 1심법정 증언은 실체적 진실이 아닌 것으로 명백히 밝혀졌다. 하지만 나를 비롯한 관련 서울청 직원들은 이 허위증언으로 인해 이미 만신창이가 되어 있었다.

천망회회 소이불실(天網恢恢 疎而不失)

나는 국정조사 청문회장에서 새누리당 위원 한 분이 A에 대해 평해달라는 질의를 하였을 때 "한때 저의 부하직원이었던 이에 대해 이런저런 평가를 하고 싶지 않습니다"라고 답하며 일체의 비판적인 말을 하지 않았다. 하지만 시간이 흐르면서 나의 생각은 달라지기 시작했다. 나는 재판을 거치면서 그동안 내가 몰랐던 부분을 너무나 많이 알게 되었다. 그리고 편견에 가득 찬 A의 증언이 일부 언론과 일부 시민단체의 전폭적인 지원을 받아 그것이 마치 진실인 양 힘을 얻는 모습을 지켜보았다.

검찰 또한 그 주장을 모두 믿고 재판정에서 이를 입증하려 했으나 파고들면 들수록 허위로 밝혀지면서 검찰이 자충수를 둔 셈이 되었다. 급기야 검찰은 항소심 재판에서는, A는 직접 서울청의 선거개입을 목격한 사람이 아니므로 A의 진술 외에도 많은 증거들로 입증하겠다고 주장하였으나, 새로운 증거는 전혀 제시하지 못하고 A를 다시 증인으로 불렀던 것이다.

이처럼 A는 검찰에서도 인정하듯이 서울청의 증거분석 과정을 목격한 바가 없어 대부분의 것이 추측일 수밖에 없었음에도 국정조사 청문회나 법정에서 단정적으로 축소 은폐가 맞다고 증언하였다. 심지어는 현직 경찰공무원의 신분으로 당사자가 아니면서도 1심 재판결과에 대한 반박 기자회견까지 하는 비상식적 행위를 하게 되었는데 과연 그 동기가 무엇이었는지 궁금하지 않을 수 없다.

이후 A는 2014년 6월 경찰직에서 스스로 물러나면서 "그렇지만 7.30재보선 출마에 관한 고려는 전혀 하지 않고 있습니다"라고 공개적으로 말했으나 1달도 되지 않아 이 말을 뒤집은 채 정치적 행보를 거듭했다.

그가 경찰직에서 물러났다는 소식이 전해지자 민주당 정세균 의원은 2014년 6월 21일 트위터에 이러한 글을 올렸다.

"김용판 같은 자가 엄벌에 처해지는 것이 상식인 나라, A 과장처럼 정의감 투철한 공무원이 보호받고 존경받을 수 있어야 정상적인 나라"

1·2심 모두 무죄판결을 받은 나에게는 모욕을 주고, 1·2심에서 모두 증언의 신빙성이 없다고 판결한 A에 대해서는 여전히 떠받드는 내용의 이 글은 나로 하여금 이 책을 쓰게 한 강력한 동기가 되었다.

역설적으로 이 글은, 과연 누가 자신의 책무를 다했고 누가 정치적 행동을 했는지, 누가 진실을 이야기했고 누가 거짓으로 일관했는지를 역사 앞에 사실 그대로 밝혀야 한다는 강한 소명의식을 나에게 일깨워 준 것이다.

나는 이른바 '국정원 댓글사건'의 수사를 은폐하였다는 혐의로 기소되어, 보통사람으로서는 감내하기 어려운 고통을 겪었으나, 1·2심(항소심)과 대법원은 철저한 심리 끝에 모두 무죄라고 판단했다.

그럼에도 불구하고 일부 여론은 법원의 판단과 상반되게 여전히

'정치경찰'이라는 오명을 씌우고 명예를 훼손하는 발언을 서슴지 않았다. 나아가 위와 같은 판결이 나온 데에는 법원과 검찰까지 한 통속이었기 때문이라고 매도하기까지 했다.

나는 지금 이 글을 쓰면서 평소 애독했던 노자의 《도덕경(道德經)》에 나오는 '천망회회 소이불실(天網恢恢 疎而不失)'의 구절을 떠올린다. 도덕경 73장에 나오는 이 말은 "하늘의 그물은 아주 넓어 엉성한 것 같지만, 인간의 선악을 조금도 빠뜨리지 않고 상벌을 내린다"는 뜻이다. 나를 불신하는 사람들은 또 다른 의미로 이 구절을 떠올릴 수 있다.

그러나 나는 이 사건과 관련하여 하늘을 우러러 한점 부끄러움이 없다. 주어진 여건 하에서 원칙대로 책무를 다했을 뿐이다. 과연 누가, 어떤 사람들이, 하늘의 엄정한 그물에서 심판을 받을지는 역사가 증명할 것이다.

제3부

정의는 무엇이고
책무는 무엇인가

01

책무란 무엇인가?

윈스턴 처칠이 두 번이나 면박을 당한 까닭은

윈스턴 처칠은 1940년 5월 13일 의회에 출석해 연설을 했다. 그 무렵 독일군은 이미 폴란드, 덴마크, 노르웨이를 점령했고 네덜란드, 벨기에, 룩셈부르크를 돌파한 뒤 프랑스를 향해 진격하고 있었다. 이제 유럽에서 나치에게 점령당하지 않은 나라는 영국이 유일했다. 처칠은 단상에 올라 향후 영국과 영국 국민이 지녀야 할 자세에 대해 당부하면서 이렇게 말했다.

"나는 피, 수고, 눈물 그리고 땀밖에 드릴 것이 없습니다."

바로 그 유명한 '피·땀·눈물'이 여기서 탄생한 것이다. 이 3가지는 당시 영국인이라면 지위고하를 막론하고 반드시 가져야 할 마음가짐이었으며 책무였다. 2차대전에서 영국이 승리한 데에는 여러 요인이 있겠지만 처칠이 당부한 3가지 책무가 무엇보다 큰 뒷받침이 되었다고 생각한다. 만일 처칠이 이 책무를 국민들에게 당부하지 않고, 그 스스로도 지키지 않았다면 오늘날 세계 역사는 많이 달라졌을 것이다.

처칠에 대해서는 유명한 일화가 있다. 시기는 정확히 알 수 없으나 처칠이 국회의사당에 급히 가야 할 일이 생겼다. 기사에게 속도를 내라고 했으나 곧 교통순경에게 잡히고 말았다. 기사는 교통순경에게 "지금 이 차에는 수상 각하가 타고 계시다네. 회의시간이 임박해서 그러니 어서 보내주게!"라고 부탁했다.

교통순경은 뒷자리에 타고 있는 처칠을 흘끗 한번 보더니 이렇게 말했다.

"거짓말하지 마십쇼. 이 나라의 법질서를 책임지고 있는 수상 각하의 차가 교통신호를 어겼을 리 없습니다. 또 설혹 수상 각하가 타고 있는 차라 해도 교통신호를 위반했으면 딱지를 떼어야지 예외는 있을 수 없습니다."

그리고는 기어이 딱지를 뗐다. 처칠은 비록 딱지는 뗐으나 자신의 책무에 충실한 교통순경에게 감명을 받아 집무실로 돌아온 후 런던 경찰청장에게 전화를 걸었다. 자신이 겪은 일을 설명하고 그 교통순경을 일계급 특진시켜주라는 지시를 내렸다. 하지만 경찰청장은 그 지시를 거부했다.

"교통순경이 교통법규를 위반한 사람에게 딱지를 떼는 것은 당연한 일입니다. 당연한 일을 한 사람을 일계급 특진시켜 줄 수는 없습니다."

세기의 명재상 처칠이 하루에 두 번이나 경찰에게 면박을 당한 것이다. 우리는 이 일화에서 과연 책무란 무엇인가를 깨달을 수 있다. 책무는 자신이 해야 할 일을 응당 하는 것이며, 그 일을 했다 하여 어떤 보상을 바라서는 안 된다는 것이다. 내가 책무를 다함으로써 나의 뜻을 이루고 성공에 성큼 다가갈 수 있으며, 이는 타인을 위한 배려이자 공헌이기도 하다.

책무를 당연한 것으로 여기는 사회, 자신의 책무를 가슴에 안고 열심히 일하는 공직자, 말보다 실천을 먼저 하는 사람이 많아질 때 대한민국은 더 행복하고 부강한 나라가 될 것이다.

정의는 언제 실현될 수 있을까

미국 하버드대 교수 마이클 샌델(Michael Sandel)의 책《정의란 무엇인가》가 우리나라에 소개되어 선풍적 인기를 끈 것은 2010년 무렵이었다. 나 역시 공직자로서 이 책을 읽어보았다. 짧은 기간에 100만 부가 넘게 팔렸다 하니 낙양지가(洛陽紙價)라는 말이 무색할 정도였다.

그런데 알 수 없는 것은 2010년 이후 정의(正義)가 우리 사회의 화두가 되었음에도 정작 정의는 실현되지 않고 있다는 점이었다. 100만 명이 넘는 지식층과 오피니언리더가 이 책을 읽고 공감해서 일상에서 실천하고, 그 모습이 본보기가 되어 다른 사람들에게 전파되면 정의가 세워져야 하는데 눈에 띄는 변화는 찾아보기 힘들다.

그 이유는 무엇일까?

정의를 철학적으로 생각하고, 고차원적인 것으로 인식하기 때문이라 생각한다. 또 정의가 일부 사람들에 의해 왜곡되고 있기 때문이다. 정의는 미사여구나 현학적인 단어가 가득한 책속에 존재하는 것이 아니라 우리의 일상생활에 담겨 있는 실천의 덕목이다.

플라톤은 "정의란 각자 자기의 할 일을 다하고 타인을 방해하거나 간섭하지 않는 것이다"라고 말했으며, 칸트는 "정의가 사라진다면 이 세상에 살아갈 필요가 없다"고 말했다.

칸트의 말보다는 플라톤의 충고가 우리 가슴에 더 와 닿는다. 그가 말한 '자기의 할 일을 다하고'는 바로 나의 삶의 지침인 책무와 긴밀히 연결된다. 자신의 책무를 다하는 것, 그것이 바로 정의이다. 나아가 타인의 일이나 행동을 방해하지 않는 것이다. 물론 타인의 일이나 행동이 규정에 어긋나면 법의 이름으로 단죄해야 한다.

정의는 그렇게 거창한 것도, 어려운 것도 아니다. 나에게 주어진 책무를 다하고, 도덕적으로 올바르게 행동하는 것이 바로 정의가 아니겠는가? 책무 역시 마찬가지다. 학생은 학생답게, 직장인은 직장인답게, 공직자는 공직자답게 자신에게 주어진 일에 대해 최선을 다하는 것이다.

그런데 불행히도 불의를 정의로 포장해서 자신이 정의의 화신인 양 행동하는 사람들이 있다. 이 사람들은 대부분 소위 힘이 있는 사람들이다. 인간은 본능적으로 자기중심적인 면이 있기 때문에 자신이 상대방보다 조금이라도 높은 위치에 있으면 부지불식간 권력을 휘두르려는 속성이 있다. "내가 누군지 알아?"라는 말에서 그런 심리의 단초를 적나라하게 읽을 수 있다.

심지어 기업 간의 거래에서도 권력 휘두름 현상이 일어난다. 갑과 을의 관계에서 갑이 을에게 횡포를 부리는 것이다. 갑이 '갑질'을 해댈 때 을은 울며 겨자먹기식으로 감수한다면 그만큼 사회적 비용은 증가하여 그 부담이 또 다른 누군가에게로 전가될 수 밖에 없다.

나는 이번 국정원 댓글사건에 연루되어 세간의 주목을 받는 과정에서 왜곡되어지는 '정의'를 너무나 많이 목격했다. 다른 사람들을 향해 정의를 부르짖기 전에 자신의 인식과 행동을 겸허하게 돌아보아야 한다. 도산 안창호 선생은 이렇게 말했다.

"진리는 반드시 따르는 자가 있고, 정의는 반드시 이루어지는 날이 있다."

02

각자가 제대로
책무를 다해야

자기주도형 근무는 자율과 책임의 조화이다

나는 충북과 서울에서 청장으로 재직할 때 책무의 관점에서 이른바 '자기주도형 근무'를 독려했다. 자기주도형 근무란 간단히 말하면 자신의 일은 자신이 계획하고 실행하며 책임진다는 개념이다. 이 자기주도형 근무는 특히 서울에서 큰 빛을 발했다. 서울경찰청은 수도 서울의 치안을 책임지는 기관으로서 다른 지방청에 비해 규모도 크며 인원도 많다.

주요 기관과 기업체가 대부분 서울에 있으며 1천만 명이 넘는 인구가 밀집되어 있어 치안수요가 엄청나며 그 유형도 천태만상이다. 그러므로 모든 부서와 각 경찰서는 물론 지구대와 파출소별, 심지어 순찰팀별로도 지역 실정에 맞는 치안활동을 전개할 필요가 있었다.

이에 서울경찰은 조직구성원 개개인이 각 지역의 실정에 맞게 창의적이고 주도적으로 자신의 세부 목표를 결정하고 실천함으로써 개인 목표와 조직 목표가 조화를 이루도록 하였다. 이를 위해 조직의 관리자는 비전과 롤모델을 제시하고, 현장근무자가 주체적으로 일할 수 있도록 필요한 지원을 하도록 했다. 아울러 주기적인 점검을 통해 자율이 방임으로 흐르지 않도록 보완해 나가는 자기주도형 근무를 정착시켜 나간 것이다.

그리고 이와 같은 자기주도형 근무에는 무엇보다 칭찬과 격려를 통해 자발적으로 일하려는 존중의 분위기를 조성하는 것이 중요하다. 구성원들이 자긍심을 가지고 마음에서 우러나오는 치안활동을 펼쳐나갈 때 주민을 위한 참다운 존중이 실현될 것이기 때문이다.

자기주도형 근무 경진대회

한마디로 자기주도형 근무는 구성원 각자가 주인의식을 가지고 자율적으로 참여하되 동료들의 지혜와 경험을 모아 업무를 발전적으로 재창조하는 것이다.

전혀 새로운 방식의 백지브리핑

대한민국의 야간 치안을 실질적으로 책임지는 사람은 지구대 파출소에서 당일 근무하는 순찰팀장이라 할 수 있다. 그러나 이들은 그간 존재감과 책임감 부족 등으로 현장 지휘에 소극적인 것이 사실이었고 관할 지역의 치안 여건에 대해서도 관심을 기울이지 않는 경우가 적지 않았다. 이를 극복하기 위해 모든 순찰팀장들이 경찰서장과 경찰서 간부들 앞에서 관내의 전반적인 치안 상황에 대해 백지브리핑을 하도록 만들었다.

지역 실정에 맞는 자기주도형 근무의 정착을 위해서는 무엇보다도 구성원들의 방향을 잡아줄 관리자들이 지역 실정과 업무에 대해 꿰뚫고 있어야 하기 때문이다. 기존의 업무보고가 이미 만들어진 자료를 활용한 것이라 한다면 백지브리핑은 소위 백지 상태에서 관내 현황, 범죄통계 분석, 관내 취약지 분석 등을 하나씩 채워나가는 새로운 브리핑 방식이었다.

2012년 7월 16일부터 약 2주간 각 경찰서별로 진행된 순찰팀장 백지브리핑대회 결과 종로경찰서 사직파출소 순찰1팀장 등 8명이 우수자로 선정되었다. 이러한 백지브리핑을 계기로 관내 순찰팀장

백지브리핑

들은 치안 상황을 더 정확하고 효과적으로 파악하게 되어 자기가
맡고 있는 지역에 대해 누가 물어도 자신감 있게 대답할 수 있게 되
었다. 또한 순찰팀장이 당연히 알아야 할 관내 사항을 숙지함으로
써 자기주도형 근무계획을 세우고 추진하는데도 도움이 되었다. 순
찰팀장의 권위를 확립하는 계기도 되었음은 물론이다. 이와 같은
백지브리핑 제도는 비단 지역 경찰에서뿐만 아니라 여타 기능에서
도 자기주도형 근무의 출발점으로 도입 실시하였다.

자기주도형 근무의 효과는 상상 이상이었다. 수서경찰서 일원파
출소에서 실시한 '지역 실정에 맞는 효과적 범죄예방 활동', 노원
경찰서의 아파트 경비원을 활용한 '맞춤형 울타리 치안활동', 구로
경찰서의 '주폭존(酒暴 Zone) 설정을 통한 선제적 치안활동', 마포경
찰서의 '안전귀가 경찰도우미 서비스' 등 여러 시책들이 시민들의

환영을 받았고, 그만큼 서울의 치안이 좋아졌다. 나는 자기주도형 근무를 권한이 아닌 책무의 관점에서 실현되도록 했다. 경찰관의 책무는 주민들이 편안하게 일상생활을 할 수 있도록 치안을 책임지는 것이다.

나는 지구대 및 파출소의 순찰팀장 등은 경찰서장 앞에서 브리핑을 하도록 하였지만, 서울경찰청의 기능별 부서장인 각 부장, 과장, 계장 그리고 각 경찰서의 과장급까지는 전부 4대전략과 3대 관점(제4부에서 자세히 다룬다)을 토대로 하여 작성한 업무비전을 서울청장인 내 앞에서 발표하도록 했다.

일선 경찰서장 등의 경우에는 2~3개 경찰서를 묶어서 각 서의 직원들과 주민들이 지켜보는 가운데 어떻게 하면 관내 주민들의 치안복지(治安福祉)를 높일 것인지에 대해 경쟁적으로 보고토록 했다. 경찰서장 등의 스트레스가 얼마나 컸겠는가? 하지만 주민들은 너무나 좋아하였다. 나는 간단한 말로 경찰서장을 위로하고 동시에 불만을 잠재웠다.

"경찰서장의 고뇌가 깊어질수록 주민들의 미소는 밝아지기 때문에 우리는 멈출 수 없다."

각 경찰서의 과장 중에서 총경 진급을 포기하고 나이도 많은 경우에는 경찰서장들이 실질적으로 통제하기 어렵다. 경찰서의 모든 과장들을 기능별로 서울청으로 불러와 서울청의 기능별 간부들이 배석한 가운데 브리핑을 하도록 했다.

권역별 경찰서장 치안보고회

2013년 2월 4일 경찰서의 과장 등에 대한 전보인사를 단행한 후 전환교육의 일환으로 시행한 것이다. 특히 전임자의 시책 중 승계할 만한 것을 찾아내고 어떤 관점에서 이를 보완 내지 발전시켜갈 것인가를 포함시켜 발표토록 강조하였다. 내가 다소 지나치다 싶을 정도로 간부들에게 이러한 요구를 한 것은 경찰간부로서 자신이 해야 할 책무를 스스로 찾아내고 실천해 나가는 문화를 만들자는 차원에서였다.

어떤 과장 1명은 자신의 차례가 오자 사전에 적지 않은 연습을 했을 것이련만 갑자기 '멘붕'이 와서 한마디 말도 하지 못했다. 예전에는 해보지 못한 백지브리핑이라는 새로운 문화 앞에서 쇼크를 먹은 것일 수도 있었다. 나는 서울청장 이임 전날인 2013년 4월 1일, 그 과장을 청장 관사로 초대해 술 한잔을 하면서 허심탄회하게 서로 이야기를 나누었다.

백지브리핑은 자기주도형 근무의 새로운 문화라 할 수 있다. 위에서 일일이 지시를 내리는 것이 아니라 '스스로 일을 찾아 나서는 문화'의 새로운 측면이다. 나는 이 문화가 모든 관공서와 기업에 널리 정착되기를 바란다.

에너지는 책무에서 나온다

어떤 조직을 막론하고 휴가를 가는 것은 즐거운 일이다. 하지만 휴가를 가겠다고 말하는 자체가 눈치 보이는 직장이라면 문제가 복잡해진다. 어떤 지방경찰청장은 "나는 이번 여름휴가를 가지 않는다. 경찰서장 중에서 휴가 갈 사람은 나에게 직접 보고하고 가라"고 말하는 경우도 있었다. 이런 분위기에서 누가 선뜻 휴가를 가겠다고 하겠는가? 쉽지 않다. 이에 비해 "휴가 가는 것은 여러분의 권리다. 왜 자신의 권리를 행사하지 않느냐?"라고 말하며 편하게 휴가를 가도록 독려한 지휘관도 있었다.

그런데 나는 휴가 가는 것을 권리가 아닌 책무(責務)의 시각에서 바라본다. 휴가라는 제도는 크게 볼 때 그 기간을 의미 있게 활용함으로써 심신을 재충전해 일을 더욱 잘하자는 취지에서 만들어진 것 아니겠는가. 이런 시각에서는 휴가를 안 가는 사람은 장기적으로 일을 열심히 하겠다는 사람이 아니라 오히려 심신의 재충전을 거부하는 직무태만자로 볼 수 있다. 결과적으로 휴가를 권리로 인식할 때보다 책무로 인식할 때 당당하게 갈 수 있는 것이다. 권리보다 책무에서 더 강한 에너지가 나오게 된 셈이다.

나의 주폭척결이 큰 호응을 받고 성공할 수 있었던 중요한 이유 중의 하나는 이 정책을 책무의 시각에서 접근했기 때문이다. 경찰의 중요한 기본 책무 중 하나는 폭력으로부터 선량한 주민들을 보호하는 것이지만 그전에는 주폭의 행패에 주민들이 얼마나 고통을 받았을까 하는 고민을 한 적이 거의 없었다. 솔직히 말하면 경찰 자신이 폭행을 당해도 속수무책인 상황에서 주민의 고통을 돌아볼 여지도, 경황도 없었다는 것이 정답이다.

제4부에서 상세히 소개되는 주폭척결은 바로 이러한 우리 경찰의 직무태만 내지 직무유기에 대한 진지한 자기성찰(自己省察), 즉 책무의 개념에서 출발했던 것이다. 공무원의 책무는 국민이 있는 한 영원한 책무다. 그 책무를 이행하려는 고뇌에서 에너지가 나오고 창조가 나온다.

지금 우리에게 필요한 것은 무엇인가?

기술과 문명이 아무리 발전한다 하여도 결코 변하지 않는 것들이 있다. 부모가 자식에게 헌신하는 마음, 사랑하는 연인들끼리의 믿음, 타인을 배려하는 정신, 생명과 자연에 대한 존중, 올바른 것을 추구하는 도덕정신은 결코 사라지지 않는다. 이러한 것들을 하찮게 여기거나 부정하면 인간은 인간으로서의 가치를 잃고 우리 사회는 원시시대로 돌아가고 만다.

　그러기에 《논어》와 《불경》, 《성경》 등은 수천 년이 지나고도 여전히 사람들에게 숭상 받고 있다. 종교적 관점, 성별이나 취향을 떠나 인간으로서의 기본자세와 인식을 가르쳐주기 때문이다. 그 가르침의 핵심을 나는 미국의 미래학자인 짐 데이토(Jim Dator) 교수의 인터뷰 기사 내용으로 정리하고 싶다.

　　"인간은 함께 모여 산다. 자기 주장만 펼쳐서는 곤란하다. 권리
　　를 지키되 상대를 존중하고 책임지는 인식이 중요하다… 서로
　　가 서로에게 가져야 할 '책임과 의무(책무)'를 지켜야 한다."

– 〈조선일보〉, 2014년 7월 7일

　데이토 교수는 《제3의 물결》로 유명한 앨빈 토플러와 1967년 미래협회를 만들어 학문 분야로서 미래학(Futures Study)을 개척한 선구자이다.

03

권력기관에게
누가 권력을 주었는가

언론, 검찰, 경찰, 국회, 시민단체의 책무

이른바 권력기관이란 권력을 가진 기관 또는 단체를 말한다. 우리나라에서는 흔히 '국정원, 검찰, 경찰, 법원, 정당(국회), 언론'을 지칭하는데 여기에 시민단체가 추가되어 혹자는 7대 권력기관이라 일컫는다. 이 기관이 과연 권력을 가지고 있는지, 만약 있다면 누가 그들에게 권력을 주었으며, 그 권력은 도대체 어떠한 권력인지 곰곰 살펴보아야 한다.

결론부터 말하자면 대한민국의 그 누구도, 어떤 법률에서도 이 7대 기관에 권력을 부여한 적이 없다. 그러함에도 이 기관들이 부지불식간 권력을 휘두르는 세태를 보면 국민의 한 사람으로서 또 평생 경찰에 몸담았던 공직자로서 가슴이 아프지 않을 수 없다.

나는 이른바 '국정원 여직원 댓글사건'으로 기소되어 재판을 받으면서 소위 7대 권력기관 모두와 동시에 관련되는 기이한 인연을 맺었다. 먼저 사건의 발생처가 국정원이었으며, 내가 경찰로서 수사에 임했고, 정당(민주당)의 고발로 피고인 신분이 되었고, 국정조사에 증인으로 참석했다. 검찰의 조사를 받은 뒤, 법원에서 재판을 받았고, 이 과정에서 시민단체가 격렬하게 가세했으며, 언론은 찬반양론으로 나뉘어 나를 격려하거나 비판했다.

하나의 사건에 7대 권력기관이 모두 연관된 것은 극히 드문 일이었다. 나는 이 과정에서 과연 권력기관은 무엇이며, 그들은 어떤 정체성을 가지고 어떤 책무를 수행해 나가야 하는지 뼛속 깊이 체험했다.

우리나라에는 수많은 공공기관이 있다. 그 많은 공공기관이 만들어진 근본 이유는 무엇일까? 여러 가지 답이 있을 수 있으나 궁극적으로는 국가 발전에 이바지하고 국민의 삶에 기여하는 것이다.

나아가 우리나라 헌법이나 각 기관의 임무에 대해 규정한 법률을 보면 그 어느 곳에도 '권력을 가진다'는 규정은 없다. 그럼에도 소위 '4대 천왕' 등의 미개하고 구태의연한 단어가 지금도 회자되는 것을 보면 이러한 기관이 국민을 위해 봉사하기 보다 부당한 권력을 얼마나 많이 휘둘러 왔는지를 알 수 있다.

4대 천왕은 국정원장, 검찰총장, 경찰청장, 국세청장을 말한다. 검찰청법을 보면 제4조에 검사는 "그 직무를 수행할 때 국민 전체에 대한 봉사자로서 정치적 중립을 지켜야 하며 주어진 권한을 남용하여서는 아니 된다"라고 규정되어 있다. 모두 54조로 이루어진 검찰청법 그 어디에도 '권력을 가진다' 는 조항은 없다.

또한 경찰법 제4조에도 "국가경찰은 그 직무를 수행할 때 헌법과 법률에 따라 국민의 자유와 권리를 존중하고, 국민 전체에 대한 봉사자로서 공정·중립을 지켜야 하며, 부여된 권한을 남용하여서는 아니 된다"라고 명시되어 있다. 그 어느 곳에도 '권력을 가진다' 는 조항은 없다. 이는 국세청이나 국정원도 마찬가지다.

그런데 그 기관에 근무하는 사람들, 그리고 국민의 대다수는 왜 이곳이 권력을 가지고 있다고 생각하는가? 오래전부터, 어쩌면 그 기관이 처음 만들어졌을 때부터 종사했던 사람들이 잘못된 인식으로 인해 법에 규정되어 있지 않은 권력을 휘둘렀고, 국민들 또한 스스로 그렇게 인식하고 받아들였기 때문이리라. 이는 우리 모두의 잘못이다. 누구의 잘잘못을 따지자는 것이 아니라 지난 과거를 통렬하게 반성하고 새로운 인식을 갖자는 것이다.

04

언론은 무엇을 위해
존재하는가

진실을 보도하는 것보다 더 중요한 게 있을까

헬무트 콜(Helmut Kohl)은 1982년 서독 총리로 취임하여 1990년 독일 통일을 주도한 뛰어난 정치가이다. 그럼에도 그에 관한 엉뚱한 일화는 무척이나 많다. 서독 총리가 된 이후 콜이 난생 처음 미국 방문길에 올랐을 때 보좌관들은 콜에게 "미국 기자들은 짓궂기 짝이 없으니 질문에 대답할 때 원리원칙에 의해서만 대답하라"고 당부했다. 콜이 미국 공항에 도착하자 기자들이 우르르 몰려들었고, 한 기자가 첫 번째 질문을 던졌다.

"혹시 사창가를 가 볼 계획이 있습니까?"

이 엉뚱한 질문에 '없습니다' 라고 대답했으면 아무런 문제가 없었으련만 콜은 그렇게 대답하면 싱겁다고 생각해서인지 잠시 뜸을

들이다가 이렇게 대답했다.

"미국에도 사창가가 있나요? 어디에 있나요?"

다음날 신문 1면에 콜의 기사가 대문짝만 하게 실렸다.

'미국에 도착한 콜의 첫마디, 사창가가 어디에 있나요?'

마치 콜이 미국의 사창가를 찾기 위해 방문한 것처럼 느껴지지 않을 수 없다. 이 일화의 사실 여부를 떠나 이는 우리에게 여러 가지를 시사한다. 엄밀한 의미에서 보면 신문기사가 틀린 것은 아니다. 콜이 분명 그렇게 말했기 때문이다. 그러나 콜의 의중이 그렇지 않았음은 누구나 다 알고 있다. 언론이 앞뒤를 자르고 필요한 구절만 뽑아 당사자를 공격하면 반격하기가 쉽지 않다. 이런 일은 비일비재하다.

언론은 사실보도를 원칙으로 하며, 그것이 생명이다. 또 그 사실이 맞는지 틀리는지 정확히 확인해야 한다. 그러나 오늘날 대한민국의 언론 중에는 사실보도의 원칙은 외면한 채 소위 '카더라 통신'이나 한쪽의 일방적 이야기만 듣고 편파적인 보도를 하는 언론이 없지 않다.

나는 이른바 '국정원 댓글사건'으로 피고인 신분이 되어 재판을 받으면서 일부 언론의 희생양이 되었다. 허무맹랑한 주장으로 사건을 증폭시킨 A의 거짓 폭로는 헤드라인으로 실으면서 그 당사자인 나에 대해서는 기초적인 사실 확인조차 하지 않고 맹공격을 퍼부었다. 그들은 A의 주장을 진실이라 믿고 연일 대서특필했는데, 관련된 사람 2~3명만 만나 사실관계를 확인해 보았다면 그 주장의 진위여부를 금세 알아차렸을 것이다. 그러나 처음부터 '이 사건은 조작이고 은폐'라는 선입견을 가지고 있었기에 한쪽의 주장만 일방적으로 실었던 것이다.

비근한 예가 앞에서 언급한 2012년 12월 15일의 '백송식당' 사건이다. 그런데 중요한 것은 청문회에서 야당 의원이 주장한 그 다음 날 각 신문과 방송, 인터넷에는 수많은 기사들이 실렸는데 대부분 내가 권력층을 만나 모의를 했으며 심지어 '제2의 초원복집 사건'이라 몰아붙였다. 그 많은 언론사 중에 백송식당에 직접 찾아가 제대로 사실 확인을 했다면 내가 평범한 사람들과 식사를 했다는 사실을 바로 알아냈을 것이다.

내가 백송식당에서 평범한 사람들과 식사를 했다는 사실이 밝혀진 후에도 자신의 오보를 사과하거나 정정보도를 낸 언론사는 한 곳도 없었다. 지금도 인터넷에는 내가 백송식당에서 청와대 직원들을 만났고, 국정원 직원들을 만났다는 글이 넘쳐난다.

기본적 사실도 확인하지 않고 한쪽의 일방적 주장만 싣는 것은 언론의 올바른 자세가 아니다. 백지상태에서 시작하여 갑의 말을 들어보고, 을의 말도 들어보고, 제3자인 병의 말도 들어봐야 한다. 이는 상식이다. 그런데 그 언론들은 이런 원칙은 도외시한 채 소설에 가까운 기사들을 토해냈다. 시간이 흐르면 마치 아무 일도 없던 것처럼 되지만 그로 인해 상처받은 개인의 명예는 회복되기 어렵다.

이러한 무책임한 언론으로 인한 피해는 궁극적으로 누구에게 돌아갈까? 독자에게 돌아간다. 나는 재판 과정에서 일부 언론의 줄기찬 공격을 받았으나 내 자신이 떳떳했기에 대꾸할 필요성도 느끼지 못했다. 그러나 그 언론을 접한 독자들은 그 순간에는 대리만족을 얻었을지는 몰라도 진실을 보지 못하고 만다. 대리만족보다 더 중요한 것은 진실이다. 어떤 사건이 일어났을 때 가장 중요한 것은 진실규명과 사후대책이지 관련 인물이나 기관에 대한 인신공격이 아니다. 책임자의 잘잘못을 따지는 것은 필요하지만 그것이 목적이 되어서는 안 된다.

내 사건을 맡은 「법무법인 화우」의 변호사들은 재판진행 과정에서 하나같이 놀라고 분노하였다고 입을 모았다.

"우리나라 언론이 이 정도인 줄은 몰랐다. 어떻게 검찰의 신문 내용만 싣고, 우리가 해명하고 명백하게 밝혀진 부분에 대해서는 다루지 않느냐. 솔직히 이 사건을 처음 맡았을 때 언론의 영향을 받아서인지 내심 무죄사건이 맞는지 회의가 있었던 게 사실이다. 그러나 이렇게 직접 체험해보니 언론에 의해 왜곡되는 것이 너무나 심각하다."

소위 국정원 여직원 댓글사건에서는 누가 진실을 말하고, 누가 거짓을 말하는지 그 실체를 정확히 파악하는 것이 중요했다. 그럼에도 일부 언론은 처음부터 자기들 입맛대로 사실을 확정해놓고 거기에 따라서 기사를 쓴 것이다.

현대사회에서 언론의 역할은 매주 중요하다. 한 사람이나 조직을 한순간에 범죄자로 만들 수 있고, 성인군자로도 만들 수 있다. 그것은 언론의 사명이 아니다. 있는 그대로의 사실, 가려져 있는 진실을 밝혀내 책임 있게 알리는 것이 언론의 원초적 임무이자 가장 소중한 사명이다. 나는 대한민국의 모든 언론이 이 책무에 충실해주기를 간절히 바란다.

SNS의 두 얼굴

오늘날의 언론에 등장한 또 하나의 매체는 SNS(Social Networking Service)다. 이는 스마트폰의 대중화와 함께 신문과 잡지, 방송 등 기존 언론을 능가하는 새로운 소통수단으로 부상하였다. 실시간으로 소통하고 사회적 현상에 대한 공유의 폭을 보다 빨리 넓힌다는 것은 SNS의 큰 장점이다.

하지만 그 반대의 경우도 많다. SNS의 부정적인 측면은 확인되지 않은 소식이 순식간에 유포되어 기정사실화 된다는 점이다. 특히 정치적 사건과 연예인에 관련된 소식은 SNS에 올라온 순간 바로 거의 모든 국민이 알게 된다. 문제는 그것이 사실인지 아닌지에는 별 관심이 없으며 유포된 사실 자체에만 온통 주의를 기울인다는 점이다. 당사자가 바로잡거나 해명할 기회를 주지 않으며, 뒤늦게 정정 글을 올려도 처음의 루머에 묻혀버리고 만다. 그 결과 심지어 자살에 이르는 피해자가 생기기도 한다.

사람들이 SNS에 열광하는 이유는 무엇일까? 호기심을 자극하고, 짧은 문구 안에 선정적인 단어가 다수 포함되어 있기 때문이다. 특히 어떤 사람을 헐뜯거나 비난하는 문구는 사실 여부를 떠나 보는 이로 하여금 쾌감을 느끼게 한다.

SNS는 현대인에게 필수적인 도구다. 나를 알릴 수 있고, 다른 사람의 생각을 읽을 수 있으며 우리 사회와 국가에서 어떤 일이 일어나는지를 실시간으로 파악할 수 있다. 또 잘만 활용하면 경제적 측면에도 도움이 된다. 하지만 SNS의 덫에 빠지면 안 된다. 스마트폰과 인터넷에 올라오는 수많은 글 중에서 과연 어떤 글이 진실이고, 어떤 글이 거짓인가를 어떻게 알 수 있을까?

거짓의 늪에 빠지면 판단력이 흐려지고 잘못된 행동으로 이어진다. SNS의 본래 기능은 소통과 공감의 도구다. 권력을 휘두르고 사회 여론을 조작하며 사람의 가슴을 찌르는 비수가 되어서는 안 될 일이다.

05

외부에서 보는 검찰의 조직문화, 무엇이 문제인가

집단적 도덕불감증은 언제 오게 되는가?

2012년 11월 12일 대한간호협회는 성명서를 발표했다.

"김○○ 특임검사는 간호사 비하 발언을 즉각 인정하고 공개 사과하라!"라는 내용이었다. 당시는 경찰이 수사 중이던 현직 부장급 검찰간부의 거액 뇌물수수 의혹 사건을 검찰이 특임검사를 지명해 자체 수사에 나서게 되자, "제 식구 감싸기 위해 또 경찰수사 가로채나?" 등의 비판 여론이 일던 때였다.

일의 발단은 특임검사로 지명된 김○○ 검사가 전날 기자간담회에서 한 "수사라는 범주에선 검사가 경찰보다 수사를 더 잘하기 때문이고, 간호사가 의사처방을 따르는 것과 같은 이치로, 의학적 지식은 의사가 간호사보다 낫지 않나? 사법시험을 괜히 본 줄 아느냐?"라는 말에서 기인된 것이었다.

"의사와 간호사는 국민의 건강과 생명을 최고의 가치로 여기고 환자에게 적합한 진료와 간호를 제공하기 위해 서로 긴밀히 협력하고 상호 업무에 대하여 존중하는 파트너십이 필요한 동료이자 구성원임을 분명히 밝힌다"라는 대목에서 그들이 화낸 이유를 알 수 있다. 의사와 간호사와의 관계는 상호존중하면서 상호협력하는 관계인데 검찰에서 이를 무시하고 상하의 수직관계로 규정했다는 것이다. 전국 30만 간호사들이 자존심이 상해 사과요구 성명서를 낸 것은 어쩌면 당연한 일이었다.

검찰의 내부 조직문화는 내가 알 수 있는 위치가 아니다. 하지만 이번 나의 사건을 통해 내가 경험한 사실과 김○○ 특임검사의 발언을 토대로 하여 내가 느낀 관점에서의 검찰 조직문화에 대한 이야기를 하고 싶다. 물론 김○○ 특임검사나 내 사건을 담당한 특별수사팀이 전체 검찰을 대표한다고는 생각지 않는다.

그러나 이러한 일련의 행태에서 검찰의 독선적 문화의 한 단면을 유추하는 데는 크게 무리가 없다고 생각한다. 김○○ 특임검사의 의사와 간호사 비유 발언과 왜 사법시험을 보고 검사를 뽑겠느냐는 발언에서 검찰의 특권의식을 고스란히 읽을 수 있기 때문이다.

이미 세상은 다원화되어 있다. '능력'을 기준으로 한 상하 수직관계가 아니라 '역할'을 기준으로 한 수평관계에 대한 인식 없이는 살아가기 힘든 세상이다. 그럼에도 불구하고 검찰의 이러한 독선적 행태가 자연스럽다 할 정도로 표출되는 이유는 무엇일까?

나는 검찰이 부지불식간에 책무의 관점보다는 권한의 관점에 서 있기 때문이 아닐까 생각한다. 물론 대부분의 검사들은 누구보다 자신의 일에 긍지와 사명감을 가지고 국가와 국민을 위해 훌륭하게 업무를 수행하고 있다는 것을 잘 알고 있다. 그러나 개인 차원이 아닌 조직문화 차원에서 들여다보면 이야기가 많이 다르다는 것을 느끼게 된다.

2014년 5월 9일자 조선일보에 실린 〈비겁한 ○○○검찰〉이란 칼럼의 내용에서 이러한 일면을 엿볼 수 있다.

비겁한 ○○○검찰

지난 7일 채동욱 전 검찰총장 의혹에 대한 수사결과 발표에 따르면, 지난해(2013년) 9월 6일자 본지의 '채 총장 혼외아들' 보도가 "진실"이라고 확인해 준 것을 빼고는 어느 것 하나 제대로 밝혀낸 것이 없다.… 우선 의혹 당사자인 채 전 총장을 단 한 차례도 소환 조사하지 않았다. 그러다 보니 채 전 총장 뇌물 의혹이나 내연녀 임모씨의 계좌로 흘러들어간 2억원의 정체 등에 대해선 조사할 엄두조차 못 냈다.

본지 보도 직후 임씨가 언론사에 보낸 편지를 현직 검사가 대필했다는 의혹에 대해서도 "금시초문"이라고 뭉개버렸다. 채 전 총장의 뇌물 수수 고발 사건에 대해선 "계속 수사하겠다"고 했지만 돈을 전달한 당사자를 횡령범으로 구속 기소한 마당에 무슨 수로 뇌물 혐의를 밝히겠다는 건지, 아니면 적당히 시간만 끌어보 겠다는 건지, 검찰의 수사 의지를 가늠하기 힘들다.

하지만 검찰 내부 분위기를 감안하면 이 정도의 수사 결과가 나 온 것도 큰 성과라는 평가가 나온다. 검찰 일각에선 일부 정치 세 력이 제기하는 이른바 '찍어내기' 의혹에 동조·영합하는 조짐 이 감지됐고, 일부 수사팀 관계자는 마지못해 끌려다니는 분위 기가 역력했다.

이번 수사 결과를 놓고도 일부 검사는 "확인 사살" "너무 잔인하 다" 등의 반응을 보이고 있다 하니, 요즘 검찰 조직이 얼마나 느 슨해지고 집단적 도덕 불감증에 빠져 있는지를 알 수 있다…."

– 〈조선일보〉, 정권현 2014년 5월 9일

만약 채동욱 총장 사건의 경우 검찰총수가 아니라 경찰총수 관 련 사건이었다면 전개되는 양상은 전혀 달랐을 것이다. 이 칼럼을 주제로 대화를 나눈 많은 사람들이 그런 의견을 개진하였다. 검찰 이 일종의 집단적 도덕불감증에 빠져 있기 때문이라는 칼럼의 내용 에 모두들 동의하였음은 물론이다. 그런데 집단적 도덕불감증은 언 제 어떻게 해서 빠지게 되는 것일까?

나는 사람들이 책무의 관점이 아닌 권력과 권한의 관점에 서게 될 때 소위 '갑(甲)질'을 하게 되고, 갑질에서 독선이 싹트고 독선에 서 교만이 오며, 집단적 교만이 결국은 집단적 도덕불감증을 유발 시킨다고 생각한다. 갑질의 대표적 언어가 '내가 누군지 알아?'라 는 말이다. 남에게 인정받고 위세를 자랑하려는 심리의 발로이다.

여기에 대항하는 말은 '○○이면 다입니까?' 이다. 강자의 난폭한 말에 숨은 권력관계를 부인하는 말이다.

'내가 누군지 알아?' 가 '우리가 누군지 알아?' 로 전환되는 순간이 바로 집단적 도덕불감증에 빠져드는 순간이다. 우리는 이러한 독선이 흐르는 집단적 도덕불감증에 빠져든 경우를 사회 도처에서 볼 수 있다.

나를 조사하고 기소한 당시 검찰특별수사팀의 행태를 되새겨보면 이러한 독선적 관점에 상당히 매몰되어 있었음을 느낄 수 있다. 내가 검찰에 소환되어 조사받기 보름쯤 전에 나의 학교 선배 한 사람이 전화를 걸어 "법조 출입하는 기자랑 지금 함께 있는데 검찰의 분위기는 원○○ 원장은 개인비리로, 김 청장은 조직비리로 구속한다는 말이 흘러나오고 있다는데 괜찮겠느냐?"라고 하면서 걱정하는 것이었다. 이미 수사방향이 정해져 있다는 뉘앙스였다.

나는 그때까지만 해도 "검찰이 부르면 변호사 없이 혼자 들어가서 당당히 진술하고 오겠다. 나는 이 사건과 관련하여 한 점의 부끄러움도 없다"는 입장을 견지하고 있었으니, 검찰의 조직문화를 좀 안다는 사람 입장에서 볼 때는 나의 태도가 정말 걱정스럽게 보였을 것이다.

지금 와서 돌이켜보면 16쪽에 달하는 공소장 내용과 5,400쪽이 넘는 수사서류를 토대로 해 보았을 때 당시 언론에 파다하게 보도된 것처럼 '구속수사' 의 입장을 견지하고 있었다는 특별수사팀의 일부 의견대로 구속영장이 청구되었다면 어떻게 되었을까?

오랜 시간이 소요된 재판 과정을 통해서도 억울함을 입증하기가 쉽지 않았는데, 더욱이 A라는 든든한 지원군을 가진 검찰의 구속 논리에 대해 영장전담 판사가 과연 제대로 판단할 수 있었을까? 역사에 가정은 없다 하지만 지금 생각해도 정말 아찔하다.

앞에서 이미 자세히 밝혔지만 내가 기소된 사건은 실체가 없는 것으로 이미 사법부의 판단이 내려졌다. 검찰은 나를 기소하면서 보도자료를 통해 내가 국기문란적 행위를 한 파렴치한 정치경찰이라고 매도하였다.

그러나 재판 결과 그것은 전혀 실체적 진실이 아님이 밝혀졌다. 오히려 검찰이야말로 무리한 기소로서 수없는 정쟁을 불러일으킨 국기문란적 행위를 한 것으로 드러난 셈이 되었지만, 과연 검찰은 이를 인정할까? 단지 "법원과는 보는 관점과 해석이 다를 뿐이지 잘못한 것은 없다"라는 관점을 견지할 것이란 이야기를 변호사들에게서 많이 들었다.

나는 검찰문화가 왜 이렇게 독선적으로 흐르게 되었을까 하는 의문에서 출발하여 국민의 한사람으로서 검찰의 문화와 관련하여 2가지 의견을 제시하고 싶다.

세계에서 유일하게 헌법에 규정된 검사의 독점적 영장청구권에 대해

먼저 제도적 측면에서 말하고 싶다. 삼권분립론의 근거 이유에서 보듯 모든 권력은 집중되어 견제를 받지 않으면 부패하기 쉽다.

지금 대한민국의 검찰은 세계에서 유례가 없을 정도의 권한을 가지고 있다. 지나치게 비대한 권한은 합리적으로 재조정되어야 한다.

이는 검찰의 수사권을 경찰로 넘기라는 이야기와는 다른 차원의 이야기다.

먼저 제헌헌법에는 없었지만 몇 차례의 개헌 과정을 거치면서 슬그머니 헌법에 들어가 있는 검사의 독점적 영장청구권 규정을 헌법에 그대로 두는 것은 결코 바람직하지 않다는 것이 대부분 헌법학자들의 의견이다. 세계의 모든 나라가 영장주의를 채택하고 있지만 헌법에 검사의 영장청구권을 규정한 나라는 우리나라를 제외하고는 없다.

사실 수사기관의 강제처분에 대한 법관의 통제가 헌법상 주어진 영장주의의 요체이다. 그런데 검사에 의한 영장청구권 독점은 타 수사기관의 강제처분에 대하여 통제가 된다. 검사에게 아무리 인권 옹호 권능을 부여했기 때문이라 해도 영장주의의 본래 취지에 비추어 볼 때 헌법에 검사의 영장청구권 독점을 규정한 것은 모순이 아닐 수 없다는 것이다. 검찰 역시 수사기관이기 때문이다.

헌법 개정은 중차대한 문제로 영장청구 문제만을 위해 헌법 개정을 논한다는 것은 어불성설이지만, 정치적인 환경 변화로 개헌문제가 논의된다면 헌법 제12조 제3항과 헌법 제16조에 규정된 "… 검사의 청구에 의하여 법관이 발부한 영장을 제시하여야 한다"는 규정에서 '검사의 청구에 의하여'란 규정은 삭제되어야 하는 것이 세계사적 시대 흐름에 부응하는 것이라 생각한다. 그렇게 되면 결과적으로 검찰의 독선적 조직문화도 많이 개선될 것이 틀림없다.

기관간 상호 존중하고 협력하는 문화에 대해

국가기관들은 조직간에 상호 존중하고 협력하는 자세가 중요하다. 그렇지만 소위 힘 있는 기관일수록 상대에 대한 존중의 마음이 부족하다는 지적을 받고 있음 또한 주지의 사실이다. '검찰은 의사, 경찰은 간호사'라고 표현한 김○○ 특임검사의 발언에서 타 기관에 대한 존중의식이 상대적으로 부족한 검찰 조직문화의 한 단면을 엿볼 수 있다.

내 사건 재판에 증인으로 나온 몇몇 경찰관 중에서는 법정에서 "참고인으로서 검찰조사를 받았을 때 검사가 윽박질러 너무 무서웠습니다.… (검사를 향해) 강압수사를 했지 않습니까?" 등의 말을 하기도 했다.

만약 각급 국가기관 내에 비존중문화를 혁파하겠다는 진지한 분위기가 조성되어, 비존중 사례를 광범위하게 수집할 경우 어느 기관에서 가장 많은 사례가 쏟아져 나올까 자못 궁금해진다. 검찰에 대해 사사로운 자리에서는 비판을 쏟아내는 사람들도 공개적으로 비판하려는 사람은 찾아보기 어렵다. 왜 그럴까? 수사권과 기소권을 독점하고 있는 검찰이 무섭기 때문이다. 후환을 두려워하는 것이다.

심지어 내가 책을 통해 검찰문화에 대해 비판적인 글을 쓰겠다 했더니 가까운 집안 형님이 적극 말리기도 했다. "그 무서운 검찰을 비판하려 하다니 어쩌려고 그러느냐……"는 것이 이유였다. 이것이 현실인 것이다.

2012년 11월 2일, 당시 서울중앙지검장인 최○○ 검사장 및 중앙지검 차장 3명과 서울청장인 나를 비롯한 서울청 차장 · 수사부장 · 정보부장 등 8명이 간담회 겸 저녁식사를 함께하는 자리가 있었다. 나는 그 자리에서 최○○ 지검장에게 이렇게 말했다.

"검찰은 누가 뭐래도 가장 힘이 있는 기관이라는 데 저도 동의합니다. 그런데 나는 정말로 검찰이 힘이 있는 조직이 되는 방법을 알고 있는데 한번 들어보겠습니까?"

나의 답은 간단했다.

"검찰이 진정 우리 경찰에게 존경받으면 됩니다. 그것보다 더 힘이 있다는 상징이 어디에 있겠습니까."

나는 지금도 이러한 마음에 변함이 없다. 하루빨리 검찰이 경찰로부터 진정으로 존경받는 그런 날이 오기를 진심으로 기대한다.

06

경찰은 책무를 다하고 있는가

경찰의 힘은 서민들의 삶을 지켜주는 데서 나온다

내가 서울청장으로 부임한 지 5일째 되던 2012년 5월 15일, 기관인사 방문 차원에서 대한민국 재향경우회 구재태 중앙회장에게 부임인사를 갔다. 베트남전 참전 용사이기도 한 구재태 회장은 전쟁터에서 마취도 하지 않고 대수술을 받을 정도의 전설을 지닌 선이 굵은 경찰 대선배다. 이분으로부터 이렇게 저렇게 잘하라는 이야기를 한참 듣고 나서 나는 이렇게 말했다.

"회장님! 회장님께서는 저를 아십니까? 저의 치안철학에 대해 혹 아시는 게 있습니까?"

나의 치안철학을 알 리가 없었다. 충북경찰청장으로 있을 때 〈충북경찰 25시〉라는 월간 치안신문을 보내드렸기 때문에 나의 치안철학을 알 수도 있었겠지만 바쁜 일정으로 보아 그것을 읽었을 리는 없었을 것이라 생각했고 '훈시' 내용으로 보아도 그렇게 느껴졌다.

"저는 우리 경찰 선배들이 훌륭하게 일을 잘했지만 조금 다른 관점에서 이야기하고 싶습니다. 공권력의 상징인 경찰이 가진 힘이 10개라 할 때 회장님께서는 우리 경찰이 몇 개쯤 쓰고 있다고 생각하십니까? 외람되지만 저는 선배들께서 2~3개 정도밖에 쓰지 못했다고 생각합니다. 우리 경찰이 취객에게 얻어터지고 있는 작금의 현실이 그 단적인 예라 볼 수 있습니다. 저는 최소한 5개까지는 쓸 자신이 있습니다."

그러면서 그 구체적 방법으로 제4부에 상세히 나오는 4대전략과 3대관점에 입각한 주폭척결 시책과 시위문화 개선 대책에 대해서만 간략히 언급했다. 그때 구재태 회장이 벌떡 일어나 나에게 악수를 청했다.

"이때껏 이렇게 치안철학을 말하는 청장을 본 적이 없다. 좋다! 기대된다! 지켜보겠다!"

그 자리에는 나를 수행해온 서울청 간부들뿐만 아니라 관할 경찰서장과 경우회 간부들인 경찰 대선배들이 함께 있었다. 내가 조금만 더 참고 있었더라면 분위기는 좋았겠지만 일에 대한 의욕과 열정이 너무 넘쳤기 때문에 그렇게 다소 당돌한 말도 하였던 것이다. 그러나 결과적으로는 잘된 셈이었다. 그로부터 3개월이 지났을 무렵 구재태 회장은 나를 불러 밥을 사주며 주폭척결 등 가시적 성과에 대해 많은 격려와 칭찬을 아끼지 않았다. 2년 가까이 재판을 받는 내내 나를 믿고 나에게 힘을 실어주었다. 이 자리를 빌려 깊이 감사드린다.

지금도 일선에 근무하는 경찰관 중에서는 소위 주폭에게 폭행을 당하는 일이 전혀 없지는 않을 것이다. 그러나 큰 틀에서는 주폭의 행패에서 벗어났음이 사실이고 '주폭'이란 말도 이제는 일반화되었다. 일을 그저 성실하고 열심히 한다고 해서 자신의 책무를 다했다고 말할 수는 없다. 주폭척결은 공권력의 상징인 경찰에게 도전하는 자는 용서할 수 없다는 관점에서가 아니라 경찰을 폭행할 정도면 '힘없는 서민에게는 오죽하겠느냐'는 관점에서 출발한 것이다. 즉 공권력의 관점이 아닌 서민의 관점으로 발상을 전환했기 때문에 성공한 시책이었다.

경찰의 가장 큰 힘의 원천은 서민의 보호에 있고 이는 '민중의 지팡이'라는 말에서 알 수 있다. 경찰은 우리 국민 특히 서민들이 힘들어할 때 가장 먼저 달려가서 도와주고 살펴주는 존재로서 서민들의 삶에 가장 큰 영향력을 주고 있는 조직이다. 경찰의 힘은 서민들의 삶을 지켜주는 데서 나오는 것이다.

수사권 문제는 권력과 권한이 아닌
수사책무의 관점에 섰을 때 기회가 온다

한때 '경찰은 수사, 검찰은 기소'라는 슬로건으로 소위 수사권 현실화 논쟁에 불이 붙은 적이 있다. 지금도 그 불씨가 남아 있음은 물론이다. 이 슬로건이 당시 전국 경찰관의 마음을 어느 정도 끌어 모으는 데는 성공했는지 모르지만 결과적으로는 전혀 성과를 내지 못했다. 왜 그랬을까? 나는 한마디로 인간의 본성과 심리에 대한 고찰이 반영되지 않았기 때문이라고 진단한다.

수사권이 무엇인가? 수사할 수 있는 권한이다. 사람에 대한 생사 여탈권이라 해도 과언이 아니다. 인치(人治)가 아닌 법치주의 시대에 수사권만큼 큰 권력이 어디에 있는가? 그런데 이러한 수사권은 진정 수사권력이 맞을까?

사실 우리나라 법전 어디에도 '수사할 권한이 있다', '수사권이 있다'는 규정은 없다. '수사하여야 한다'는 규정만이 있을 뿐이다. 이 점에서 보면 수사권은 '수사책무'라 부르는 것이 오히려 타당할 것이다. 그렇지만 그 수사권을 행사하는 사람의 마음에 조금이라도 사심(私心)이 개입될 경우에는 그 수사권은 바로 수사권력의 모습으로 나타나게 될 것이다.

2011년 형사소송법이 일부 개정되어 경찰에게도 독자적인 수사 개시권이 주어졌지만 여전히 검사의 수사지휘를 받도록 되어 있고, 헌법에 의해 모든 영장 청구는 검사를 거치도록 되어 있다. 어떤 검사에 대한 비리첩보를 경찰이 입수했다 해도 그에 대한 경찰 수사는 한계가 있다. 앞에 말한 김○○ 특임검사가 임명된 경위를 보아도 분명하게 알 수 있다.

경찰의 수사주체성 확립 문제는 어제 오늘의 문제가 아니다. 경찰의 수준이 낮아 수사권을 줄 수 없다는 1950년대와는 지금의 경찰 수준이 완전히 다르다는 것은 누구나 인정하고 있다. 나아가 김대중 정부와 노무현 정부 때는 대선공약으로 수사권 조정을 내걸었지만 실현되지 못했다.

왜 그랬을까? 나는 수사권을 권력으로 인식했기 때문이라 생각한다. 정치권이나 검찰, 경찰 모두 수사권을 권력의 관점에서 접근했기 때문에 국민의 외면으로 실패할 수밖에 없었다고 본다.

쉽게 말해 검찰의 권력을 일부 빼앗아 경찰에 준다는 것인데 이는 검찰 입장에서 보면 권력을 빼앗기는 것이고, 정치권 입장에서 볼 때는 경찰이 새로운 권력으로 대두되는 것이다. 일반 주민들은 또 검·경이 자기들끼리 권력이란 밥그릇을 가지고 싸움한다고 냉소하게 되는 것이다. 자연스레 이러한 사태를 보는 권력의 핵심부에서는 부담을 느낄 수 밖에 없다. 그러다보면 논쟁은 멈추게 되고 가져와야 할 입장에 있는 경찰은 매번 질 수밖에 없는 게임인 것이다.

더욱이 헌법에 의해 영장청구권이 검찰에 독점되어 있는 상황에서는 경찰이 수사를 맡고 검찰은 기소만 해야 한다는 논리는 힘을 모으기가 어려울 수밖에 없었다.

당시 나는 충북경찰청장을 거쳐 경찰청 보안국장으로 있을 때였다. 충북청장 재임 시에도 그런 흐름이 있었는데 충북청의 한 간부가 했던 말이 지금도 기억에 생생하다.

"이런 말 저런 말 하지 말고, 전국적으로 충북청처럼 주폭척결만 제대로 해도 국민들의 신뢰를 받아 수사권 논쟁에서 매우 유리한 고지에 설 수 있을 텐데 아쉽습니다."

국회의원을 비롯한 정치권에서 검찰을 불신한다 해서 검찰의 수사권이 경찰쪽으로 자연스레 넘어올 것으로 생각하는 것은 너무나 순진한 발상이다. 대선을 앞두고 있는 마당에 여당이든 야당이든 그 누가 가장 많은 표를 가지고 있는 경찰조직에 대해 원성을 살 만한 말을 할 리가 있겠는가!

내가 서울청장으로 가서 업무적으로 만난 언론사 간부들과 정치인들의 말에서 수사권을 바라보는 이들의 관점을 일부 엿볼 수 있다.

"수사권 논쟁이 벌어질 때마다 검찰쪽에서도 철저히 로비를 하고 있습니다. 그들은 한마디로 이렇게 말합니다. '경찰에게 수사권이 주어지면 당신들은 검사가 아니라 순경에게 불려가 조사를 받게 됩니다. 그래도 좋겠습니까?' 그 말을 들으면 순경에게 조사받는 것은 좀 그렇다는 생각이 들게 되더라구요."

이는 실제 사실과 전혀 다른 검찰의 로비 논리지만 심리적으로는 공감된다는 것이다. 실제 검찰의 권한이 너무 비대하다 해도 막상 경찰에 줄려고 하니 망설여지더라는 정치권의 이야기가 결코 낭설만은 아닌 것이다.

그렇다면 어떻게 하여야 할 것인가? 2012년 김○○ 특임검사가 말한 것처럼 경찰은 자신들보다 똑똑한 검찰의 지휘를 계속 받으며 살아가야 하는 것인가? 물론 그렇게 되어서는 안 된다. 경찰은 그 어떤 조직보다도 서민들과 가까이 있는 최일선 조직이다. 앞에서 말한 바와 같이 주민들의 삶의 질에 가장 큰 영향력을 끼치는 조직이 분명하다. 서민 속에 깊이 들어가 있을 때 그 진정한 가치가 나타나는 것이 경찰이며, 그것이 바로 책무의 힘이다. 따라서 모든 면에서 권한이나 권력의 관점에서 벗어나 책무 관점에서 업무를 수행해야 한다.

수사권에 대해서도 마찬가지다. 검찰의 권한과 권력이 너무 많으니 경찰에게도 그 권한이 일부 넘어와야만 견제와 균형이 이루어진다는 논리는 틀린 말은 아니지만, 요동치는 에너지가 생기기 어렵다.

중요한 것은 주민의 삶의 질을 높이기 위해 경찰이 수사책무를 이행하는 과정에서 현 수사구조 하에서는 너무나 많은 난관이 있어 이것이 주민에게 피해가 되고 부담이 된다는 논리만 개발하면 충분하다.

다만 그 논리에는 주민의 깊은 공감이 따라 주어야 한다. 한마디로 수사권 논쟁이 아니라 수사책무의 논쟁을 주민을 위해 진지하게 벌이게 될 때 비로소 경찰에게도 참다운 기회가 다가올 것이다.

실적에 매이지 말고 이슈를 선점해야 주민의 신뢰를 받는다

내가 서울청장으로 부임한 2012년 5월 10일 그 무렵에는 거의 매일이라고 해도 과언이 아닐 정도로 서울청 산하 경찰관들이 어떤 룸살롱 황제의 혀끝과 검찰에 의해 무더기로 구속되고 있었다. 청와대 차원에서 경찰비리를 차단하기 위한 논의를 활발하게 진행할 정도였으니 상황이 얼마나 심각했는지 짐작할 만하다.

그러나 나는 서울청장 부임할 때부터 경찰서 초도순시를 비롯한 주민들과의 수많은 간담회 자리에서도 비리를 저지른 직원들에 대해 일벌백계 운운하며 척결 의지를 강조한 적이 한번도 없었다.

그럼에도 불구하고 부임한 지 채 3개월이 지나지 않아 서울경찰에 대한 비난 분위기를 모두 잠재우고 오히려 서울경찰을 칭찬하고 격려하는 분위기가 조성되었다. 경찰관 비리도 현저하게 줄었음은 물론이다. 어떻게 해서 이것이 가능했을까?

앞에서 말한 대로 책무 관점에서 경찰이 주민에게 무엇을 해주어야 할 것이냐에 대해 고뇌하고 이를 강력 실행했기 때문이었다. 부임 이래 내가 줄기차게 외친 것은 아래의 단순한 논리였다.

"공권력이 무너지면 법질서가 무너지고, 법질서가 무너지면 사회적 약자순으로 피해를 보고, 나쁜자순으로 이득을 본다. 사회적 약자가 누구인가? 바로 어린이, 부녀자이며 노인이고 장애인이다. 그리고 서민으로 점차 확대된다."

아울러 "우리 경찰의 고뇌가 커질수록 주민들의 미소는 밝아진다"는 말과 함께 '한 그루의 나무로는 숲이 되지 않는다' 는 지침 정도가 변화를 이끈 전부였다.

각 구성원들이 지혜를 모으고 부서간의 지혜를 모아 함께 일을 하니 그 시너지 효과는 지대했다. 주폭척결로 인해 매맞던 경찰관에서 위엄있는 경찰관으로 탈바꿈하였고, 범죄의 온상으로 지탄받던 1,880개가 넘는 서울 시내 공원들이 완전히 정화되어 직원과 주민 모두 하나가 되는 감동을 맛보았다.

일부 노숙자와 주폭의 행패로 무법천지의 장소로 전락되어 우리나라의 국격(國格)을 떨어뜨리던 서울역이 그렇게 정화될 줄은 아무도 상상하지 못했을 것이다.

주민이 진정으로 원하는 것은 경찰이 경찰답게 당당한 모습으로 서민들의 삶을 보호해주는 것 뿐이었다. 그것이 바로 가장 중요한 이슈였던 것이다. 사기범죄척결 종합대책 등 기타 시의적절하게 진행된 많은 시책은 모두 한달 이상의 준비 기간을 거쳐 시행되었던 것으로 한마디로 이슈를 선점했던 시책들이었다.

거기에는 치안복지(治安福祉)라는 목표적 개념이 훌륭한 역할을 하였다. "제대로 된 치안활동을 통해 주민의 삶의 질을 높이는 것"으로 개념 정리된 치안복지는 내가 경찰을 떠남으로써 잊혀져가는 용어가 되고 있다. 참으로 안타깝다.

치안복지는 내가 만든 말이 아니다. 내가 충북청장으로 치안복지 시책을 적극 펼치고 있을 때 당시 경찰청에 근무하던 간부 한 명이 나에게 한말이 생각난다.

"청장님, 치안복지 개념은 정말 훌륭합니다. 그런데, 100년 정도 앞서가는 것 아닐까요. 녹두장군 전봉준이 처벌받은 것도 너무 앞서간 것 때문 아닙니까. 저는 조금 걱정됩니다."

내 대답은 이랬다. "100년은 너무 심하다. 한 10년 정도는 앞서간 것인지 모르겠다. 그렇지만 시대가 시대인 만큼 10년이 아니라 순식간에 좁혀질 것이다."

이 말이 지금도 귀에 생생하다. 치안복지를 자신있게 쓸 수 있는 경찰관들이 많아질 때 주민들의 미소는 밝아질 것이라 확신한다.

07

국회는 과연 국민의 성스러운 대변자인가

정치는 지금 몇 류일까?

전 세계에 회자되는 수많은 격언과 속담들 중에는 정치에 관한 것도 매우 많다. 그런데 그 많은 격언과 속담 중에서 정치와 정치인을 긍정적으로 묘사한 것이 있을까?

"정직한 정치가라는 것이 일찍이 이 세상에서 존재해 본 일이 있었던가?"

– 빅토르 위고

심지어 구소련의 공산당 서기장을 지낸 후르시초프 역시 자신이 정치인이었음에도 정치인들을 비난했다.

"정치인은 어디를 가나 똑같다. 그들은 강이 없음에도 불구하고 다리를 놓겠다고 약속을 한다."

이처럼 동서고금의 많은 사람들이 정치와 정치인들을 비난한 것을 보면 역사 이래 정치가 제 역할을 제대로 하지 못했기 때문이리라. 그 이유는 무엇일까? 정치인은 입으로는 정의, 봉사, 국민, 도덕을 부르짖지만 실제로는 권력, 자신의 이익, 정당의 이익, 지역의 이익에 사로잡혀 있기 때문이다.

2013년 발표된 우리나라 국민의 〈부패 인식도 조사결과〉(국민권익위원회)를 보면 일반국민의 절반 이상이 우리나라 공직사회가 부패하다고 보고 있고 모든 조사대상이 정당·입법분야를 가장 부패한 분야로 지목하고 있다. 참으로 안타까운 결과이다.

1995년 4월, 중국을 방문 중이던 한 기업의 총수가 "대한민국의 경제는 2류, 행정은 3류, 정치는 4류"라고 말해서 파문을 일으켰다. 당시 대통령이 매우 화가 나서 그 기업이 잠시 어려움을 겪었다는 후문도 돌았다. 그러나 대다수 국민들은 그 말이 전적으로 옳다고 여겼다. 그로부터 20년이 지난 2015년에 대한민국의 정치는 몇 류일까? 여전히 4류라고 대답하는 사람이 적지 않다.

그렇다면 어떻게 해야 2류를 넘어서는 정치가 될 수 있을까? 수많은 해답이 있겠으나 공자의 말에서 그 일단을 깨달을 수 있다.

"정사란 바른 것이다. 그대가 통솔하기를 바른 것으로 하면 누가 감히 바르지 않겠는가?"(政者, 正也 子帥以正, 孰敢不正 정자 정야, 자솔이정 숙감부정)

여기서 통솔하기를 바르게 한다는 말은 스스로 솔선수범하며 품행을 단정히 한다는 의미라 생각된다. 품행을 단정하게 한다는 말에는 여러 가지 의미가 담겨 있다. 정직해야 하며, 부정부패를 저지르지 말아야 하며, 나의 이익이나 소속 정당의 이익, 지역의 이익을 떠나 국가 전체를 먼저 생각해야 하며, 독선을 부리지 않아야 한다.

이는 매우 어려운 일 같지만 사실은 그렇지 않다. 초등학교 시절에 배운 도덕을 그대로 실천하면 된다. 그럼에도 정치인들이 국민의 비난을 받고 정치라는 단어에 대부분의 사람들이 혐오감을 느끼는 이유는 가장 기본적인 도덕을 실천하지 못하기 때문 아닐까.

'정치(政治)'가 아닌 '정우(政祐)'의 개념이 필요한 시기

정치(政治)라는 단어가 언제 만들어졌는지는 정확히 알 수 없다. 영어의 politics는 아리스토텔레스가 활동하던 고대 그리스 시대에 만들어졌다는 것이 정설이다. politics에서 pol은 많다는 뜻인데 고대의 도시국가 폴리스(polis)에서 파생되었다는 설도 있고, 아리스토텔레스의 저서 〈Politika〉에서 나왔다는 설도 있다.

우리나라 국회는 60년이 넘는 역사를 통해 국가를 발전시키고 국민의 행복 증진에 기여한 바도 많지만 그에 못지않게 부정부패와 권력의 횡포도 끊이지 않았다. 특히 행정부의 권한이 축소되고 3권 분립이 제자리를 찾으면서 국회는 그 위상이 한층 높아졌으나 그에 따른 부작용도 많았다.

몇 달 간격으로 터지는 국회의원 비리를 비판하면서 한 언론인은 '여의도 마피아'라는 신조어를 만들었다. 이른바 '모피아, 법피아' 등의 단어는 우리 사회에서 하루빨리 추방해야 할 단어다. 이러한 단어가 활개를 치는 이상 국민이 진정으로 주인인 나라를 만들기는 어렵다.

'여의도 마피아' 전성시대

다수결 제도를 무력화한 국회선진화법이란 이름의 악법으로 국회로의 힘 쏠림이 두드러졌다. 경제인들은 "재계가 무서워하는 최고의 상전은 '여의도 권력'인 국회"라고 말한다. 의원이나 보좌관들이 기업에 굵직한 청탁을 하는 일이 급증했고 보좌관 출신의 몸값이 치솟았다.

국회가 무소불위의 권력으로 떠오르면서 염불보다 잿밥에 열을 올리는 정치인들이 속출했다. …… 속속 드러나는 비리 혐의 정치인들의 행각을 접하면서 그들의 속 보이는 변명에 공감할 국민은 드물다. …… '권력은 부패한다. 절대 권력은 절대 부패한다'는 영국 역사학자 존 액턴의 말은 진부한 감도 있지만 통찰력 있는 경구(警句)다. 전성시대를 맞은 여의도 권력의 빗나간 폭주를 견제할 곳은 반드시 있어야 한다.

− 〈동아일보〉, 오늘과 내일/권순활, 2014년 8월 14일

우리는 언제까지 국회의원의 비리를 접해야 하고, 정치인의 권력에 고개를 숙여야 하고, 그들의 잘못을 비난하는 신문기사를 읽

어야 할까? 정치인이 살신성인의 자세로 국민을 위해 훌륭한 일을 했다는 칭찬의 기사는 언제쯤 읽게 될까?

정치라는 단어에 대부분의 사람들이 거부감을 갖는 이유는 정치인의 잘못된 행태가 오래 누적되어 온 탓도 있지만 나는 단어 자체에도 문제가 있다고 생각한다. 근대 이전의 시기에는 국민들의 의식과 교육, 생활수준이 높지 않아 정치라는 단어가 적합했을지 몰라도 이제 변화의 시대를 맞아 정치라는 단어를 새롭게 바꾸어야 한다.

정치(政治)는 글자 그대로 풀이하면 "바르게 다스린다"는 뜻이다. 누가 누구를 다스리는가? 정치인이 국민을 다스린다? 정치인보다 의식수준이 더 높고 교육수준에서 결코 뒤지지 않는 국민을 소수의 정치인이 다스릴 수 있을까? '다스리다'는 "국가나 사회, 단체, 집안의 일을 보살펴 관리하고 통제하다"는 뜻을 지니고 있다. 무엇을 관리하고 무엇을 통제한단 말인가?

그래서 나는 정치라는 단어를 버리고 '정우(政祐)'라는 단어를 사용할 것을 주장하고 싶다.

정(政)은 '바르게'라는 뜻이고 우(祐)는 '돕다, 복, 행복'의 뜻을 지니고 있다. 즉 정우는 "국민들이 행복하게 살 수 있도록 바르게 돕는다"는 말이 된다. 이것이 바로 우리가 지향해야 할 정치의 궁극적 목적이다. 그러므로 다스림을 버리고 도움을 택해야 한다.

정우는 국민을 다스림의 대상으로 여기는 것이 아니라 도움을 주는 대상으로 여기는 개념이다. 자신의 꿈을 펼칠 수 있고, 행복한 삶을 이룰 수 있고, 더불어 살 수 있는 사회로 갈 수 있도록 도와주어야 한다. 그것이 정치의 올바른 목적이다. 정치인이라는 권위주의적이고 부정적인 단어보다는 정우인이라는 따뜻하고 부드러운 단어로 바꾸어야 한다.

단어가 바뀐다 하여 하루아침에 정치의 근본이 달라지고, 정치인의 의식이 변하지는 않겠지만 그 단어에 맞게 행동하려는 심리는 분명 작동될 것이다. 일부 정치인에게 나타나는 군림하는 자세를 고칠 수 있는 가장 좋은 처방이 바로 '다스리는 사람'이 아니라 '도움을 주는 사람'이라는 정우인 개념이 아닐까 싶다.

나의 이 주장이 단지 변방에서 울리는 외로운 북소리가 되지 않기를 간절히 바란다. 수많은 사람들이 나의 이 주장에 공감할 것이다. 왜 공감하는지를 정치인들이 깨닫는다면 그에 맞게 행동할 것이라 믿는다.

08

시민단체의 역할과 책무에 대해

시민단체는 어떻게 해서 생겨났는가

나는 이른바 '국정원 여직원 댓글사건'으로 여러 시민단체와 보이지 않는 연을 맺었다. 내 재판 결과를 성토하는 시민단체도 있었으며 응원하는 시민단체도 있었다. 그들은 각자의 입장에서 성명을 발표했는데 한 가지 의문은 그 많은 시민단체들이 과연 재판에 한번이라도 제대로 참여했는지, 사건 관계자들과 한번이라도 인터뷰를 해 보았는지 하는 점이다.

그들 중 누구라도 재판을 심도있게 지켜보고, 관련된 경찰들을 만나 이야기를 나누었다면 누가 위증을 했고, 누가 공정하게 일을 처리했는지 알게 되었을 것이다. 무척 아쉬운 점이라 할 수 있다.

우리나라에서 시민단체가 본격적으로 활동을 시작한 것은 1980년대 초반 이후 민주화 운동 시기였다. 정치, 경제, 사회, 문화 등 여러 분야에서 활동한 시민단체는 그 구성원들의 사심없는 헌신 덕분에 우리 사회가 선진화되는 데 큰 역할을 담당했다.

우리 국민에게 가장 깊이 각인된 단체는 경제정의실천시민연합(경실련)이 아닐까 한다. 경실련은 정치 및 경제민주화에 적지 않은 역할을 했으며 시민단체가 나아가야 할 방향을 제시해 주기도 했다. 이후 다양한 분야에 걸쳐 무수히 많은 시민단체가 생겼는데 보수, 우익, 중도, 진보, 좌익을 가리지 않고 결성된 시민단체는 그 수가 부지기수로 늘어나 평범한 사람들이 그 이름을 알기도 힘들 정도가 되었다.

인터넷에서는 2014년 현재 시민단체가 1,800개가 넘는다는 주장도 있다. 그 많은 시민단체들이 도대체 왜 만들어졌으며, 어떤 일을 하는지, 그 단체가 보수인지 진보인지 구분하기도 어렵고 목적이 무엇인지 알기도 어렵다. 일부 시민단체의 무분별한 비판과 정치화는 사건을 호도할 뿐만 아니라 정작 문제를 해결하는 데도 도움이 되지 않는다.

세월호 사건과 관련한 2014. 8. 29일자 동아일보의 머리기사가 이를 잘 보여준다.

'피해자 상처를 정치투쟁에 이용… 시민단체에 밀려 야당 역할 실종'

제목만 읽어도 시민단체가 세월호 사건을 정치적 목적으로 악용하고 있으며 심지어 야당조차 올바른 대응을 하지 못하게 만들고 있다는 것을 알 수 있다. 그 점에서 나는 우리나라 발전에 일정 부분 큰 역할을 한 시민단체가 본래의 목적으로 돌아가 공동선의 추구와 사회를 더 밝게 만드는 일에 매진해주기를 기대한다.

사전에서는 "시민단체(市民團體)는 공동선과 공공의 이익을 위해 봉사나 구호활동을 펼치고, 기본적으로 국가나 자본으로부터 독립해서 활동하는 비정부기구(Non-Government Organization: NGO)를 뜻한다"라고 규정하고 있다. 이 규정에 의하면 시민단체는 '공동선과 공공의 이익을 위해 봉사나 구호활동을' 펼쳐야 한다. 개인적 이익이나 정치적 투쟁과는 거리가 멀다.

그런데 가끔씩 편향된 시각을 가진 시민단체의 개입은 정부의 문제 해결을 어렵게 하거나 지연시키기도 한다. 시민단체의 부정적 행동 중 지금까지 우리 뇌리에 강하게 남아 있는 것은 노무현정부 때인 2003년 발생한 '천성산 터널 도롱뇽 사건'과 이명박정부 때인 2008년 발생한 소위 '광우병 파동 사건'이다.

천성산 사건에서는 자연보호 명목으로 몇몇 사람들과 시민단체가 '천성산 도롱뇽'을 원고로 소송을 제기하는 전대미문의 사태가 벌어졌으나, 오랜 시간과 돈만 낭비한 끝에 터널은 결국 완공되었다. 그렇다면 터널이 생긴 이후 천성산 도롱뇽이 멸종되었는가? 전혀 그렇지 않다. 국민의 소중한 세금만 허공으로 사라졌을 뿐이다.

광우병 사건에서는 진실과 실체가 밝혀지지 않은 소문이 일부 언론에 의해 전국적으로 파급되었는데 삽시간에 공포심을 불러일으켜 대한민국 전체를 혼란 속으로 몰아넣었다. 서울을 비롯한 전국 각지에서 촛불시위가 줄을 이었다. 1년 가까이 전국을 혼란과 분열의 소용돌이에 몰아넣은 광우병 사태는 다행히 차츰 진실이 밝혀지면서 사그라들었다.

그로부터 5년이 흐른 지금, 우리나라에서 광우병 환자가 단 1명이라도 발생하였는가? 일부 언론과 야권, 시민단체의 무책임한 선동으로 수많은 중소상인들이 피해를 입고, 국민들에게 혼란만 안겨주었을 뿐이다.

시민단체의 진정한 책무는 무엇인가?

갈수록 시민단체의 힘이 강해진 것은 그 주장에 동조하는 사람들이 늘어나고, 보수와 진보를 떠나 언론이 뒷받침한 결과라 생각한다. 그리하여 시민단체는 우리나라의 어떤 기관보다 힘이 센 소위 권력기관으로 변질되었다는 평가를 받게 되었다. 여기에는 정치권도 한몫을 했다. 시민단체의 힘이 서서히 강화되면서 그들에게 밉보이면 행여 표를 빼앗길까봐 전전긍긍하는 정치인들이 시민단체의 눈치를 보는 정도에 비례하여 시민단체의 힘은 더욱 커진 것이다.

물론 모든 시민단체가 정치성을 띠고 있지는 않다. 공동선을 추구하는 순수한 시민단체도 많다. 십시일반으로 성금을 모아 소외된 사람들을 돕거나 국가적 행사를 보이지 않는 곳에서 지원하는 단체도 많다. 그러나 그러한 순수한 시민단체는 사람들의 주목을 받지 못하며 언론에서 크게 다루지도 않는다.

일부 시민단체의 문제점은, 자신이 권력을 가지고 있다고 생각하는 것이다. 또 자신만의 주장이 옳다고 생각해 다른 단체의 주장에는 귀를 기울이지 않는 점이다. 나아가 본래의 목적은 상실하고 정치화되어 혼란을 부추긴다는 점이다. 즉 '권력, 독선, 정치화'가 일부 시민단체에 팽배해 있다. 사회적으로 파장이 큰 사건이 발생했을 때 그 문제의 해결을 위한 대안을 제시하는 것은 시민단체의 책무이기도 하다. 그러나 사건의 내막을 깊이 분석, 파악하지도 않고 자신과 노선이 다르다는 이유로 맹목적으로 비난하는 행태는 사라져야 한다.

이제 우리 시민단체는 본래의 목적과 취지를 다시 한번 되새겨 보아야 한다. 공동선을 추구해야 하며 공공의 봉사단체로 거듭나야 한다. 정치적 투쟁을 버리고, 독선에서 벗어나야 하며, 자신이 권력을 가지고 있다는 생각을 깨뜨려야 한다. 권력이 싫어서 정부로부터 독립한 시민단체가 권력을 추구하는 것은 철저한 모순이다.

우리 사회에는 여전히 소외되고 법의 보호를 받지 못하는 사람들이 많이 있다. 정부의 손길이 미처 미치지 못한 곳을 찾아 그들을 따뜻하게 품어주는 것이 시민단체가 할 일이다. 시민단체가 공동선 추구라는 설립 취지에 맞게 초심을 유지한다면 전 국민의 사랑과 응원은 깊어질 것이 분명하다.

09

우리 사회는
어떤 도덕관을 가져야 하는가

법은 왜 지켜야 할까

1986년 1월 28일, 미국 케네디우주센터에서 우주왕복선 챌린저호가 발사되었다. 그러나 발사 73초 만에 공중에서 폭발해 전 세계를 충격으로 몰아넣었다. 탑승한 우주인 7명은 모두 사망했다. 1년 후 발표된 보고서에는 몇 가지 폭발 원인이 나열되었는데 가장 중요한 원인은 오른쪽 로켓 부스터에 장착된 'O링'이라는 부품의 결함이었다. 아주 작은 O링 하나가 부식되어 거대한 챌린저호를 폭발시킨 것이다. 사소한 것을 무시한 결과가 불러온 비극이었다.

우리가 법을 제정하고 규정과 규칙을 만드는 이유는 인간의 행동을 억압하고 자유롭고 창의적인 사고를 막기 위해서가 아니다. 우리 스스로를 보호하고 삶을 더 행복하게 하고 더불어 살아가기 위해서다. 이를 잘 알면서도 우리는 우리가 만든 법과 규정을 무시하고 지키지 않는 경우가 많다. 그 순간에는 편할지 모르지만 결과적으로는 나 자신을 불편하게 하며 삶의 질을 떨어뜨린다. 법을 지키는 것은 인간으로서 당연한 책무이며, 그 책무를 성실히 수행할 때 우리 사회는 더 밝고 아름다워진다.

하지만 현실은 어떠한가?

2014년에 일어난 세월호 사건을 예로 들어보자. 세월호 참사가 일어난 후 모든 언론은 이 사건을 오래도록 다루었으며 그 원인과 결과, 앞으로 우리가 가져야 할 마음가짐과 태도에 대해서도 진지하게 성찰했다. 많은 사람의 가슴에 상처를 안겨준 이 사건은 우리에게 시사하는 바가 매우 크다.

이 사건과 관련하여 김철수 명지대 석좌교수는 〈조선일보〉 인터뷰를 통해 "법을 어기면 잃는 게 더 많다는 것을 이번엔 확실히 보여주어야 한다"고 강조했다. 김철수 교수는 우리나라 법학계의 원로다. 정년으로 서울대를 떠난 뒤 학술원 회원, 서울대 명예교수 등으로 연구와 강의를 계속하고 있다. 다음은 인터뷰 내용의 일부이다.

● 참사로 인한 악영향이 있다면.

"명령 잘 따르고, 좋은 사람들, 소위 말하는 '모범생'들은 많이 죽었지만 법을 안 지킨 선원들은 많이 살았다. 명령과 법을 지킨 사람들이 손해를 봤다고 (생각)하면 국민은 앞으로 명령·원칙을 잘 지키려 하지 않을 것이다. 이게 아주 나쁜 효과를 줄 것 아닌가 한다."

● 정부가 뭘 잘못한 건가.

"우선 초동 구조를 잘못했다. 또 안전 부처가 있는데 그동안 미리 예방조치를 못하지 않았나. 제일 문제가 되는 게, 공무원들이 자기 직분을 충실히 해야 하는데 요즘에 그런 사명감들이 없다. 안주하고, 가능하면 빨리 출세나 해서 돈이나 벌어야겠다는 생각인 것 같다."

● 국회의원들이 정부의 책임을 질타하고 있다.

"누가 누굴 탓하나. 국회의원도 세월호 사태에 책임을 져야 한다. 상세한 안전 관련 규정이 있는 안전 관련 법안을 국회가 2~3년간 통과시키지 않았다. 관피아도 그렇다. 정부에서 낙하산 인사를 했다고 하면 국회의원들이 이들을 불러서 책임을 물었어야 하지 않나. 그런 일은 하나도 안 하고 자기들 아는 사람 집어 넣어달라고만 했던 거 아니냐. 자기들이 수수방관했던 것부터 반성해야 한다."

– 〈조선일보〉, 2014년 5월 17일

등산에서 가장 큰 걸림돌은 무엇일까

산을 오르다보면 여러 장애요소가 나타난다. 커다란 바위가 앞을 가로막을 수도 있다. 또 엄청나게 매서운 바람이 불어닥쳐 전진을 힘들게 만들 수도 있다. 그러나 이러한 장애물은 인간의 의지로 얼마든지 헤쳐나갈 수 있다. 등산에서 정작 어려운 상황은 다른 곳에 있다. 눈앞의 거대한 바위가 아니라 등산화 속에 들어 있는 작은 모래알 하나이다. 한번이라도 이러한 상황을 겪어본 사람은 내 말에 깊이 공감할 것이다.

우리 삶의 모든 과정과 업무, 목표도 이와 마찬가지다. 챌린저호 폭발처럼 작은 O링 하나가 엄청난 재앙을 불러오는 것이다. 그러므로 우리는 앞길을 가로막는 진정한 걸림돌이 무엇인지 철저히 살피고 그에 대한 대책을 세워야 한다.

나아가 어떠한 일이 닥쳤을 때 우리는 어떤 시각과 자세를 가져야 하는지 되돌아보아야 한다. 사회적·국가적으로 커다란 사건, 비극적인 사건이 생기면 우리는 먼저 호들갑부터 떤다. 그리고 책임자를 문책하라고 아우성을 친다. 물론 책임자를 문책하는 것은 어느 정도는 필요하다. 그러나 정작 중요한 사안은 소홀하게 다루는 면이 있다. 바로 재발 방지대책이다.

나는 공직자들에게 익숙한 '무사안일 복지부동'의 행태에 대한 해결대안으로 앞서 소개한 '자기주도형 근무 정착'을 주장하고 싶다. 어떤 일이든 벼슬이 높다고 잘하는 것은 아니다. 일의 성격에 따라 다른 것이다. 지휘관의 주요 책무는 구성원들이 자기 책무에 대해 자긍심을 가지고 잘 이행할 수 있도록 신명나는 조직문화를 만들어가는 것이지 세세한 사건까지 직접 처리하라는 것은 아니다.

다시 말해 평소 대민 접점의 추진체를 잘 정비하고 관리하여 그들이 자긍심을 느끼고 일할 수 있도록 '판'을 깔아주는 것이 진정한 리더의 역할이지 말로서만 잘하라고 다그치는 것은 공염불에 불과하다.

자신에게 주어진 책무를 다했음에도 사고가 일어난 지휘관과,

제대로 책무를 다하지 않았음에도 사고를 일으키지 않은 지휘관 중 누가 더 진정한 지휘관인가?

당연히 자신의 책무를 다한 사람이다. 그럼에도 우리나라는 사고가 일어나면 무조건 지휘관을 문책, 해임하는 잘못된 관행을 저질러왔다. 이제는 그러한 바람직하지 못한 문화는 없어져야 한다.

호랑이를 만드는 것은 3명이면 충분하다

어떤 사람이 그대에게 다가와 "종로에 호랑이가 나타났다"고 말하면 피식 웃을 것이다. 그러나 1분 후에 또 한 사람이 "종로에 호랑이가 나타났다"고 말하면 긴가민가하면서 그 말을 30% 정도는 믿게 된다. 잠시 후 세 번째 사람이 다가와 "종로에 호랑이가 나타났다"고 말하면 그 말을 100% 믿게 된다. 아무리 허황된 상황이라 해도 3명이 말하면 결국 그 말을 믿게 된다는 것이 '3의 법칙'이다.

인간 믿음의 나약함을 말해주는 것으로 동서고금의 역사에서 빠짐없이 등장하는 이야기다. 흔히 '삼인성호(三人成虎)'로 표현되기도 한다.

이러한 무서운 3의 법칙에서 벗어나기 위해서는 무엇보다도 부화뇌동하지 말고 선입견과 편견을 버려야 한다.

나는 내 행동과 무관하게 3의 법칙에 의해 피고인으로 법정에 서는 억울함을 겪었다. 일부 언론과 단체, 야권으로부터 아무런 근거도 없이 줄기차게 비난을 받았다. 야당의 고발에서 대법원 최종심에 이르기까지 길고 긴 과정에서 나는 3의 법칙이 부정적으로 적용되고 있다는 것을 뼈저리게 체험했다. '김용판 전 서울경찰청장이 선거에 부당 개입했다'는 소문이 삽시간에 퍼졌으며, 그것을 기정 사실로 믿는 사람이 적지 않았다.

일부 언론과 야당은 재판이 시작되기도 전에 내가 죄인이라 단정 지었다. 구체적인 사실은 하나도 제시하지 못하면서 심증만으로 마 녀사냥식으로 몰고 간 것이다. 여기에 A의 얼토당토않은 폭로가 힘 을 받으면서 그 심증은 무턱대고 진실로 둔갑했다. 일개 자연인으로 돌아간 내가 그 무지막지한 소문에 대응하기란 참으로 어려웠다.

국정원 여직원 댓글사건은 3의 법칙의 전형이라 할 수 있다. 일 부 언론과 야당, 검찰, 수서서 A 수사과장 등이 자연스럽게 하나가 되어 부정적 파괴를 시작하고, 이후 평범한 사람들까지 가세하여 진실은 사라지고 선입견에 사로잡힌 거짓만 난무해진 것이다.

사람은 누구든지 자신이 아는 만큼 믿으며, 또 믿고 싶은 만큼만 믿으려 한다. 그 본능의 밑바닥에 선입견과 편견이 도사리고 있다. 그 올가미에 붙잡혀 진실을 외면하지 말고 진실을 찾아가는 것이 삶의 참된 길이 아니겠는가?

책무와 존중은 독선과 편견을 무너뜨린다

대략 2천만 명이 넘게 희생된 2차대전을 일으킨 히틀러는 여러 가지 이유로 전쟁을 시작했다. 그중 하나가 독일민족(게르만족)은 우 수 민족이며 유대민족은 열등 민족인데 유대인들이 경제권을 암암리에 장악하자 그들을 추방하고, 멸족시키기 위한 계획이었다. 게르만족이 우수하다고 생각하는 것은 히틀러의 일방적인 생각이었다. 그 생각 때문에 600만 명이 넘는 유대인이 목숨을 잃었고, 전 세계는 죽고 죽이는 전쟁터로 변했다.

자신만이 옳다고 생각하여 행동하는 것이 독선이다. 자신만이 옳다고 생각하여 행동하는 것은 그 자신뿐만이 아니라 주위 사람들, 나아가 사회 전체에 부정적 영향을 끼친다. 이를 모르는 사람이 없음에도 독선이 횡행하는 이유는 독선을 부리는 사람이 '자신이 지금 독선을 부리고 있다는 사실'을 전혀 모르기 때문이다. 자신은 옳음을 추구하는데 주위 사람들이 그 진정성을 몰라준다고 아전인수 격으로 해석한다.

독선의 또다른 표현은 '편견'이다. 편견은 자기만의 시각으로 사물과 사람을 보는 것이다. 검은색 선글라스를 끼고 세상을 바라보면 검게 보이고, 빨간색 선글라스를 끼고 세상을 바라보면 당연히 빨갛게 보인다.

이 책 첫 페이지에서 말했듯 편견을 깨는 것이 얼마나 어려우면 아인슈타인은 원자핵 하나를 쪼개는 것보다 더 어렵다고 했을까. 그만큼 편견과 독선, 선입견은 그 사람을 불행에 빠뜨리고 가족과 사회 역시 불행하게 만든다. 이제 우리는 이러한 독선에서 벗어나야 한다. 역지사지의 관점에서 상대를 존중하려는 자세야말로 독선에서 벗어나는 지름길이라고 생각한다. 그것은 바로 자신의 책무를 성실히 수행하는 것과 다름 아닐 것이다.

제4부

책무의 관점에서 노력한
23년의 경찰생활
그리고 보람

01

평생 소명감을 잊지 않은
경찰생활

나는 1986년, 당시로서는 늦은 나이인 30살에 행정고시에 합격해 1987년부터 공직생활을 시작했다. 처음으로 배치 받은 부처는 환경청이었고 안기부(지금의 국정원)에서 잠깐 근무한 뒤 1990년 경정특채로 경찰이 되었다. 내가 안기부에서 근무한 것은 1년 7개월이 채 못된 짧은 기간이었다.

안기부에서의 근무는 보람은 있었으나 내 적성과 그다지 맞지는 않았다. 비교적 외향적이고 활달한 내 성품에는 보이지 않는 곳에서 묵묵히 일하는 것보다는 열려진 공간에서 사람들과 직접 부딪히며 일하는 게 더 적성에 맞을 것 같았다. 그리하여 경찰특채시험에 지원하여 합격했고 안양경찰서 대공과장으로 경찰생활을 시작했다.

이후 경북 성주와 대구 달서 및 서울 성동경찰서 서장을 거쳐 2006년 경무관으로 승진, 주중 한국대사관에 파견되어 3년여 동안 일했다. 귀국 후 본청 보안국장을 잠시하다 치안감으로 승진, 서울청 차장을 거쳐 2010년 9월 충북경찰청장에 임명되었다. 다시 서울로 올라와 본청 보안국장을 지내다가 2012년 5월 서울청장으로 부임했다. 경찰에 입문한 지 22년 만에 수도 치안의 총책임자가 된 것이다. 1년 후인 2013년 4월 2일 서울청장 직을 떠나면서 23년에 걸친 보람 있는 경찰생활을 마무리 지었다.

23년 동안 숱하게 많은 사건과 사고를 해결하면서 배운 교훈은 참으로 많다. 또 그동안 만난 많은 사람들을 통해서도 적지 않은 인생의 교훈을 배웠다. 이러한 과정을 거치면서 나의 치안철학은 차츰 구체화 되어갔다.

불타버린 목화는 누구의 책임인가?

나의 치안철학을 요약하면 '4대 전략' 과 '3대 관점' 으로 압축된다. 이 4대 전략과 3대 관점을 이야기하기 전에 널리 알려진 인도 설화 한 토막을 되돌아보자.

"옛날 인도의 어느 지역에 목화상인 4명이 동업을 하면서 창고에 목화를 가득 넣어 두었다. 그런데 쥐들이 들끓어 고양이 한 마리를 구입했는데, 사람은 4명이고 고양이는 한 마리라 누가 주인이냐는 문제가 발생했다. 논란 끝에 고양이 발이 4개인 것에 착안해 고양이 우측 앞 다리는 갑의 소유로 하는 등 각 다리의 주인을 정하기로 하였다. 어느 날 이 고양이가 우측 앞 다리를 많이 다쳐 그 주인인 갑이 정성을 다해 치료하고 붕대를 감아주었다. 그런데 고양이 녀석이 난로가에서 까불며 놀다가 그만 붕대에 불이 붙었다. 고양이는 창고에 뛰어 들었고, 목화는 모두 타버렸다. 동업한 상인 중 갑을 제외한 3명이 갑을 상대로 손해배상을 청구하는 소송을 제기했다. 갑의 소유인 고양이 우측 다리 때문에 불이 나고, 목화가 다 타버렸다는 이유에서였다."

재판관은 어떻게 판결하였을까?

재판관은 갑을 제외한 3명의 상인이 오히려 갑에게 손해배상을 해야 한다고 판결했다. 갑의 소유인 우측 앞발은 많이 다쳤기 때문에 혼자 힘으로는 결코 움직일 수 없는 상태인데, 멀쩡한 세 다리가 억지로 창고에 끌고 갔기 때문에 화재가 발생된 것이므로 세 다리의 주인들에게 도리어 책임이 있다는 것이었다.

재판관은 대부분의 사람들이 생각하는 것과 정반대의 판결을 내렸다. 그는 일반적인 관점에서 벗어나 새로운 시각으로 사건을 보았다. 만약, 갑이 판결 이유와 똑같은 논리로 다른 3명을 상대로 소송을 제기했다면 그때도 재판관은 갑의 손을 들어 주었을까?

대답은 각자의 인식에 따라 다르다. 중요한 것은 생각, 즉 발상의 전환에 따라 결과가 달라진다는 것이다. 우리 삶의 모든 부분에서 올바르고 현명한 판단은 입체적·종합적 시각에서 나온다. 세상은 보는 각도에 따라 얼마든지 달리 보이고 해석이 다를 수밖에 없다. 해석이 다르면 처방 또한 다를 수밖에 없는 것이다. 그러므로 단면적이고 부분적인 시각에서 벗어나 입체적·종합적 관점으로 세상을 바라보아야 한다. 선입견, 편견, 고정관념으로는 전체의 맥을 제대로 찾기 어렵다.

나의 치안철학

나는 "치안복지는 모든 복지의 바탕"임을 늘 강조해왔다. 나는 치안복지가 이 시대를 관통하는 치안의 맥이며 핵심 가치라 믿는다. 이를 충북경찰청장 재직 시에 목표로 제시했으며 서울경찰청장으로 부임한 후에도 변함없이 목표로 삼았다. '제대로 된 치안활동을 통해 주민의 삶의 질과 행복감을 증진시키는 것'으로 치안복지의 개념을 정리한 것이다.

내가 치안복지를 처음 알게 된 것은 1997년 어느 날, 한양대 차용석 교수의 논문에서였다. "경찰도 주민의 입장에서 일을 하여 치안복지를 구현해야 한다"는 딱 한 줄에서 치안복지라는 말을 처음으로 접했다. 그때 강렬한 인상을 받은 이후 경찰서장을 거치면서 이론과 실제의 의미를 부여했고 차츰 구체화되어 나의 경찰생활의 가치관이 되었다.

치안서비스는 더 이상 국가가 베푸는 시혜가 아닌 국가의 책무다. 소비자가 시장에서 가치 있는 구매력을 원하는 것처럼 납세자인 주민도 국가의 고품격 서비스를 원한다. 치안서비스도 공급자인 경찰 위주의 사고에서 벗어나 주민의 입장에서 행복한 삶을 꾸려나

갈 수 있는 판을 깔아주어야 한다.

치안복지와 관련해 처음에는 다소 우여곡절이 있었으나 결과적으로 큰 성공을 이루었다. 나는 충북을 떠날 때 전 직원들에게서 무기명으로 설문지를 받았다. 평소 간담회를 자주 열어 일선 직원들의 이야기를 귀담아 듣지만 대면(對面) 간담회는 아무래도 심중을 털어놓기 어렵다는 점을 감안해 무기명 설문지도 많이 활용했다. 직원들은 자필로 쓰지 않고 프린터로 출력해 제출하기 때문에 그 어떤 이야기라도 할 수 있다. 비난과 비판도 쏟아지며 업무부조리와 건의 사항도 많다. 나는 그 설문지를 바탕으로 직원들의 근무여건을 개선하고 제도를 개선하고 전략도 바꾸어 나갔다. 내가 충북청을 떠날 때 받은 설문지는 솔직히 말해 비난보다는 '자긍심을 가지고 일할 수 있어서 무척 기뻤다' 는 내용이 주를 이루었다.

- 경찰관으로서의 자세가 변하니 주민들의 인정과 칭찬이 이어져 매우 기쁩니다.
- 경찰관으로서의 자긍심을 느끼면서 가슴이 뜨거워지는 경험을 자주 했습니다.
- 과연 내가 무엇을 해야 하는지 알게 되어 새로운 목표를 갖게 되었습니다.
- 지난 1년 동안 신명 나는 판을 깔아주어 무엇보다 즐겁게 열심히 일했습니다.

나는 그 많은 말들 중에서 '신명 나는 판을 깔아주었다' 는 칭찬이 가장 기뻤다. 서울경찰청을 떠날 때에도 직원들의 반응은 대동소이했다. 사실 서울청장 때는 충북청장과 달리 문화 예술적인 접근을 많이 강조하였기 때문에 좀 더 신바람 나는 판이 깔렸을 것이라 생각한다. 중요한 것은 신명나는 판이 깔려야 각자가 주인공이 되어 최고의 능력을 스스로 발휘한다는 사실이다.

존중·엄정·협력·공감의 4대전략

치안복지라는 목표를 달성하기 위해 어떠한 전략으로 접근해야 할지 평소 많은 고심을 거듭해왔다. 그동안 세 곳의 경찰서장을 거치면서 체득한 경험과 훌륭한 성과를 창출하는 기업의 선진 경영철학을 접목하면서 어느 정도 윤곽을 잡아갈 수 있었다. 그렇게 해서 탄생된 것이 존중·엄정·협력·공감의 틀이다. 여기에 덧붙여 '신뢰'가 있다. 신뢰는 최선을 다해 치안복지를 창조해 간다면 주민이 우리에게 사후적으로 주는 따뜻한 마음과 시선으로 정리했다.

치안복지를 위한 존중·엄정·협력·공감의 4대 전략은 어떤 업무에든 적용이 가능하다. 외부 특강을 통해 사기업에서도 그대로 적용될 수 있다는 평가도 들었다. 중요한 것은 4대 전략은 각각 별개의 것이 아니라 상호 긴밀하게 연결되어 있으면서 서로가 보완하는 개념이라는 것이다. 심지어 엄정은 존중의 또 다른 표현으로도 볼 수 있다.

치안복지를 목표로 존중·엄정·협력·공감의 시책을 펼치면 주민들은 자연스럽게 경찰에게 따뜻한 믿음의 미소를 보낸다. 이 따뜻한 미소가 바로 신뢰 아니겠는가? 인간관계나 사회생활에서 가장 중요한 것 중의 하나는 신뢰지만 "나를 믿어주세요!"라고 아무리 목청껏 외친다 해도 신뢰가 저절로 생기는 것은 아니다.

내가 먼저 믿음을 보여주어야 한다. 신뢰는 사람이나 조직의 역사와 밀접한 관련이 있다. 한 사람의 오랜 행동이나 조직이 보여준 오랜 관행이 사람들로 하여금 신뢰와 불신을 판단하게 하는 것이다. 또한 각 개인의 신뢰가 쌓여 조직의 신뢰로 나타나는 것이다. 한마디로 신뢰는 역사다.

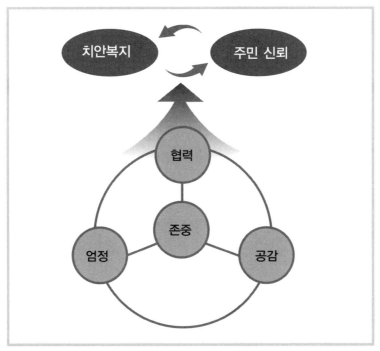

치안복지, 신뢰 체계도

스스로를 돌이켜보게 하는 3대 관점

존중·엄정·협력·공감의 4대 전략을 똑같이 추진한다 해도 어떠한 관점을 가지고 접근하느냐에 따라 큰 차이가 있다. 그래서 나는 '우리가 모른다고 없는 것이 아니다'라는 관점, 단면적 부분적이 아닌 입체적·종합적 관점, 권한이 아닌 책무의 관점이라는 소위 3대 관점을 제시하였다.

특히 서울청장으로 있을 때는 3대 관점을 매우 강조했기 때문에 서울청 소속 34,000여 명의 직원들 중 숙지하지 못하는 이들이 거의 없을 정도였다. 나는 왜 이렇게 3대 관점을 강조했을까. 내 스스로 그런 관점에서 늘 고뇌했기 때문에 주폭척결과 같은 획기적인 시책을 창안할 수 있었던 것이다. 이 3대 관점은 업무처리에서 뿐만 아니라 일상생활 속에서도 자신을 한번 더 되돌아보게 하는 에너지를 가지고 있고, 직원들로부터도 그런 평가를 많이 들었다.

이 3대 관점은 4대 전략과 함께 나의 치안철학을 관통하는 전략적 개념이다. 간단하게 그 의미를 살펴보자.

먼저 '우리가 모른다고 없는 것이 아니다'라는 관점에 대해 그 의미가 어렵다고 생각하는 이들이 적지 않았다.

이제 '우리'라는 말 대신 무슨 말이든 넣어보자. 경찰이 모른다고 어떤 범죄나 피해자의 아픔이 없는 것이 아니다. 부모나 선생님이 모른다고 자녀들이나 학생들의 아픔이 없는 것이 아니다…. 이 관점이야말로 치안복지 개념을 설명하고 주폭을 척결하기 위해 나름으로 고심하여 내가 만든 것이다.

두 번째의 단면적 · 부분적 관점이 아닌 입체적 · 종합적 관점에 대해서는 누구나 쉽게 수긍한다. 그렇지만 이제껏 단면적 · 부분적 관점에 젖어 있었다는 것을 인정해야 한다.

2008년 그 실체가 없는 광우병 파동과 관련한 격렬한 시위가 거의 1년이나 지속되면서 종로의 서민 상권이 무너지고 수많은 사람이 파산했지만 경찰에서는 불법시위 주동자를 의법조치할 때 이러한 피해 주민들의 피해 사례를 수집하여 수사서류에 첨부한 적이 있었던가? 결코 없었다.

내가 서울청장으로 부임하여 주민들의 간접 피해 사실까지 확실하게 구증하여 수사서류에 첨부하도록 하기 전까지는 말로만 국민의 생명과 재산을 지킨다고 외쳤지, 실제로는 이들의 아픔을 본의 아니게 외면했던 것이다. 입체적 · 종합적 관점 또한 경찰 활동에서 뿐만 아니라 일상의 모든 삶에 녹아 있어야 하는 관점임이 분명하다.

마지막으로 권한보다는 책무의 관점에 서야 한다. 사실 세상의 모든 공무원들에게 가장 강조하고 싶은 관점이다. 경찰을 포함한 모든 공무원은 국민 위에 군림하기 위해 존재하는 것이 아니다.

헌법에서도 강조하였듯, 공무원은 국민에 대한 봉사자이며 국민에 대하여 책임을 져야 하는 역사적 소명을 가지고 있다. 당연히 국민의 관점에서 일해야 한다. 총을 차고 있는 경찰관에게 이렇게 행패를 부리다니 용서할 수 없다가 아니라, 총을 찬 경찰에게도 저렇게 행패를 부리니 이들이 작은 식당의 주인과 같은 사회적 약자들에게는 '오죽했을까' 라는 관점에서 고뇌해야 한다.

소위 힘있는 권력기관일수록 말로는 국민을 위해 일한다고 외치면서 부지불식간에 권한과 권력의 관점에서 세상을 바라보기 쉽다는 것을 스스로 인정해야 한다. 이 세 가지 관점이 제대로 녹아나 세상에 태어난 것이 주폭척결 시책이다. 간단한 것 같지만 이 세 가지 관점으로 인해 서울경찰의 업무자세와 역량이 진일보했음은 분명한 사실이다.

나는 이러한 4대전략과 3대관점을 압축하여 '치안은 과학이며 전략이다'라고 정리했다. 직원들이 함께 공감했음은 물론이다. 그리고 보다 많은 직원들과 주민들이 이러한 관점을 공유하고 공감할 수 있도록 2012년 11월 서울청 현관에 '치안은 과학이며 전략이다'(Policing is Science and Strategy)라는 문구가 새겨진 포토존을 만들었다. 이 포토존은 내가 퇴임한 이후에도 변함없이 직원들과 내방객들로부터 사랑받는 명소로 자리잡았다는 얘기를 듣고 있다.

서울청 포토존 제막식

02

주폭대첩을 아시나요

동네의 제왕 주폭, 누가 키웠는가?

주폭(酒暴)이라는 말은 조폭에서 차용했다. 조직의 힘을 빌려 '상습적으로' 폭행과 협박을 일삼는 무리들을 조직폭력배, 줄여서 조폭이라 부른다. 그렇다면 술의 힘을 빌려 '상습적으로' 폭행 협박하는 자들을 무엇이라 불러야 할까? 주취폭력배, 바로 주폭이다.

사실 주폭이라는 용어는 2010년 10월 충북청장 재직 때 조폭의 수사기법이 그대로 적용된다고 강조하면서 조폭과 비교해 설명하던 중 무의식적으로 나의 입에서 나와 창조된 것이었다. '범죄심리를 선제적으로 제압하는 힘이 있다'는 평을 들은 주폭 용어는 주폭 척결에 날개를 달아주었다.

김난도 교수의 《트렌드 코리아 2012》에서 2011년 사회 분야 신조어로 소개된 주폭은 그 용어뿐만 아니라 개념과 수사기법까지 내가 독창적으로 만든 것으로 치안의 블루오션을 개척하였다는 평가와 함께 직원과 주민 모두에게 찬사를 받았다.

'주폭은 누가 키웠는가?' 라는 질문에 대한 답은 어렵지 않다. 음주로 인한 범죄에 한없이 관대한 우리나라의 왜곡된 음주문화가 첫 번째이며, 이들을 제압해야 하는 경찰의 미온적이고 단면적인 대처가 두 번째 요인이라 할 수 있다. 나는 그중에서도 경찰의 단면적인 대처에 99%의 책임이 있다고 진단했다.

내가 주폭척결을 시작한 것은 2010년 9월 9일 충북청장으로 부임하면서부터였다. 부임하자마자 3,000여 명의 전 직원들과 12,000여명에 달하는 주민들을 대상으로 설문조사를 실시했다. 설문지는 90% 이상 회수되었으며 많은 의견을 접할 수 있었다. 설문조사에서 가장 많은 표를 받은 건의사항은 무엇이었을까?

바로 '공권력 확립' 이었다. 특히 주취자의 공무집행 방해 행위는 도를 넘어섰고, 이들을 뒤치다꺼리 하느라 시간을 다 빼앗겨 주민들은 뒷전이라는 이야기가 수도 없이 많았다. 예상했던 일이었다. 주취자에게 시달리는 경찰관의 초라한 모습은 어제오늘의 일이 아니었다.

나는 세 곳의 경찰서장을 거치면서 이런 상황을 실감하고 있었고 나름대로 강력하게 대응해왔던 것도 사실이다. 경찰관서에 단골로 와서 행패를 부리는 자는 근무일지에 상세히 기재토록 하여 상습성이 인정되는 자는 무관용원칙으로 대응토록 했지만 근본적인 대책은 아니었다. 어디까지나 경찰관의 입장에서 바라본 것이었다.

일반 주민에게는 오죽했을까

새로운 시각에서 새로운 접근을 해야 했다. 어떻게 이들을 척결하고 공권력을 바로 세울 것인가? 어떻게 해야 경찰력의 낭비를 막을 것인가? 어떻게 해야 선량한 주민들의 편안한 일상을 지켜줄 수 있을까? 고민은 깊어졌지만 답은 쉽게 나오지 않았다. 그러던 중 마침내 답을 찾았다. 역시 답은 치안복지에 있었다. 치안복지를 창조하기 위해 외친 구호가 무엇이었던가? '우리가 모른다고 없는 것이 아니다'였다. 우리가 모르는 그들의 범죄를 추가로 찾아내면 되지 않겠는가.

이때껏 주취자에 의한 경찰관 폭행 등에 무관용 원칙으로 강력 대응하라는 상부의 지시는 구속영장 신청으로 받아들여졌고 실제로 그 맥락에서 영장신청을 한 사례가 많았다. 그러나 경찰관이 심각한 부상을 입었고 공무집행이 현저하게 방해되었음에도 불구하고 50% 가까이는 영장이 기각되었다.

여기서 등장한 것이 '오죽하랴' 검법이다. 술에 취해 경찰서에까지 찾아와 총을 차고 있는 경찰관들에게 욕설을 하고 폭행을 할 정도라면 힘없는 동네 주민들이나 가족들에게는 '오죽했겠느냐'라는 시각에서 피해 사례를 철저히 수집하고 구증하자고 외쳤던 것이다.

우리 사회의 관대한 음주문화는 주취자를 바라보는 시각에서 극명하게 나타난다. 술에 취하면 누구라도 사고 칠 수 있는 존재가 바로 인간이기 때문에 일단은 '보호'해야 되는 존재로 인식하는 것이다.

내가 과문한 탓인지는 몰라도 주취자를 '척결대상'과 '보호대상'의 개념으로 구분해 접근한 연구논문을 본 적이 없다. 주취자 처리문제의 고수라 인정받는 분들도 기본적으로 보호 개념에서 출발한다. 주폭척결이 성공할 수 있었던 데는 개념 정립을 명확히 하고 직원 모두가 공유했기 때문이다.

첫째, 주취자 폭력에 대해서는 크게 척결 대상과 보호 대상으로 나누어 접근한다. 척결과 보호로 구분하는 기준은 상습성 여부이다. 상습성이 있다는 말은 그냥 두면 또다시 폭력을 행사하고 보복한다는 말과 상통하기 때문이다.

둘째, 상습성 여부를 파악하기 위해서는 경찰의 관점에서 벗어나 주민의 입장에서 주민의 피해 사례를 찾아가 확인하고 구증해야한다. 소위 '오죽하랴' 검법을 발동시켜야 된다. 영장이 기각될 것을 뻔히 알면서도 무관용 원칙과 괘씸한 마음만으로 접근해서는 안된다. 원칙적으로 불구속 상태에서 입체적 · 종합적인 시각하에 증거를 수집해야 한다.

셋째, 술에 취해 상습적으로 폭력을 일삼는 자는 구속되고 척결된다는 것을 전 직원과 전 주민들에게 알려야 한다. '무식하면 용감하다'는 말이 있듯 모르기 때문에 용감해질 수 있다. 심리적으로 압도해야 한다. 3살 아기부터 100살 노인까지 알린다는 방침 아래 전방위적으로 시행되어야 한다. 주폭척결은 대한민국의 국격(國格)이 걸린 문제다. 결코 멈추어서는 안 된다.

이러한 추진방향 아래 광범위한 홍보전략을 추진해나갔다. 충북경찰청 산하 모든 경찰관서에는 각양각색의 주폭척결 플래카드가 내걸린 것은 기본이었다. '취중폭력! 조폭과 다름없는 주폭입니다' 등 조폭과 비교된 내용이 가장 많았다. 이는 조폭의 범죄 심리마저 제압하는 2중적 효과를 가져왔다.

또한 주폭용어를 특허신청하는 것도 홍보에 도움이 된다는 지인의 권유를 받아들여 개인적으로 2010년 4월 특허청에 주폭 용어에 대한 서비스표 등록을 신청해 2012년 3월 특허를 받았다. 이는 일반인이 주폭 용어를 상업적으로 사용하는 것을 제한하기 위한 것일 뿐 공익 목적으로 사용하는 것은 아무런 장애가 없다.

충북청을 떠날 때 전 직원을 대상으로 한 무기명 설문조사에서 한 직원은 이렇게 표현했다.

우리나라 역사에 3대 대첩이 있는데
첫째가 을지문덕 장군의 살수대첩이요
둘째가 이순신 장군의 명량대첩이며
셋째가 김용판 청장의 주폭대첩이다.

주폭척결을 바라보는 직원들의 마음을 느낄 수 있어 감회가 새로웠다. 충북청에서 주폭척결을 총지휘하면서 주폭척결사에 영원히 남을 〈주폭척결백서〉를 완성한 당시 수사과장 김창수 총경과 수사과 직원들에게 고마운 마음을 전한다.

충북청에서의 주폭척결 성과에 대해서는 많은 사람들의 격려와 지지가 있었다. 특히 이시종 충북 도지사는 '신화적인 정책'이라며 칭찬을 아끼지 않았고, 서기석 청주지방법원장도 적극 힘을 실어주었다.

　그러나 주폭척결의 의미를 제대로 파악하지 못하는 사람도 적지 않았다. 당시 저명한 어떤 사회지도층 인사와 대면할 기회가 있었는데 주폭척결 이야기를 꺼냈더니 이야기를 제대로 듣기도 전에

"그렇게 하면 술장사 하는 사람들이 장사 되나?"

라고 말하는 것이었다. 그 간단한 말 속에서 사람들의 인식이 얼마나 딱딱하게 굳어 있고 서민들의 삶과 동떨어져 있는지를 엿볼 수 있었다. 또한 나는 순간적으로 선입견과 편견이 얼마나 무서운 것인지, 인간의 판단을 얼마나 흐리게 하는 것인지 깨달았다. '주폭을 척결하겠다' 는 것을 '술장사를 막는 것' 으로 인식하는 것이다. 주폭척결은 술장사와 아무런 관련이 없다. 단순히 말해 술 먹고 행패부리는 사람에게 엄정한 법의 심판을 내려 서민들을 보호하는 것이다.

　우리는 이러한 선입견과 편견에서 깨어나야 한다. 나아가 자신만의 시각으로 세상과 사람들을 바라보고 재단하는 습성도 버려야 한다. 그 시각이 공정하고 올바르면 좋겠지만 자신만의 시각으로 보는 사람들은 대부분 편협된 사고방식을 가지고 있다. 바늘구멍으로 세상을 보려 하지 말고 문을 활짝 열고 세상을 바라보아야 한다. 그래야만 객관적이고 올바른 시각을 가질 수 있으며, 그렇게 행동할 수 있다.

충북청 주폭척결 홍보캠페인(상당산성)

주폭은 결코 파리채로 잡을 수 없다

충북청을 떠난 지 6개월 후에 서울경찰청장으로 부임하였다. 먼저 주폭척결을 어떻게 하고 있는지 확인해 보니 예상했던 대로 종전의 단면적인 대처를 답습하고 있었다. 내가 충북경찰청장으로 있던 2010년 12월 26일, 전국 경찰관서에 충북청처럼 주폭척결을 하도록 경찰청 공문이 하달되었지만 그 누구도 주폭척결 문제에 관심을 기울이는 이가 없었다.

우여곡절 끝에 서울청 산하 31개 전 경찰서에 주폭수사 전담반이 편성되고 충북에서 했을 때보다 더욱 세련되게 주폭척결의 불길이 타올랐다. 또한 역시나 수도 경찰답게 그 효과는 전국으로 파급되었다.

서울청장으로 부임하면 각 기관 및 언론사에 부임인사를 가는 것이 관행이다. 나는 가는 곳마다 한결같이 반드시 주폭을 척결하여 법질서를 바로세우고 경찰이 주폭에게 매맞는 일이 없도록 하면서 서민생활을 보호하겠다는 포부를 분명하고 당당하게 밝혔다.

대부분 좋은 반응을 보였지만 그중에서도 조선일보의 양상훈 편집국장은 누구보다도 의미있게 받아들이며 자신도 주취폭력 문제의 심각성에 대해 많이 생각해 왔다면서 주폭척결은 정말 좋은 테마라며 보도의사를 피력하였다.

이렇게 하여 조선일보에 거의 1년 간이나 연재된 '술에 너그러운 문화, 범죄 키우는 한국' 이라는 특집기사가 등장하게 되었다. 이 조선일보 특집기사를 통해 주폭 용어는 전국적으로 알려지게 되어 서울청의 주폭척결 시책은 날개를 달게 되었다.

[술에 너그러운 문화, 범죄 키우는 한국]

경찰이 취객에 맞는 나라, G20국가 중 한국 말고 또 있나

주폭(酒暴)은 경찰을 두려워하지 않는다. 신고를 받고 출동한 경찰이 주폭들에겐 술주정의 대상일 뿐이다. 수갑을 차고 경찰서에 와서도 경찰에게 입에 담지 못할 욕설을 퍼붓는가 하면, 발길질도 서슴지 않는다. 문제는 이 같은 모습이 매일 밤 전국의 경찰서, 지구대에서 흔히 볼 수 있는 풍경이란 것이다. 대부분이 '잡범(雜犯)'인 주폭이 공권력(公權力)의 상징인 경찰에 도전하고 있는 것이 우리의 현주소다.

욕먹고, 맞고, 물어뜯기는 경찰

본지 취재팀은 지난 2주 동안 서울청 소속 경찰서와 지구대를 동행 취재하면서 경찰에 입건된 주폭이 오히려 경찰을 '만만히' 여기는 모습들을 생생히 볼 수 있었다. 지난달 24일 0시 3분 서울 광진경찰서 화양지구대에 대학생 이모(25)씨가 붙잡혀 왔다. 택시비를 내지 않고 도망가다 붙잡히자 택시기사의 목을 조른 혐의였다. 조사 결과 이씨는 소주 4병을 마셨다. 이런 이씨가 지구대에 들어서자마자 한 일은 경찰관을 향해 욕설을 퍼붓는 것이었다. "하여간 병신들이야. 아주 ×새끼들이야. 이따위로 하니까 경찰이 욕을 먹는 거야", "내가 다 징계 먹여줄게. 월급들 까이고 (깎이고) 싶지?"

"일할 의욕이 뚝뚝 떨어진다"

주폭들은 왜 경찰을 조롱의 대상으로 여기고 폭행까지 일삼는 것일까. 서울의 한 경찰서 형사과장은 "경찰서에서 난장을 피우고, 덤벼도 경찰이 속수무책이란 점을 주폭들이 잘 알고 있기 때문"이라고 했다. 경찰관들의 푸념은 숫자로도 나타난다. 경찰을 폭행하는 등 공무집행방해 혐의로 입건한 뒤 구속영장을 신청해도 기각되기 일쑤다.

2006년 33.9%였던 공무집행방해 혐의에 대한 구속영장 기각률은 2007년 45.1%, 2008년 50.6%, 2009년 53.6%로 증가하다 2010년 39%를 기록했지만 같은 기간 전체 범죄에 대한 영장 기각률보다 2배 이상 높았다. 서울의 한 경찰서 형사는 "기각될 것을 뻔히 알기 때문에 맞아서 어디 하나 부러지지 않으면 웬만 해선 공무집행방해 혐의로 구속영장을 신청하지도 않는다"고 했다.

폭행을 당해도 구속영장이 발부되기 어려우니 경찰들이 욕설을 듣고 참는 것은 당연하다. 형법에는 '모욕죄'가 명시돼 있지만 경찰들에게는 '다른 나라의 법'이나 마찬가지다. 모욕죄가 성립 하기 위해서는 불특정 다수가 인식할 수 있는 상황이라는 '공연 성(公然性)'이 핵심이다. 그런데 지구대나 경찰서는 공연성이 없다 는 게 법조계의 중론(衆論)이라 경찰서 안에서 아무리 심한 욕설 을 퍼부어도 죄가 되지 않는 것이다.

서울의 한 경찰서 형사팀장은 "얻어맞는 것보다 일할 의욕을 뚝 뚝 떨어뜨리는 건 입에 담을 수도 없는 욕설을 듣고 있어야만 하 는 것"이라고 했다. 김용판 서울지방경찰청장은 "경찰이 취객에 게 얻어맞는 나라가 G20 국가 중에 한국 말고 또 있겠나"라고 말했다.

– 〈조선일보〉, 2012년 6월 9일

일부 언론에서는 '주폭은 파리에 불과하므로 파리채로 잡으면 충분한 것을 화염방사기로 잡는 격'이라며 개념 없는 비판을 서슴 지 않았다. 이 얼마나 한심한 일인가! 이들이 정말 현장에 직접 나 가서 그 주폭들로부터 영혼이 파괴되는 고통을 겪고 있는 피해자들 을 직접 만나보았더라면 결코 그런 비판을 위한 비판은 하지 못했 을 것이다.

그러나 비판보다는 지지와 격려, 응원이 훨씬 더 많았음은 두말할 나위가 없다. 조선일보뿐 아니라 거의 모든 언론과 방송이 주폭 척결을 지지했으며 인터넷에서도 뜨거운 호응을 받았다.

2012년 7월 하순 어느 날 말도 없이 옥돌로 만든 무거운 감사패를 들고 와서 뜨겁게 격려해주었던 대한노인회 이 심 회장을 비롯한 어르신들께는 이 자리를 빌려 다시 한 번 감사드린다.

2012년 10월에 있었던 서울청 국정감사에서도 주폭척결은 '자기주도형 근무'와 더불어 여야 의원 대부분에게서 좋은 정책이라는 평가를 받았다. 당시 주폭전담반 형사는 "주폭에게는 저승사자, 피해자에게는 수호천사"라는 말을 듣고 있었다.

대한노인회로부터 받은 감사패

朝鮮日報   2012년 06월 09일 (토)
03면 종합

"서민이 서민 잡는 범죄가 酒暴
서울서 1000명만 잡아들이면
세상이 확 달라질 겁니다"

8일 오후 김무실에서 만난 김용판 서울지방경찰청장은 '주폭 척결은 대한민국 국격의 문제'라고 말했다.

　"7~8개월만 기다려 보십시오. 서울에서 주폭 1000명만 잡아들이면, 세상이 확 달라질 겁니다."

　김용판 서울경찰청장은 '주폭 잡는 사나이'다. 지난 5월 부임한 그의 일성(一聲)은 '주폭 척결'이었다. 서울청 산하 31개 경찰서에 '주폭전담팀'을 만들고 시내 곳곳에 "주폭을 척결합시다"라는 플래카드를 내건 이도 바로 김 청장이다. 김 청장은 '왜 주폭인가'라는 질문에, "서민이 서민을 괴롭히는 범죄가 바로 주폭이며, 대한민국 국격(國格)을 위해서라도 주폭은 없어져야 한다"고 말했다. 다음은 일문일답.

　―주폭 척결에 나선 계기는.

　"사실 나도 촌놈이다. 어릴 때 동네마다 술 먹고 행패 부리는 주폭 몇 명씩은 다 있었다. 그렇다고 개인적인 이유만 있는 게 아니다. 공권력이 무너지면 법 질서가 무너지는 것이고, 그렇게 됐을 경우에 사회적으로는 약자 순으로 피해를 보게 돼 있다. 어린이, 여성, 노인, 장애인 등이다. 그런데 공권력이 무너지는 지표인 공무집행방해사범을 보니 전부 술 먹은 놈들이었다. 그래서 주폭 척결을 생각한 것이다. 총을 찬 경찰에게도 행패를 부리는 정도라면 서민들에게는 얼마나 더 고약하게 하겠는가. 서민의 피를 빨아먹는다는 것이 바로 그런 것 아닌가? 자기도 서민이면서 다른 서민을 괴롭히는 것이 바로 주폭들이다. '치안복지'라는 말을 강조하는 것도 그런 차원이다."

　―주폭이란 말이 어떻게 나왔나.

　"충북 경찰청장 때 현장에서 보니까 주폭들로 인한 피해가 생각보다 훨씬 심각하더라. 그런데 왜 사람들이 신고를 하지 않을까. 바로 보복이 두렵고, 후환이 두렵기 때문이다. 신고해봤자 불려나고, 들어가봤자 한 달도 안 돼 나와서 '당신 왜 나를 신고했나'고 겁주는데 누가 하겠는가. 조폭도 마찬가지다. 보복할까봐 조폭의 피해를 숨긴다. 그래서 생각한 말이 주폭이다. 조직의 힘을 빌려서 상습적으로 폭력을 행사하는 사람이 조폭이라

**조폭이나 주폭이나
보복 무서워 끙끙 앓는 것
경찰에 행패 부릴 정도라면
서민들엔 얼마나 고약하겠나**

**7~8개월만 두고 보라
상습성 인정되면 바로 구속
'술 먹고 사고치면 걸린다'
학습 되면 술문화 달라질 것**

**경찰이 99% 책임
법원이 기각한다고 탓 말라
공권력이 무너지면
사회적 약자 순으로 피해 봐**

면, 술의 힘을 빌려 상습적으로 피해를 주는 사람이 바로 주폭이다."

　―왜 그동안 경찰은 주폭을 처리 못했다고 보나.

　"주폭은 사실 단일 사건으로 보면 기껏해야 술 먹고 소리치고, 기물 파손이나 사람을 좀 때린 정도다. 불구속 기소도 어려운 수준이다. 그런데 이들의 여죄를 찾아보면 대부분 상습적이다. 이건 다른 차원의 문제다. 난 경찰 후배들에게 '우리가 모른다고 없는 것이 아니다'라는 말을 강조한다. 우리가 모르는 곳에서 서민들의 피눈물이 나고 있고, 가슴을 치는 일이 숱하게 벌어지고 있다. 주폭도 그런 차원에서 접근해야 한다. 사실 그동안 주폭을 처리 못한 것은 경찰의 직무유기다. 경찰에서 강력 범죄 해결하면 표창받고 승진할 수 있지만 주폭 해결은 그렇지 못한 것도 문제다. 경찰이 스스로 잔치에 만족하면 안 된다."

　―구체적으로 어떻게 접근했나.

　"술 취해 한두 번 실수는 누구나 할 수 있다. 그런데 이게 상습적이라면 다른 차원의 얘기다. 서민 피해자들은 대부분 보복이 두려워 신고를 못한다. 경찰이 스스로 피해자로 예상되는 곳에 찾아가서 주폭들의 피해 사례를 모으고 수사해야 한다. 주폭 리스트가 그래서 필요하다. 이런 데이터가 있으면 나중에 단순 폭력으로 들어온 주폭을 가중 처벌할 근거가 생긴다. 피해자들에게 직접 와서 신고하라면 대부분 서민들인 피해자들

조선일보 인터뷰 기사(2012. 6. 9)

주폭척결의 파급 효과

서울청장 부임 한 달째 되는 날인 2012년 6월 8일, 나는 조선일보와 인터뷰를 했다. "서울에서 주폭 1000명만 구속시키면 세상이 확 달라질 것이다"라고 자신 있게 말했다.

충북청에서 주폭척결을 시작한 2010년 10월부터 그곳을 떠날 때까지인 2011년 11월 27일까지 109명의 주폭을 구속했다. 이 중 29명이 출소하여 2명만이 보복범행을 했고 모두 재구속되었다. 서울청에서는 내가 부임했던 2012년 5월 10일부터 이임한 2013년 4월 1일까지 총 655명의 주폭을 구속하였다. 그중 234명이 출소하였으며 보복범행을 한 주폭은 9명에 불과하였고 재범한 20명을 포함해 모두 29명이 다시 구속되었다.

이러한 통계수치는 무엇을 의미하는가? 구속된 주폭들이 출소하면 대부분 재범이나 보복범행을 할 것이라는 우려는 그야말로 기우에 불과했다는 것을 말해준다. 물론 보복행위가 전혀 없었던 것은 아니지만 변화된 사회분위기와 피해주민과 형사들 간의 핫라인 구축 등의 제도적 장치로 피해 주민들의 신고의식이 훨씬 더 높아진 데 따른 심리적 위축이 크게 작용했다고 본다.

여기에 주폭이 교도소에 수감되어 있는 동안은 술을 마실 수 없기 때문에 일종의 재활치료 효과가 있었다는 것을 간과해서는 안 된다. 주폭척결은 술로 인한 폭력을 근절시키고 그들에게 새로운 삶을 살게 해줌으로써 우리 사회와 나라 전체가 행복해지는 효과를 가져온 것이다.

염수정 대주교(현 추기경)와의 MOU체결

또한 나는 엄정의 잣대뿐만 아니라 재활 문제도 신중하게 처리해 나갔다. 서울경찰청이 2012년 7월 국공립 의료기관인 국립중앙의료원, 보라매병원, 서울의료원 등과 협력하여 병원 내에 '주취자 원스톱센터'를 설치한 것과 2012년 6월 대한병원협회 서울시병원회와, 8월에는 천주교 서울대교구와 업무협약을 체결하고 주취자 재활을 위해 병원치료를 돕게 한 것도 그러한 고민의 결과다.

그렇다면 주폭이 척결됨으로써 우리 사회에 어떤 변화가 나타났을까? 2012년 8월 13일 조선일보 1면과 11면에 실린 기사를 살펴보자.

서울역이 확 달라졌다

노숙자 주폭(酒暴)이 사라지자 서울역의 풍경이 확 달라졌다. 술에 취해 소란 피우고 행패 부리는 노숙자들의 숫자가 눈에 띄게 줄어든 것이다. 변화는 노숙자들 사이에서 우두머리격으로 통하던 주폭 5명이 쇠고랑을 차면서 시작됐다. 주폭과의 전쟁을 시작한 경찰은 술만 마시면 서울역 인근에서 상인과 행인 등을 상대로 행패를 부린 전과 48범 나모(53)씨 등 평균 전과 29범인 서울역 주폭 5명을 구속했다. 이후 서울역 주변에 머무는 노숙자들 숫자도 작년보다 절반 가까이 감소했다.

"석 달 전만 해도 엉망이었어. 요새 많이 깨끗해진 거야. 노숙자들이 술만 취하면 식당 앞에서 토하거나 바지를 훌렁 벗고 똥 싸고 신문지로 덮어둬. 그러면 술병 들고 비틀거리던 다른 노숙자가 그걸 밟아 미끄러지고…."

서울역 광장 곳곳에서 풍기는 술 냄새와 지린내…. 대한민국 교통 중심인 서울역을 오갈 때마다 내국인은 물론 외국인들마저 인상을 찌푸리게 하던 풍경이 점차 사라지고 있다.

-〈조선일보〉 2012. 8. 13

서울역의 변화와 마찬가지 맥락으로 서울 시내에 있던 1883개의 공원이 시민의 품으로 되돌아왔다. 마치 옛날의 산적들처럼 공원을 자신들의 소굴로 삼고 온갖 행패를 부리던 주폭들이 구속됨으로써 공원 또한 평화와 안정을 되찾은 것이다. 주폭척결로 인해 주취 상태에서 발생하기 쉬운 성폭력, 가정폭력이 현저히 줄어들었으며, 조폭과 학교폭력의 발호에도 의미있는 제압 효과를 가져온 게 사실이다.

주폭척결은 국내에서만 관심을 끈 이슈가 아니라 외신의 관심도 자못 컸다. 중국의 〈법제일보〉(法制日報)에서 2012년 7월 중 2차례나 보도하였는데 나의 프로필과 함께 인터뷰 기사를 실었다. 또한 미국에서도 관심을 끌었다. 세계적 일간지 〈뉴욕타임스〉는 2012년 7월 24일자 기사에 서울경찰의 주폭척결 시책을 자세히 소개했고, 〈월스트리트저널〉은 2012년 12월 1일자 기사에서 주폭을 'JUPOK'이라 표기하면서 한국 사회의 오랜 관행이었던 일그러진 음주문화를 설명하고 주폭척결 이후의 변화상을 보도했다.

사실 주폭척결 이후 대학가 오리엔테이션에서의 음주문화가 획기적으로 바뀌었을 뿐만 아니라 일반 직장에서의 회식문화까지 바뀌는 등 사회 전방위적으로 끼친 영향이 지대하였음은 사실이다.

나는 주폭 개념을 설명할 때마다 음주에 대한 탁월한 견해를 가졌던 공자의 말을 자주 인용한다. 공자께서 일찍이 음주에 대해 이렇게 정의하였다.

주무량 불급란(酒無量 不及亂)
술은 양을 정해놓고 마시는 것은 아니지만
난잡함에 이르도록 마셔서는 아니된다.

한마디로 술은 알아서 마시되 주폭은 되지 말라는 법이 아니겠는가. 실제로 술은 가슴을 열기 위해 마시는 것인데 가슴은 열지 않고 머리뚜껑을 여는 자들이 바로 주폭이 되는 것이다.

교도소에서 온 편지

나는 충북청에서부터 서울청까지 주폭척결을 진두지휘하면서 사연있는 이야기를 적지 않게 체험했다.

2012년 12월 초, 서울경찰청장실로 의미 있는 편지 한통이 배달되었다. 교도소에 주폭으로 수감되어 있는 이철희(가명, 42세)씨로부터 특별한 편지를 받은 것이다.

편지의 핵심 내용은 처음에는 자신을 주폭으로 구속한 나를 많이 증오하였지만 시간이 흐를수록 오히려 자기를 되돌아보는 계기를 만들어준 내가 고맙다는 내용이었다. 그리고 받은 형기(1년 6개월)가 만료되어 출소하게 되면 자식에게 떳떳한 아버지로 되돌아가기 위해서라도 귀농해서 제대로 살아보고 싶으니 귀농에 도움이 되는 책을 좀 보내달라는 것이었다. 그러면서 자기의 가정사를 담담하게 말하고 있었다.

이철희 씨의 아버지는 전형적인 주폭이었기 때문에 자신은 결코 아버지 같은 사람이 되지 않겠다고 다짐을 거듭하였고 실제 어엿한 가장으로 잘살고 있었다 한다. 그런데 1998년 IMF를 맞으면서 사업이 급격히 어렵게 되면서 술에 의존하다 보니, 자신도 모르게 그렇게도 싫어했던 아버지의 모습을 닮아갔고, 결국 가족과도 헤어진 채 교도소에 와 있게 되었다는 내용이었다.

확인해보니 중랑경찰서에서 2012년 5월 말에 전형적인 주폭으

로 구속된 사람이었다. 책을 보내주었고 다시 답장을 받았다. 사람
은 강물처럼 흐른다. 이철희 씨는 틀림없이 새사람으로 거듭날 것
으로 믿어 의심치 않으며, 이 자리를 통해 이철희 씨의 행운을 기원
한다.

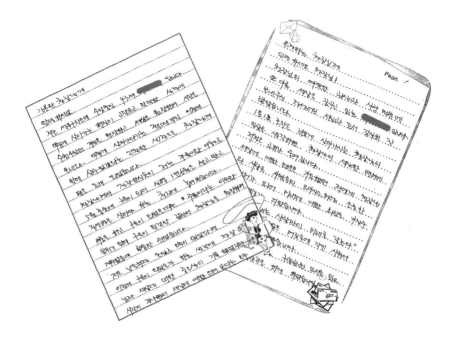

03

도심의 무법자,
폭주족을 일망타진하다

공원이나 도심을 엄청난 소음을 내며 떼지어 질주하는 오토바이 폭주족을 한번이라도 겪어본 사람은 그 무법천지의 횡포에 치를 떨며 분노하는 한편 경찰은 어디서 뭐하고 있느냐고 욕설을 내뱉은 경험이 있을 것이다.

1996년 여름 어느 날 저녁, 택시를 타고 가다가 서울의 화곡동 사거리에서 어림잡아 100대는 훨씬 넘는 오토바이 폭주족과 맞닥뜨린 적이 있다. 그때 도로 위의 차들을 가죽 채찍으로 후려치면서 중앙선을 넘나들던 그들의 폭력적인 행태를 지금도 잊을 수 없다. 마치 백귀야행(百鬼夜行)을 본 것만 같은 끔찍함이었다.

그때부터 저들을 어떻게 척결할 것인지에 대한 화두(話頭)를 스스로에게 던지고 고심을 거듭해왔다. 바리게이트를 치고 막거나 쫓아가 단속하는 기존의 방법은 그야말로 미봉책에 불과하고 자칫 큰 사고로 이어진 사례가 종종 발생했기 때문이다.

2001년 7월 초, 대구 달서경찰서장으로 부임했다. 인구가 60만에 달하는 달서구 전체를 관할했으며 대구 전역을 누비는 오토바이 폭주족들의 집결지인 두류공원도 관할 내에 위치해 있었다. 사실 달서구 월배는 내 고향이기 때문에 이곳의 경찰서장으로 가게 되면 최우선으로 폭주족을 척결하겠다고 마음속으로 다짐하고 있었다. 부임 3일째 되는 날 경위 이상 간부 67명을 소집해 폭주족 척결을 안건으로 꺼내놓고 의견을 물었다. 모두 묵묵부답이었다.

1개월 후 폭주족 척결이 대성공리에 끝났을 때 애초에 성공하리라 생각했던 사람이 있었으면 솔직히 말해보라고 물었다. 당시 방범순찰대장으로 있던 소순영 경감 딱 한 사람만 믿었다고 했다. 내가 성주경찰서장 재직시 과장으로 함께 근무했던 분이었다.

폭주족을 단속하는 이유는 그 자체가 다양한 불법행위의 원인이 되고, 소음 등으로 시민들에게 피해를 주며 교통흐름을 고의적으로 방해하기 때문이다. 또한 새벽에 2인 1조로 오토바이를 타고 다니면서 행인들의 가방을 날치기한 사례도 밝혀졌다. 이처럼 폭주족 척결은 도시 치안 안정과 범죄예방 등 일석이조의 효과를 낸다. 어떻게 폭주족을 척결할 수 있었을까?

나는 평소에 생각했던 폭주족 척결방안에 대해 경찰 간부들에게 이렇게 말했다.

폭주족은 보는 각도에 따라서는 강도 등 강력범죄보다 훨씬 더 큰 피해를 불특정다수의 주민들에게 입힌다. 이들을 강력 범죄로 규정하고 척결한다. 방법은 간단하다.

첫째, 상습적이고 악질적인 폭주족은 구속한다.

둘째, 그들이 금이야 옥이야 보물로 생각하는 오토바이를 몰수해 공매 처분한다.

셋째, 구속되고 공매 처분된다는 사실을 알 수 있도록 전방위적으로 널리 알린다.

이때껏 범칙금 통보밖에 하지 못한 폭주족을 무슨 수로 구속시킨단 말인가? 경찰관들의 눈빛은 그렇게 말하고 있었다. 이러한 지침 하에 실무적으로 처리할 추진체를 가동시켰다. 수사 경험이 많은 김원석 수사과장을 사령탑으로 김수환 강력1팀장을 포함한 강력1팀 전원과 정보·교통 요원이 포함된 17명으로 대규모 검거전담반을 편성했다. 전담반 직원들은 최소한 1개월은 일체 다른 업무에서 배제시키고 폭주족 척결 업무에만 전념토록 했다.

발상의 전환, 선 체증 후 체포

전 직원이 참석한 가운데 발대식을 거행했다. 주사위는 던져진 것이다. 당시 폭주족 대책은 그야말로 주먹구구식이었다. 바리게이트를 쳐서 막거나 따라가는 방법인데 위험에 비해 거의 실효성이 없었다. 이는 전국적인 현상이었다. 폭주족 단속법규는 크게 두 가지다.

먼저 소음기 제거와 같은 경우는 자동차관리법의 불법구조 변경에 해당되어 1년 이하의 징역에 처할 수 있다. 불법 수리업자도 당연히 처벌된다. 다음으로는 2대 이상이 정당한 사유없이 앞뒤로 또는 좌우로 도로에서 줄지어 달릴 경우 도로교통법의 공동위험행위가 되어 6개월 이하의 징역에 처할 수 있다. 공동위험행위는 2011년 6월 법률이 개정되어 2년 이하의 징역에 처할 수 있도록 처벌이 강화되었다.

이때껏 위험을 무릅쓰고 무리를 쫓아가 검거해보았자 겨우 1~2명이었고 그마저도 공동위험행위를 했다는 객관적 증거마저 부족해 통상 난폭운전으로 범칙금만 부과하는 것이 통례였다. 자동차관리법 위반으로 입건하는 경우도 매우 드물었다. 그러다보니 경찰을 전혀 두려워하지 않게 된 것이다.

폭주족 전담반의 활약은 눈부셨다. 지역 주민을 대상으로 폭주족 출몰 지역과 피해자에 대한 광범위한 첩보를 수집했다. 그중에는 폭주족의 굉음에 놀라 유산(流産)을 했다는 30대 여성의 분노어린 진술도 있었다.

차근차근 폭주족의 계보가 파악되기 시작했다. 주로 출입하는 오토바이 상회를 압수수색해 심층적인 증거도 수집하면서 분석을 거듭했다. 이렇게 하여 대구와 경북 전역을 누비며 도심의 공적(公敵)으로 시민들의 치를 떨게 했던 폭주족의 실체가 서서히 드러났다.

총두목을 비롯해 '지휘'와 '후미 주자' 등 군대조직 체계를 갖춘

52명의 폭주족 계보를 완성하고 검거작전에 돌입했다. 두목급을 비롯한 핵심 폭주족 6명에 대해서는 사전영장을 발부받아 구속하고, 나머지는 불구속 처리했다. 특히 상습성이 인정된 16명에 대해서는 오토바이 16대 모두를 몰수해 공매 처분했다. 폭주족 구속과 오토바이의 몰수 공매처분은 경찰사에서 처음 있는 일이었다.

대규모 폭주족을 검거했다는 소식이 전해지자 주민들의 격려 전화가 쇄도했다. 내부 직원들도 신기해했을 정도였다. 언론의 반응 또한 매우 뜨거웠다. SBS-TV는 2001년 8월 9일, 8시 전국뉴스를 통해 '경찰 폭주족과의 전쟁 시작'이라는 특집방송을 보도했다. 인상적인 것은 이 방송에서 일본 경찰이 경찰봉으로 폭주족을 후려치면서 제압하는 모습과 함께 한국 경찰은 선채증 후체포 기법으로 전혀 충돌 없이 척결했다고 높이 평가해준 부분이다.

이와 함께 경찰서에서 자체제작한 〈달서경찰 25시〉는 주민들에게 폭주족 척결의 당위성과 공감대를 형성하는 데 크게 기여했다. 당시 편집을 담당한 최덕기 경장의 노고에 대해 이 자리를 빌려 고마움을 전한다.

특히 두류공원 주변 상인들의 반응은 거의 폭발적이었다. 한마디로 '속이 다 후련하다'며 칭찬과 격려를 아끼지 않았다. 대구경찰청 112지령실에 그렇게 많이 들어오던 폭주족 관련 신고가 거의 없어졌다. 당연히 오토바이 절도, 날치기 등도 현저히 줄어들었다. 경찰청에서도 '우수한 수사기법'이라 칭찬하며 전국에 내려 보냈다. 그러나 그 공문을 제대로 읽어본 지휘관이 과연 몇 명이나 되었을까? 덧붙여 말하면 그때로부터 10년이 지난 후에 내려간 충북청의 주폭척결 기법을 경찰청에서 하달했을 때에도 마찬가지였다.

나는 성과에 만족하지 않고 폭주족 척결을 전방위적으로 홍보하는 한편 폭주족들을 지속 관리했다. 최소한 달서경찰서장으로 재직한 2003년 2월까지의 1년 8개월 동안은 대구 전역에서 폭주족 무리는 사라졌다. 간혹 철모르는 동네 폭주족 1~2대가 활보하기는 했어도.

비록 처음 방향은 내가 잡았지만 추진과정에서 직원들이 보여준 뜨거운 열정과 창의적인 업무처리는 놀라웠다. 특히 총괄 지휘한 김원석 수사과장과 김수환 팀장의 수사지휘 역량은 팀원들을 하나로 묶는데 결정적인 역할을 하면서 큰 성과를 이끌어냈다.

서울청장으로 부임하였을 때에는 더 세련된 기법으로 폭주족을 제압했다. 특히 뚝섬과 여의도 일대를 누비던 폭주족들이 자취를 감추게 되었음은 물론이다. 또한 2012년 광복절 때 서울에서의 폭주족 준동은 전혀 없었다. 폭주족의 운신 폭이 그만큼 좁아졌던 것이 아니겠는가?

폭주족척결 기법은 주폭척결 기법의 모태

충북청에서 처음 주폭척결을 시작할 때, 대구 달서경찰서장 때의 폭주족 일망타진 기법을 설명하면서 그와 같은 방법으로 하도록 했다. 경찰·검사·판사가 처벌하는 것이 아니라 증거가 처벌한다는 말 그대로 실천한 것이다.

04

학교폭력 근절의
답을 찾아서

신속한 대응으로 피해를 예방하는 '학교폭력 One-Stop센터'

우리 사회의 심각한 두통거리 중 하나가 학교폭력이다. 2015년 지금에도 여지없이 학교폭력은 학생들의 목숨까지 위협하고 있다. 학교폭력은 그 뿌리가 깊다. 하지만 1970~80년대의 학교폭력과 오늘날의 학교폭력은 양상이 현저히 다르다. 과거에는 '내가 너보다 더 강하다'는 것을 보여주기 위한 단순한 영웅심리로 주먹을 휘둘렀으나 오늘날은 괴롭힘, 왕따, 군림 심지어 갈취와 집단폭력으로 변질되었다. 가해자는 일시적인 장난이나 우쭐거림으로 폭력을 휘두를 수 있고 곧 그 행동을 잊을 수 있으나 피해자에게는 씻을 수 없는 깊은 상처로 새겨진다.

나는 이 문제에 대해 오랫동안 고민해 왔다. 완전히 근절시킬 수

학교폭력 One-Stop센터 개소식

는 없지만 효과적인 대책을 지속적으로 취하면 발생 빈도를 획기적으로 줄일 수 있는 방법이 분명히 있을 것이라고 생각했다. 서울경찰청장으로 부임한 후 첫 번째로 접근한 방법이 '입체적·종합적 대응'이었다. 그 시책으로 피해 학생을 신속히 보호·구제하기 위한 '학교폭력 One-Stop센터'를 2012년 7월 26일 전국 최초로 열었다.

그동안 별도로 운영되던 117 신고접수 기능과 수사기능 및 현장 상담 지원기능을 결합함으로써 신고자의 급박한 사정을 신속 정확히 판단하고 실질적인 피드백 조치로 수사상담이 가능한 원스톱 체계로 탈바꿈시킨 것이다. 이러한 학교폭력 One-Stop 근무체제 구축에는 윤후의 총경의 아이디어와 역할이 컸음을 밝힌다. 고마운 일이다.

학교폭력 근절의 컨트롤타워는 누구인가

학교폭력 Ont-Stop센터 설치 · 운영이 학교폭력에 대응하는 의미있는 시책임이 분명하지만 학교폭력을 근절하기 위해서는 보다 근본적인 접근이 필요했다. 도대체 학교폭력은 왜 근절되지 않는 것인가? 근본적인 문제는 무엇인가? 오랜 고뇌 끝에 나는 단순하게 결론을 내렸다.

"학교가 공권력의 힘이 미치지 않는 일종의 해방구가 되었기 때문이다."

이것이 내가 내린 학교폭력의 가장 큰 원인이다. 물론 가정교육 문제, 사회병리적 현상 등 수십 가지 원인을 제시할 수 있을 것이며 나의 주장에 대해 많은 사람들이 동의하지 않을 수도 있다. 그렇지만 나는 경찰을 떠난 지금 이 순간도 그러한 믿음은 변함이 없다. 그렇다면 어떻게 하여야 할 것인가?

자연스럽게 학교 안으로 경찰이 들어가서 교직원, 학생 모두와 스스럼없는 사이가 될 수 있다면 해결의 실마리는 이미 풀린 것과 마찬가지라는 것이 내가 내린 또 다른 결론이었다. 그리고 청소년의 문화예술 활동, 즉 재활과 관련되는 체계적인 민간지원시스템이 갖추어진다면 더 큰 의미를 가지게 될 것이라 생각했다.

이렇게 방향이 정해졌다 해도 실행되기 위해서는 넘어야 할 산이 너무나도 많은 것이 사실이다. 서울의 경우 초중고를 모두 합하면 1,340개나 되고 중·고등학교만도 700개가 넘는다. 지구대와 파출소에 근무인력이 없어서 아우성인데 어디서 그런 인력을 확보한단 말인가? 설혹 경찰인력을 확보한다 해도 어느 학교에서 선뜻 정복경찰의 출입을 받아들이겠는가! 만에 하나 출입이 가능하다 해도 과연 지혜롭게 학교폭력 문제를 다룰 수 있는 전문역량을 갖춘 경찰관이 얼마나 될까?

그렇지만 나는 서울청장으로 있는 동안 학교 내의 폭력문화에 대해 심층적으로 접근하고 싶었고 나름의 실행전략도 가지고 있었다. 우선 학교전담 경찰관 확보는 두 가지 방향에서 접근하기로 했다. 다른 기능에서 인력을 보충하는 방법과 기존의 학교폭력 담당인력을 효율적으로 재배치하는 방법이었다.

2012년 10월부터 3개월에 걸쳐 조직진단을 실시하여 47명을 확보하고, 기존 경찰서당 2명인 학교전담경찰관 62명을 포함, 기존의 담당인력을 재배치함으로써 총 208명의 학교전담경찰관(School Police Officer: SPO)을 확보할 수 있었다. 이들은 모두 청소년 문제 해결에 대한 특별한 관심과 역량을 가진 직원들을 대상으로 공모를 통해 구성하였다.

이런 인력 확보는 말이 쉽지 결코 간단한 일은 아니었다. 경비경력을 줄이는 등 각 기능에서의 적극적인 협조와 발상의 전환을 통한 효율적인 재배치가 없었다면 불가능했을 것이다. 이렇게 하여 SPO 1인당 담당 학교수가 3.4(중고 기준)개로 대폭 축소되었던 것이니 종전의 21.6개교와는 차원이 다른 것이었다.

이제는 이들 SPO가 학교 내를 포함 교직원과 학생들을 자연스럽게 가까이하면서 치안활동을 할 수 있는 환경을 어떻게 조성하느냐 하는 문제가 남았다.

SPO는 선진국에서 잘 운영되고 있는 제도다. 미국의 LA경찰은 1개 학교에 4~5명의 경찰이 상주하고 있을 정도로 학교 내 경찰활동을 중시하고 있다. 나는 이러한 실태를 서울시교육청과 공유하여야겠다는 생각으로 경찰과 교육청 담당자가 동반하여 출장을 다녀오길 바랐고 그렇게 진행되었다.

이러한 흐름 속에서 언론에 보도된 학교폭력 근절에 대한 나의 확고한 의지를 읽은 문용린 서울시교육감이 만남을 제의해왔고 입춘날인 2013년 2월 4일, 양 기관의 담당책임자 등과 함께 간담회를 가졌다.

'오리무중 우왕좌왕' 이라 말하고 싶습니다

당시 문용린 서울시 교육감은 교육부장관 등을 역임한 교육분야 전문가였다. 나는 평소 내가 생각하고 있는 학교폭력의 근본 문제점과 그 해결방안에 대해 주폭척결 과정을 예로 들면서 단도직입적으로 이야기했다.

학교폭력 근절의 주체와 관련하여 한마디로 '오리무중 우왕좌왕' 이 나의 진단이라고 말씀드린 것이다. 참으로 안타까운 현실이지만 모든 사람이 학교폭력 근절을 외치고 있으면서도 정작 그 주체적 역할을 해야 하는 컨트롤타워가 모호하니 어찌 제대로 된 에너지가 나올 수 있겠는가? 그러면서 나는 주폭척결 과정을 상세히 설명했다. 주폭척결이 성공한 근본 비결은 주폭질을 하면 반드시 신고당하고 경찰에서 모든 범죄사실을 꿰뚫고 있어 예외없이 구속된다는 인식을 주폭들에게 확실히 심어주었기 때문이었음을 강조하였다.

보복의 두려움에 신고를 기피하면서 혼자서만 분노를 삭이며 냉가슴을 앓던 피해자들이 이제는 경찰을 믿고 바로 신고하는 문화로 바뀌었다. 전담 경찰관들은 철두철미 피해 주민의 입장에서 주폭의 범죄행각을 샅샅이 찾아 엄정 조치한다. 피해자에게는 믿을 수 있는 따뜻한 '경찰 아저씨'가 되었고 주폭에게는 '저승사자'가 되었다. 실제로 그렇게 불리고 있다. 또한 재활치료를 돕기 위해 다양한 정보를 제공하기도 한다.

이러한 일련의 과정은 학교폭력을 근절하기 위한 전략으로 그대로 적용될 수 있고, 적용되어야 한다는 것이 내 말의 핵심 요지였다. 그래서 어려운 여건임에도 208명의 SPO를 확보한 상태라고 이야기한 것이다.

문용린 교육감은 나의 손을 덥석 잡았다. 다소 무례할 수도 있는 나의 말을 받아들이면서 '우리 함께' 학교폭력을 제대로 한번 근절해보자고 말하였다. 역시 대인(大人)이었다. 나 또한 맞잡은 손에 힘을 주며 "반드시 그렇게 될 것입니다"라고 화답했다.

208명의 SPO 발대식 그리고 영화 〈늦은 후……愛〉

이렇게 하여 2013년 2월 20일, 서울경찰청 대강당에서 문용린 교육감과 학교폭력 관련 포괄적 MOU를 체결함과 동시에 SPO발대식을 가졌다. 역사적인 순간이었다. 이 행사에는 서울시내 11명의 전 교육장과 일부 교장, 교감 및 학부모와 청소년 관련 유관기관, 단체 모두가 참석했으며 경찰 측에서는 서울 시내 경찰서장 31명을 포함해 서울청 경찰지휘부 전원과 SPO 208명 등 총 650여 명이 넘는 인원이 함께 하여 학교폭력 근절 의지를 다짐했다.

특히 서울경찰청 혁신단이 학교폭력의 심각성을 알리기 위하여 이번 발대식에 맞추어 직접 만든 영화인 〈늦은 후……愛〉는 참석한 사람들의 심금을 울리면서 큰 공감을 이끌어냈다. 이 영화는 학교폭력 실화를 바탕으로 하여 만든 것으로 경찰과 교사, 양측 모두 학교폭력에 대해 미온적이고 소극적인 자세로 일관하다 피해 학생이 스스로 생을 마감하는 것을 방치하게 되었다는 내용이다.

이 영화가 상연된 지 며칠 뒤, 실제 경북 경산에서 고교생 한 명이 영화 내용과 비슷한 사연으로 자살한 사건이 발생하여 청와대를 비롯한 전국의 유관기관, 단체에 배포되었다. 또한 인터넷에 공개한지 며칠 만에 유투브 조회수가 수만 건을 돌파하고, 네이버·다음팟 등도 십만여 건에 달했을 정도니 그 관심을 알 만하였다.

"SPO라는 특별참모를 가진 교장선생님이
학교폭력 근절의 컨트롤타워입니다"

다음은 문용린 서울시 교육감이 화답하였다. 2013년 3월 12일, 서울 송파구 잠실동에 있는 정신여고 강당에서 서울 시내 중고등학교 교장(교감) 전원과 SPO 208명 등 900명이 넘는 인원이 참석한 가운데 사상 처음으로 경찰과 교육당국, 학교측이 함께하는 워크숍이 개최되었다.

특강에 나선 나는 왜 SPO가 필요한지에 대해 학교폭력의 문제를 주폭과 비교하면서 강조했다. 그리고 학교폭력 문제해결의 컨트롤타워는 누가 되어야 하는가라는 화두를 던지고 스스로 결론을 내렸다.

"SPO를 특별참모로 한, 여기 참석해 있는 교장선생님 여러분들이 바로 컨트롤타워입니다"

학교별로 차이가 있지만 이미 그 전과는 비교도 되지 않게 분위기가 바뀌고 있다는 것을 느낄 수 있었다. 내가 서울청을 떠날 무렵 이미 50여 학교에서 교내에 SPO 전용 상담실을 설치해 주었으며 빠른 속도로 확산되고 있다는 이야기를 들었다. 학생들의 폭력심리가 억제될 수 밖에 없다. 이렇게 하여 첫 단추는 비교적 무난하게 꿰게 되었다.

서울시내 교장과 SPO 합동 워크숍

청소년문화발전위원회 세상에 처음 나오다

이제 어떻게 하면 청소년의 문화 체육활동 등을 지원하는 시스템을 갖출 것인가가 중요한 의제로 남게 되었다.

일반 범죄와 달리 학교폭력은 가해 학생이 문제의식 없이 특정 학생에 대해 지속적으로 피해를 주는 범죄이며 특히 자아 형성이 미성숙한 청소년 또래집단(학교) 내에서 폭력이 하나의 문화처럼 형성될 수 있다는 특징이 있다.

그러나 지금까지 경찰의 학교폭력 대처는 가해자 중심의 선도 프로그램이 대부분이었고 이러한 접근법은 참가 학생은 곧 문제학생이라는 낙인효과가 있기 때문에 한계가 있었다.

이에 서울청에서는 일반학생 대상으로, 이벤트 행사보다는 실질적 효과 위주의 청소년 문화개선 운동을 전개하기에 이르렀다.

나는 이러한 목표를 이루기 위해 2013년 3월 25일 건전한 청소년 문화를 선도하며, 학교폭력 근절 활동을 지원할 청소년문화발전위원회를 서울경찰청 및 각 경찰서(31개) 산하에 신설하고, 사회 각계각층의 저명인사 등 821명을 위원으로 위촉하였다. 위원회의 주요 임무는 학교폭력 예방을 위한 대책 마련 및 공조 대응, 청소년의 범죄예방과 일탈 방지, 청소년 문화활동을 지원하는 것이었다.

중요한 것은 청소년 문화가 바뀌어야 한다는 사실이다. 스포츠 예술 등 다양한 분야 전문가들의 재능기부를 받아 청소년들이 경찰관의 보호 하에 무료로 문화프로그램을 수강하게 된다면 상호존중하면서 함께 살아가는 사회성을 키우는 데 크게 도움이 될 것이다. 여기에는 LA카운티 경찰의 민간인 지원단체인 YAL(Youth Activities League) 제도가 좋은 참고가 되었다.

이 자리를 빌려 학교폭력 문제의 심각성에 깊이 공감하여 동참해준 청소년문화발전위원회 위원들에게 깊이 감사드리며, 당시 보낸 이임 인사글을 여기에 소개한다.

'청소년문화발전위원회' 위원 여러분!

반갑습니다. 그리고 고맙습니다.

저는 이제 서울지방경찰청장을 마지막으로 경찰을 떠나면서 위원님들 여러분께 감사의 인사를 드리기 위해 이렇게 펜을 들었습니다.

저는 공부하러 보낸 학교에서 폭력에 시달리다 못해 자살까지 하게 되는 現 청소년 폭력문화를 결코 그냥 둘 수 없다는 단호한 결심하에 그동안 많은 고뇌를 거듭해 왔습니다. 그 결과 지난 해에는 117학교폭력원스톱센터를 설치, 운영하고 금년 2월에는 문용린 교육감님과 전적으로 마음을 함께하면서 208명의 스쿨폴리스를 발대하였습니다. 그리고 학교폭력 실태를 고발하는 〈늦은 후……愛〉라는 영화를 자체 제작하였습니다.

나아가 학교폭력의 문제는 모든 국민들이 적극 동참하여야만 해결의 실마리를 풀 수 있다는 믿음 하에 청소년 문제에 특별한 관심과 열정이 있는 특별한 분으로 청소년문화발전위원회를 구성키로 결심하였던 것입니다. 이제 3월 말을 기하여 서울지방경찰청 직속 위원회를 포함하여 31개 전 경찰서에서 819명의 위원님들에 대한 위촉식이 마무리되었습니다.

저는 오늘을 기해 경찰관으로서의 인연이 다하여 경찰조직을 떠나게 되지만 청소년 문화에 대한 고뇌는 계속 함께 할 것입니다. 정말 눈코뜰새 없이 바쁜 위원님들께서 동 위원회에 기꺼이 동참해준 그 고마움을 결코 잊지 않을 것입니다.

그리고 지난 해 제가 서울경찰청장으로 와서 주폭척결과 공원정화 등의 시책에 대해 열렬히 지지해주신 그 고마운 마음 또한 깊이 간직할 것입니다. 틀림없이 위원님들의 적극적인 관심과 지도 덕으로 서울에서의 학교폭력은 완벽에 가깝게 해소되리라 확신합니다.

위원님들! 그동안 정말 고마웠습니다. 늘 건강하시고 언제나 행복하십시오.

2013. 4.1 서울지방경찰청장 김용판 배상

나는 SPO가 학교 교내 전용상담실에서 업무를 수행할 수 있는 터를 닦고, 민간지원시스템인 청소년문화발전위원회를 계획하고 출범시켰지만 얼마 후에 경찰직을 떠났기에 SPO와 위원회가 성과를 거두어가는 모습을 직접 지켜보지는 못했다.

그러나 언론을 통해, 또 후배 경찰관 등을 통해 SPO가 확실히 제 역할을 하고 있고, 위원회 또한 예술, 문화, 오락, 스포츠, 미술, 음악, 영화 등 다양한 분야에서 청소년들에게 마음의 양식을 심어주고 있다는 소식을 자주 전해 들었다. 내가 고민하고 시도했던 노력들이 우리 청소년들에게 조금이나마 도움이 될 수 있다는 것이 가장 값진 보람이었다.

05

서울경찰청에서 추진한
치안복지 창조

내가 추진한 많은 치안복지 시책 중에서 특히 주폭척결이 시민과 언론의 대대적인 환영을 받은 것은 사실이다. 그렇다고 해서 내가 주폭척결에만 몰입한 것은 아니다.

내가 강조한 '치안복지 창조하는 신뢰받는 서울경찰'이라는 슬로건 아래 3만여 명의 서울 경찰은 '존중·엄정·협력·공감'의 4대 전략을 바탕을 두고 서민들을 위한 많은 시책을 추진했다. 4대 전략을 현실에서 어떻게 활용했는지를 간략히 소개한다.

존중 : 작은 열쇠가 큰 철문을 연다

존중은 모든 조직에 필요하다. 존중문화의 정착을 통해 구성원들의 잠재 역량을 극대화할 수 있는 기반을 마련해야 치안복지 창조를 이루어낼 수 있다. 나는 존중을 구체적으로 인정, 칭찬, 예의, 배려로 규정하고 이를 시책화 하도록 했다.

이러한 맥락에서 칭찬 릴레이, 내부 설문조사, 현장 간담회, 불필요한 일 버리기, 각 부서별·기능별 벽 허물기 등 지휘자와 관리자가 먼저 역지사지와 겸손의 자세로 현장 경찰관의 의견을 경청하는 등 존중의 판을 마련토록 하였으며, 전 직원의 아이디어를 모아 실행에 옮겼다.

또한 주민과 함께 하는 치안보고회, 주폭척결 大심포지엄을 개최하여 주민의 요구와 관심 사항을 치안정책에 적극 반영하는 등 존중의 흐름이 주민에게까지 이어지도록 노력하였다.

전의경 숙소에 걸려있는 '도끼와 나무' 속담

특히 전의경 내무반에는 어느 곳 하나 예외 없이 "도끼는 잊어도 나무는 잊지 않는다"는 속담을 크게 걸어두고 수시로 복창케 하여 선·후임간 폭력행위 등이 발생하지 않도록 심리적 억제장치로 활용케 한 것이 기억에 선명하게 남는다.

엄정 : 법질서가 무너지면 사회적 약자 순으로 피해를 본다
엄정은 말로 하는 것이 아니다

주민이 경찰에게 가장 바라는 것은 경찰이 엄정한 잣대로 법질서를 확립하여 치안을 유지하는 것이 아니겠는가? 그런데 엄정은 윗사람이 하는 '일방적 지시'와 같은 '말'로 이루어지는 것이 아니다. 엄정은 현장의 접점 추진체를 정비하여 정예화하고 구성원들이 실제로 엄정하게 일할 수 있는 환경을 조성하였을 때 가능한 것이다.

협력 : 한 올의 실로는 줄을 만들 수 없고,
한 그루의 나무로는 숲이 되지 않는다

사람은 누구나 자신만의 지혜와 경험을 가지고 있다. 각자의 다양한 지혜와 경험이 의미있게 결집될 때 집단지성이 발현되어 보다 큰 지혜가 도출된다. 이러한 믿음 아래 서울경찰은 지역 주민, 유관단체 등의 자발적·주체적 동참을 위한 다양한 협약을 체결하는 등

범주민적 전략을 추진하였다.

사회안전망 구축에 우리 모두가 함께할 때 사회의 보이지 않는 눈이 작동되어 범죄심리를 효과적으로 억제할 수 있다. "멀리 가려면 함께 가야 한다"는 말처럼 치안복지 창조는 함께 해야만 이뤄낼 수 있는 목표다.

공감 : 진지하게 듣고 의미있게 알릴 때 공감은 시작된다

치안복지를 창조해가는 노력도 소중하지만 열심히 일한 성과를 의미있게 제대로 알리는 것 역시 중요하다. 서울경찰은 '마음에서 나와야 마음으로 통한다'는 생각으로 〈서울경찰 25시〉, 각종 SNS, 명예경찰관, 대학생 리포터 등을 활용해 서울경찰의 다양한 활동상을 알리고 주민의 의견을 수렴하는 등 주민 속으로 다가가기 위해 노력했다.

공감은 현대사회에서 매우 중요한 역할을 한다. 예전에는 리더십이 주요 덕목이었으나 소통으로 바뀌었고 이마저도 공감으로 변하는 추세다. 리더십과 소통 모두 중요하지만 공감이 형성되지 않으면 활기차고 진취적인 조직문화를 만들기 어렵다. 공감이 눈높이를 같이하여 가슴을 여는 것이라 할 때 공감이 선행되지 않으면 소통의 기회 자체가 막힌다고 볼 수 있다.

공감능력 자체가 리더십의 주요 요소인 것이다. 내가 서울청장으로 재직할 때 공감을 강조한 것은 바로 이러한 이유에서였다.

공원 정화에 나선 기마경찰대

Before   After

변화된 공원의 모습

06

함께 일군 국가생산성대상

35년 역사에서 중앙행정기관으로는 최초!

2011년 9월 9일, 서울 코엑스 오디토리움에서 제35회 국가생산성 대상 시상식이 열렸다. 이 자리에서 충북경찰청은 1975년 제1회 대회가 개최된 이래 35년 역사에서 중앙행정기관으로는 최초로 국무총리 표창(종합상)을 수상했다. 3,500여 명의 충북경찰청 소속 직원과 충북 도민들이 한마음이 되어 함께 일구어낸 쾌거였다.

국가생산성 대상은 무엇인가?

지식경제부가 주최하고 한국생산성본부가 주관하는 시상제도다. 체계적인 경영 활동을 통해 모범적인 생산성 향상을 이룩한 기업 및 기관에 수여하는 국내 최고 권위의 생산성 향상 분야 포상제도다. 이 상은 국무회의 의결과 대통령의 재가를 거쳐 최종 결정된다.

충북청 직원·주민들과 함께 시상식에서

　국가생산성 대상을 받기 위해서는 먼저 리더십, 전략기획, 고객과 시장, 측정과 분석, 인적자원 중시, 프로세스 등 다양한 분야에서 최신 경영기법 등이 담긴 복잡한 서류심사 관문을 통과해야 한다. 이후에는 권위 있는 전문 교수진 등으로 구성된 현지 심사단으로부터 아침부터 저녁까지 하루 종일 감사원 감사 내지 대기업 신입사원 면접과 똑같은 분위기에서 실사를 받는다. 혈기만으로 결코 도전할 수 없으며, 특별한 성과 없이는 꿈도 꾸기 어렵다. 심사위원들은 전문적이기도 할 뿐만 아니라 냉철하고 끈질기기도 하다.

　2011년 6월 13일, 홍익대 김형욱 교수 등 6명의 전문가들로 구성된 심사단이 충북경찰청을 방문해 직원들을 대상으로 현지 실사를 진행하였다. 충북청장이던 나 또한 리더십 부문에서 담당 심사위원으로부터 두 시간에 걸쳐 '치안철학이 무엇이냐?' 는 질문을 필두로 '그동안 펼친 중요 치안 시책은 무엇인가', '주민을 위해 실제적으로 행한 정책은 무엇인가', '어떤 성과를 올렸는가' 등 다양한 질문을 받았다. 한 심사위원은 이렇게 물었다.

"생산성 대회에 응모한 동기는 무엇입니까."

나는 자신있게 대답했다.

"도전하면서 준비하고, 준비하면서 배우고, 배우면서 발전한다는 믿음으로 응모했습니다."

심사단은 심사를 마친 뒤 강평에서 몇가지 시책에 대해 높이 평가했다.

첫째, 존중 자체를 업무로 규정하고 존중문화를 실천해 가는 것은 일반기업에서도 보기 드문 시책이다. 둘째, 일선 현장에 권한위임을 전제로 한 자기주도형 근무를 시행함으로써 창의적 성과를 내는 것은 매우 바람직한 방향이다.

셋째, 주폭 개념을 최초로 창시해 사회적·경제적 비용을 크게 절감시켰을 뿐만 아니라 주폭척결 운동이 전국적으로 확산될 수 있는 계기를 마련한 것은 World Class 수준이다. 넷째, 무엇보다 '치안복지 창조'라는 공감받는 비전과 존중·엄정·협력·공감이라는 실행가치를 전직원들이 이해하고, 마음을 합하여 함께 실천해 가는 것이 가장 인상 깊다.

뜻이 있는 곳에 반드시 길이 있다

국가생산성 대상이 확정되었다는 통보를 시상식 보름 전에 받은 후 자연스럽게 기념식수를 떠올렸다. 전 직원들과 함께 노력한 대가를 길이길이 남겨두고 싶었던 것이다. 처음에는 꽃도 오래가고 멋있는 백일홍을 염두에 두었다. 그러던 어느 날 광복농산의 이광복 회장과 식사를 함께 하면서 우연히 기념식수 이야기가 나왔다. 이 회장은 반색을 하면서 강력하게 무궁화를 추천했다.

"무궁화는 우리나라 국화잖아요. 또 경찰의 상징이 무궁화 아닙니까? 경찰의 계급장이 무궁화로 이루어져 있으니까요."

순간 나는 무릎을 쳤다. 맞다! 왜 이 생각을 미처 못했을까? 부족함을 한 번 더 느끼면서 이광복 회장의 높은 식견에 감탄했다. 여기서 잠깐 이광복 회장 이야기를 꼭 하고 싶다. 이분은 우리나라 양곡업계에서는 전설적인 인물이다. 집안이 어려워 전문적인 공부를 하지는 못했지만 최신식 자동제어시스템을 손수 설계, 제작해 설치함으로써 생산성을 획기적으로 향상시킨 新지식인이다. 또한 겸손하고 언제나 긍정적인 성품으로 지역에서 큰 존경을 받고 있다.

식수할 나무로 무궁화를 정한 다음에는 멋진 무궁화를 찾는 일이었다. 이 또한 특별한 인연으로 해결되었다. 당시 이상수 충북청 인사계장이 집안 형인 이상선 씨를 만나 이런저런 이야기를 나누다가 기념식수용 무궁화를 찾고 있다고 말했다. 그러자 이상선 씨가

무궁화기증자 이상선 씨 부부와 함께

자신이 가꾸고 있는 무궁화를 선뜻 추천했다. 수령 50년이 넘는 멋진 무궁화를 이상선 씨는 흔쾌히 기증했다.

무궁화 기념식수와 관련해 추천과 기증에 걸쳐 정말 세상에는 '인연'이란 게 따로 있구나 하는 생각을 절로 갖게 되었다. 그 무궁화는 국가생산성 대상의 의미를 간직한 채 변함없이 충북청을 잘 지켜보고 있다.

07

승계 없는 역사는 없다

    승계는 앞 사람의 정책을 무조건 물려받는 것이 아니라 좋은 정
책은 더욱 발전시키고, 실패한 정책은 폐기시키는 것이다. 그런데
앞 사람의 정책을 물려받으면 모방을 한다는 비난을 받을까봐 그러
는 것인지 아무리 좋은 정책이라 하여도 이어받아 추진하는데 인색
하다.

    내가 충북청장으로 재직할 때 주폭척결의 성공 사례를 〈백서〉로
만들어 전국 경찰관서에 배포했으나 그 시책을 펼친 곳은 제주경찰
청과 기타 몇몇 경찰서 차원에서 시행한 것에 불과했다. 그 좋은 정
책을 자신이 만든 것이 아니라 하여 큰 의미를 두지 않은 것이다.
나는 서울청장으로 부임한 후 전임자의 정책을 면밀히 살펴 좋은
정책은 중단 없이 계속 시행해 나갔다.

"한 수 배우러 왔습니다"

승계의 관점에서 내가 적극적으로 추진한 시책은 '한배단 활동'이다. 한배단은 '한 수 배우러 가는 단체'의 약자로서 내가 명명한 것이다. 서울경찰의 수준을 한 단계 높인 의미 있는 활동이었다. 기존의 관행에 얽매여 급속하게 변하는 환경을 따라잡지 못하거나 혁신적인 아이디어 또는 효율적인 업무 프로세스를 창안하여도 담당자나 지휘관이 바뀌면 승계 발전되지 못하는 경우가 적지 않았다. 이러한 행태에 대한 진지한 성찰을 통해 '우리가 모른다고 없는 것이 아니다'라는 자세로 발상을 전환한 결과 한배단이 탄생했다.

서울청 정보부 한배단의 춘천 남이섬 견학

조직 내부는 물론 일반기업이나 타 기관·단체에서 시행 중인 우수한 사례들을 발전적으로 벤치마킹하는 것을 뜻한다. 이러한 한 배단 활동을 통해 기존 우수시책의 승계 발전을 넘어 타 기관·단체의 우수사례를 서울경찰의 실정에 맞게 새롭게 도입하여 치안 경쟁력을 향상시켰다. 이렇게 자세를 낮추어 적극적으로 배우는 과정에서 소통이 확대되고 치안복지 창조에 대한 공감대 형성과 지지 기반도 넓어졌다.

"한수 배우러 왔습니다." 이 말이 사회 곳곳에 울려퍼질 때, 우리 사회의 상생문화도 더욱 빨리 정착되리라 생각한다.

승계 발전에서 창조가 나온다

2010년 9월에 충북경찰청장에 부임한 즉시 주폭척결시책을 강력 시행하여 그 성과가 가시적으로 나타난 이후에 경찰청에 몇 차례나 그 성과를 보고하였으나 특별한 반응은 없었다. 12월이 되어서 어느 중앙 일간지에 소개된 이후에야 비로소 전국에 확대 실시하라는 공문을 경찰청에서 내려보냈으나 그뿐이었다.

나는 이 좋은 시책이 왜 확산되지 않는지 그 이유를 알아보게 하였는데 놀라운 이야기를 듣게 되었다. 해당 부서에서 자체개발한 시책이 아니라는 것과 경찰청장의 지시에 의해 시행된 것이 아니라는 이유 때문이었다는 것이다.

공직사회에서 고위공직자 혹은 조직의 최고책임자가 승계를 외면하는 것은 어제오늘의 일이 아니다. 그러나 승계 없는 역사는 없다. 버릴 것은 버려야 하지만 좋은 시책은 승계되어 더욱 발전되어야 한다. 그 가운데 공감이 싹트고 신뢰가 쌓여가는 것 아니겠는가!

이 점에서 나는 윤종기 치안정감을 높이 평가한다. 전남 고흥이 고향인 윤 치안정감은 내가 소위 국정원 댓글사건 수사에 있어서 축소·은폐를 지시한 몸통으로 매도된 이유 중의 하나가 대구·경북 출신이라는 지역적 문제가 작용했다는 점에 대해 통탄스럽게 생각하는 경찰관이다.

내가 충북청장 때 충북청 차장을 하였고 서울청장 때는 경비부장으로 근무했다. 그는 누구나 원하는 자기 고향의 청장보다는 충북청장으로 가서 내가 했던 여러 시책을 승계·발전시키겠다는 포부를 밝힌 적이 있다.

그리고 정말 충북청장으로 가서 그 사이 슬며시 사라진 많은 시책을 부활시키고 더욱더 발전시켰다. 존중문화가 활성화되니 직원들이 좋아하고 주폭이 척결되면서 동네가 조용해지고 공원이 정화되니 주민들이 좋아할 수밖에 없다. 이렇게 열린 리더십을 가지고 있는 윤 치안정감은 어디에 있든 훌륭하게 그 책무를 잘 수행하리라 믿어 의심치 않는다.

08

문화경찰을 꿈꾸다

왜 문화경찰인가?

일찍이 백범 김구 선생은 '나의 소원'에서 문화국가를 강조했다.

"… 오직 한없이 가지고 싶은 것은 높은 문화의 힘이다. 문화는 우리 스스로를 행복하게 할 뿐 아니라 남도 행복하게 할 수 있는 힘이 있기 때문이다. 문화행위로서 인의(仁義), 자비(慈悲), 사랑의 인간 정신을 고양시켜야 한다."

우리 민족은 신바람의 DNA를 가진 민족이다. '대장금'에서 '말춤'까지 세계적 한류현상을 보면 "앞으로 대한민국은 문화가 밥 먹여줄 것이다"라는 말이 설득력 있게 들린다. 나는 경찰 업무 자체가 딱딱하기 때문에 경찰관에게 무엇보다 문화적 소양이 필요하다고 생각한다.

또한 주민과 공감하기 위해서는 가슴을 먼저 열어야 하는데 가슴을 열게 하는 방법으로 문화적 접근만큼 좋은 것이 없기 때문이다. 문화적 접근법으로 가장 먼저 선택한 것이 경찰관 각자 시(詩)한 수 외우기 운동이었다. 시는 함축된 언어 속에 인간만사의 희로애락이 담겨져 있고, 사람의 감성을 가장 자극하는 매개체이기 때문이다.

먼저 서울청 간부부터 회의 시작 전에 시 한 수를 외우도록 하였으니 갑자기 시를 외워야 할 처지에 놓인 간부들은 짧은 시 찾기에 여념이 없었다. 우리나라의 유명 시 중에서 짧은 시란 시들은 모두 등장했을 것이다. 비록 외울 때는 힘들었지만 모임의 건배사 등을 통해 시를 외운 보람을 확실히 느꼈다는 이야기를 많이 들었다. 시를 외우니 사람을 달리 보고 경찰을 달리 보더라는 것이다.

서울청 3만4천여 명 직원들이 가진 다양한 재주와 끼를 발산할 수 있도록 2012년 10월 31일 서울경찰문화한마당 행사를 개최하기도 하였다. 여기에는 경찰관, 전의경, 경찰가족뿐만 아니라 순직경찰 유가족, 소년소녀가장, 다문화가정 등 많은 주민들이 함께 하여 즐거운 시간을 보냈다. 자연스럽게 소통과 화합의 장이 마련된 것이다. 우리 직원들은 박현빈, 태진아. 티아라 등 초청된 가수보다 한수 위가 아니냐 할 정도로 빼어난 판소리 등 노래솜씨를 뽐냈다.

이런 재주를 가진 직원들이 공원에서 색소폰을 연주하는 등 공원 정화에도 적극 동참하였다. 내가 퇴임 후인 2014년 여름 강원도

서울경찰청 직원 존중문화콘테스트

영월에 있는 법흥사에서 심신수련을 하고 있을 때 그 지역의 대표
적인 관광명소인 김삿갓면에 간 적이 있었다. 거기서 나는 김삿갓
파출소 소장인 전준철 경감이 주민들에게 색소폰을 가르치면서 공
감치안을 실행하고 있는 광경을 보고 깜짝 놀랐다. 전준철 경감은
내가 서울 은평서 형사과장으로 근무할 때 형사로서 나와 함께 근
무한 인연이 있다.

　나중에 박선규 영월 군수를 만날 기회가 있었는데 전준철 소장
에 대해 입이 닳도록 칭찬하는 것을 들었다. 색소폰을 통한 주민과
의 공감 활동으로 완벽한 치안을 확보하고 있고, 주민과의 소통이
너무나 잘된다는 것이었다. '문화의 힘은 정말 대단하구나' 하는
것을 새삼 느끼는 순간이기도 했다.

　돌이켜 보면 나는 내가 좋아하는 시 몇 개를 외운 덕에 과분한 칭

찬을 받은 적이 있다. 먼저 서울 성동경찰서장 재직 시 내가 지은
시로

하늘에는 별이 살고
땅에는 꽃이 살고
가슴에는 사랑이 산다

라는 시가 있는데 회식할 때 건배사로 사용하기 위해 만든 것이
었다. 중국 주재관으로 발령나 중국 공안부의 간부와 상견례를 할
때 무슨 말을 할까 고민하다 이 시를 중국어로 번역하여 인사말로
갈음했는데 반응이 예상외로 호의적이었다. 번역은 이렇게 하였다.

천상유성(天上有星)
지상유화(地上有花)
인간유정(人間有情)

퇴임 직전 CJ CGV와 맺은 협약의 의미

문화경찰과 관련하여 내가 경찰로서 마지막으로 한 일이 CJ
CGV와 협약을 맺은 것이었다. 2013년 3월 29일, 이 날은 내가 퇴
임하기 3일 전이었으며 이미 퇴임이 결정된 뒤였으나 나는 즐거운
마음으로 CJ CGV 서정 대표와 협약을 맺었다.

협 약 서 CGV*

"서울지방경찰청"과 "CJ CGV"는 상호존중과 신뢰를 바탕으로 영화 문화예술 사업의 이해와 교류 및 상호이익 증진을 위해 다음과 같이 협약한다.

제1조(목적) 본 협약은 양 기관간 상호 적극적인 협력으로 상호 동반성장과 영화산업의 진흥을 촉진하고 경찰 구성원과 그 가족의 복지문화 실현을 목적으로 한다.

제2조(기본운영 원칙) 이 협약서에 명기된 사항은 상호 신의와 성실의 원칙에 입각하여 준수하여야 한다.

제3조(협력내용) 상호간의 협력범위는 다음 각 호로 한다.
① 서울지방경찰청 협력 사항
 - 경찰관 및 소속 직원에 대한 CJ CGV 할인혜택 사항 홍보
 - CJ CGV 영화상영 정보 내부게시판 이용 독려 및 기타 협력 등
② CJ CGV 협력 사항
 - (할인대상) 경찰관 및 소속 직원(동반 3인까지)
  ※ 경찰관, 전·의경, 일반·기능·별정·무기계약직 등을 포함
 - (할인혜택) 전국 CGV에서 1인당 5천원 영화관람 혜택 제공
  ※ 현장 발권시에만 해당되며, 제휴신용카드 중복할인 가능
  ※ 2D 일반영화에 한함 (3D 및 특별관 불가)
 - 기타 서울지방경찰청 주관 문화시책에 대한 편의 제공 등

제4조(협약기간) 이 협약은 협약일로부터 1년으로 하며, 협약 내용의 변경 또는 종료에 대한 명시적 의사가 없는 한 1년씩 자동 연장되는 것으로 한다.

제5조(기타) 본 협약서의 수정 및 보완할 필요가 있을시 양측의 상호 협의, 동의를 거쳐 서면에 의해 수정 또는 보완한다.

본 협약이 원만히 체결되었음을 확인하고 이를 증명하기 위하여 협약서 2부를 작성, 서명날인 후 각 1부씩 보관한다.

2013 년 3 월 29 일

서울지방경찰청장 CGV* CJ CGV 대표이사

김 용 판   서 정

협약의 핵심 내용은 서울청 직원뿐만 아니라 전국의 모든 경찰청 소속 직원들이 CJ CGV가 운영하는 영화관을 이용할 경우 큰 할인 혜택을 받을 수 있도록 한 것이다.

2015년 2월 현재까지도 이 협약의 효력은 유효하게 지속되고 있다. 이 자리를 빌려 CJ CGV측에 감사를 드리면서 이 협약을 자기 주도적으로 추진했던 이경자 경정의 열정과 노고에 대해 새삼 높이 평가하고 싶다.

제5부

나의 인생
나의 꿈

01

2월 4일 입춘날,
세상에 나오다

입춘은 4계절의 처음인 봄이 시작되는 날이다. 그래서인지 예부터 입춘대길(立春大吉)이라 하였다. 그런데 재미있는 현상은 적지 않은 사람들이 입춘(立春), 우수(雨水), 곡우(穀雨), 하지(夏至) 등의 24절기를 음력으로 알고 있다는 사실이다. 24절기는 태양의 황도상 위치에 따라 계절적 구분을 하기 위해 만든 것으로 그 날짜가 전부 양력이다. 하루이틀의 차이가 있기는 해도 24절기는 고정되어 있다.

그럼에도 사람들이 음력으로 오해하고 있는 까닭 또한 옛날에는 모두 음력을 사용했으니까 음력일 것이라는 일종의 고정관념 때문이 아닌가 싶다.

나는 전형적인 농촌인 경북 달성군 월배면 도원동에서 1957년(호적에는 1958년으로 되어 있다) 음력 1월 5일 태어났다. 그런데 이날은 양력 2월 4일로서 입춘날이었다. 어른이 되어서 들었지만 옛날에는 아이가 입춘날 태어나면 동네잔치를 한 곳도 있었다 한다. 그만큼 입춘날은 좋은 기가 충만한 날이라는 뜻일 것이다.

내가 태어난 도원동은 비슬산 자락에 있는 시골 중의 시골이었다. 중학교 3학년 때인 1972년에 비로소 전기가 들어왔을 정도였다. 내 고향 월배는 1981년 대구시가 직할시로 승격되면서 달성군에서 빠져나와 대구직할시 달서구로 편입되었다. 4남 2녀의 다섯째로 태어난 나는 어릴 때부터 책읽기를 좋아하는 문학소년이면서 의기(義氣)가 넘치는 골목대장이었다.

1970년 월배초등학교를 졸업하고 달성군 화원면에 있는 달성중학교에 입학했다. 당시 입학제도가 변경되어 그해부터 대구 시내 중학교가 평준화되면서 대구시 외의 타 지역에서의 입학은 불가능해졌기 때문에 달성중학교에 시험을 통해 입학하게 된 것이다. 수석입학을 하지 못했다고 실망하던 6학년 담임선생님의 섭섭해 하던 얼굴이 지금도 선명하게 떠오른다.

나의 아버지(김덕수)는 비록 제대로 된 교육을 받지는 못했지만 기억력이 탁월하고 기(氣)가 센 자수성가한 농부였고 어머니(김점조)는 바다같이 넓은 마음을 가진 인자한 분이셨다. 나의 외모는 어머니를 닮았지만 성격은 아버지를 많이 닮았다는 이야기를 자주 들었다. 자신이 공부를 하지 못한 데 대한 한이 많았던 아버지는 아들들만은 모두 대학에 공부를 시키고 싶어 했고 아버지 어머니 두 분 모두 정말 부지런히 일하여 어느 정도 재산을 모았다.

초등학교와 중학교 통지표에 적힌 나의 학교생활에 대한 평이

'두뇌는 명석하나 주의가 산만하다' 였을 정도니 내가 생각해도 공부보다는 무협소설 등에 빠져 학창시절을 보낸, 참으로 개성 강한 아이였다.

솔직히 내가 입춘날 태어났다는 것을 알게 된 것은, 나이 마흔 무렵 지인의 소개로 어떤 도학자를 만나고 나서였다. 그리고 그때부터 입춘과 봄에 남다른 애정을 느끼게 되었다. 영국의 유명한 낭만파 시인 셸리(Shelly)의 시에 나오는 '겨울이 오면 봄은 멀지 않으리'라는 구절을 늘 암송하던 것도 그 무렵이 아니었나 생각한다. 이 말은 묘한 힘을 가지고 있다. 다윗왕의 반지에 새겨져 있었다는 '이 또한 지나가리라' 는 말과 상통하는 면이 있어 힘들고 어려울 때 내게 큰 힘이 되었다.

02

무협소설에 빠진 소년,
장풍을 날리다

2012년 11월 15일 〈헤럴드경제〉 '쉼' 면에 특집으로 보도된 기사의 제목이다. 권충원 편집국장을 비롯한 간부진과 저녁식사 중에 학창시절에 빠져들었던 무협소설 이야기로 꽃을 피운 적이 있다. 권 국장 또한 무협광이었다 한다. 이것이 인연이 되어 특집기사가 나오게 된 것이다.

악당(惡黨)을 무찌르고 싶었던 학생이 있었다. 이 학생은 초등학교 때부터 무협(武俠)소설에 푹 빠져 있었다. 올해 나이 55세인 그는 아직도 무협소설을 사랑한다…. 고등학생 때 그는 이미 1만권 이상의 무협소설을 독파했다. 지금까지 정확히 셀 수 없지만, 수만 권은 읽었다고 회고한다. 무협에 빠져 있는 사람, 바로 현재 서울 치안을 책임지고 있는 김용판(金用判) 서울경찰청장의 얘기다.

"악당을 무찌르고 싶다"는 다소 유치해보일 수 있는 어렸을 적 꿈은 그의 성장기에 큰 영향을 미쳤다. "I Have A Dream(저에게는 꿈이 있습니다)"이라고 말한 마틴 루터 킹 목사의 말처럼 김 청장에게도 꿈이 있다. "악당을 무찌르고 싶다." 그는 서울시 25개 자치구에 있던 '주폭'을 소탕해 공원놀이터를 시민의 품으로 되돌려줬다. 이제 그는 "조직폭력배를 소탕하겠다"고 하고, "시민의 소중한 재산을 갉아먹는 사기범이 더 이상 발을 디딜 수 없게 하겠다"고 큰소리친다.

- 2012년 11월 15일, 〈헤럴드경제〉

당시 나는 서울경찰청장으로 주폭척결, 공원정화 등으로 비교적 이름이 알려져 있었다. 이 기사는 그런 창의적인 시책의 원동력이 바로 내가 어릴 때부터 탐독했던 권선징악을 주제로 한 무협소설의 영향이 아니었겠느냐는 시각을 일부 담고 있다.

사실 무협소설의 묘미는 주인공이 아무리 어려운 곤경에 처하더라도 불굴의 의지와 처절한 노력으로 이를 극복해 간다는 데 있다. 특히 내공을 높이기 위해서 고수들을 찾아다니며 한 수 배우는 자세는 나에게 많은 영감을 주었다. 서울경찰청에서 활짝 꽃피운 한배단(한수 배우러 가는 단체) 문화의 원조로 이 무협소설을 꼽는다 해도 틀린 말은 아닐 것이다.

어쨌든 초등학교 6학년 때부터 빠져든 무협소설로 인해 중학교, 고등학교 때의 학업태도는 성실했다고 볼 수 없음을 고백한다. 하지만 소년시절의 인격 형성에 무협소설은 나에게 긍정적 영향을 주었으며 특히 신의(信義)와 의기(義氣)를 중시하는 나의 성격이 바로 여기서 나왔을 것이라는 이야기를 친구들로부터 많이 들었다.

헤럴드경제 '쉼' 면 (2012. 11. 15)

03

애! 동류수만절필동(東流水萬折必東)!

    결혼을 한 후 큰딸을 낳고 1982년 26살의 나이에 사병으로 군에 입대했다. 강원도 철원에 있는 최전방 부대였다. 지금이야 군에서 구타가 거의 사라졌다고 하지만 그때만 해도 구타는 일반적인 군대 문화였다. 나의 직속고참이 나보다 무려 5살이나 적었으니 내 마음 고생이 능히 짐작될 것이다.

    입대한 지 얼마 되지 않은 신병 시절에 〈전우신문〉을 읽다가 동류수만절필동(東流水萬折必東)이라는 구절을 우연히 발견했다. 5,464km의 중국 황하가 남북으로 수만 번 꺾이고 굽이치지만 결국은 동쪽으로 흐른다는 뜻이다. 중국의 지형은 동고서저(東高西低)인 우리나라와 달리 서고동저(西高東低)이기 때문이다.

    이 말은 내 영혼을 뜨겁게 달구었고 그날 이후 이 문구는 나의 청년 시절의 좌우명이자 수호신이 되었다. 나는 그 어려운 최전방 군

생활 중에도 틈만 나면 공부하고 사색하기를 게을리하지 않았다. 그리고 1985년 1월, 29살에 육군 병장으로 만기 전역한 후 이듬해 인 1986년 제30회 행정고시에 합격했다.

초등학교 6학년 이후 지금까지 통틀어 내 인생에서 무협소설, 담배, 술 3가지를 모두 끊은 시기는 1985년에 있었던 행정고시 1차 합격한 날로부터 그 이듬해인 1986년 2차 시험 치를 때까지가 유일하다. 담배는 제대하면서 끊었지만 술과 무협소설은 지금도 즐기고 있다.

당시 딸을 둔 가장의 입장에서 나는 절박했다. 그래서 그 좋아하던 무협소설과 술을 그 기간만은 절대 하지 않겠다고 맹세하며 공부했고, 그것을 지켜냈다. 어머니가 권한 정월대보름 귀밝이술도 마시지 않았을 정도로 독하게 결심했다. 그리고 1986년 30회 행정고시에 30살의 나이에 우수한 성적으로 합격했다.

내가 행정고시에 합격했다는 소문이 들리자 고등학교 친구 한명이 이렇게 말했다.

"와~ 그 용판이가 합격했네. 신선한 충격이다."

그렇지만 초등학교와 중학교 친구들은 오히려 내가 고시에 너무 늦게 붙었다고 말했을 정도니 고등학교 친구들과는 보는 관점이 달랐다. 어쨌든 결혼을 했고 적지 않은 나이에 시험에 합격했다는 소식은 친구들에게 좋은 이야깃거리가 되었다.

그리고 고시특채를 거쳐 1990년 경정으로 경찰에 투신할 수 있었다. 많이 부족한 데도 경정이라는 높은 계급으로 경찰에 들어온 것을 고마워하면서도 한편으로는 조직발전에 특별히 공헌한 바가 없어 일반직원들에게 늘 미안한 마음을 갖고 있었다. 그런데 주폭 개념을 창시한 후 드디어 빚진 마음을 덜 수 있었다.

내가 듣는 내 성격의 장점은 긍정적이고 열정적이다, 솔직하고 정이 많다, 신의가 있다 등이다. 단점으로는 고집이 세고 급하며 직설적이라는 말을 많이 들었다. 그렇다. 내가 이런 단점이 있다는 것은 나도 인정하고 있다. 특히 직설적인 성격으로 인해 본의 아니게 상대에게 큰 상처를 준 적도 적지 않다. '도끼'가 된 것이다.

내 의도가 아무리 좋더라도 상대의 마음이 다치고 영혼에 상처가 났다면 이미 그 의미는 퇴색된 것이다. 진정한 고수라면 상대의 마음을 아프게 하지 않고서도 그 목적을 달성할 수 있을 것이다.

나로 인해 상처를 받았던 사람들이 있다면 이 자리를 빌려 미안한 마음을 전하고 싶다. 이러한 직설적인 성격을 개선하고자 노력하는 과정에서 나의 4대 전략 중 '존중'이 싹텄는지도 모른다. 나는 직원들과 간담회를 많이 가졌다. 함께 대화를 나눠본 직원들이 이구동성으로 하는 이야기가 있다.

"청장님은 정말 무섭다고 들었는데 직접 뵈니 너무 다릅니다. 정말 소탈하고 편안한 느낌을 많이 받았습니다. 저도 이제부터는 청장님의 이런 면을 동료들에게 많이 전하고 싶습니다. 청장님께서도 더 많은 직원들을 만났으면 좋겠습니다."

내가 존중의 DNA가 부족하여 뿔은 하나 달고 태어났는지 모르지만 그 뿔을 제거하기 위해 부단히 노력한 것만은 사실이다. 〈헤럴드경제〉와의 인터뷰 때 기자가 아내(김명수)에게 하고 싶은 말을 물었고, 나는 이렇게 말했다.

"가끔 나의 욱하는 성격 때문에 힘들었을 것이다. 하지만 그때마다 아내는 현명하게 잘 피해주어 싸움 자체가 일어나지 않았다. 특히 아버지의 병수발을 다 들어주고 두 딸을 모두 훌륭하게 잘 키워준 것에 대해 진심으로 고맙게 생각한다."

이 마음은 지금도 변함이 없다.

04

언제나 그리운 나의 어머니

    내가 이 세상에서 가장 사랑하는 사람 중 한 명인 나의 어머니 김점조 여사는 1916년에 경북 달성군 월배면 월성동에서 태어나셨다. 그날 이후 어머니가 살아오신 생은 대한민국의 모든 어머니가 그러하듯 단 한시도 마음을 놓을 수 없는 인고의 세월이었다. 너나 할 것 없이 가난했기에 하루 세 끼를 먹는 것이 삶의 최대 목표라 해도 과언이 아닌 그런 시절을 살아오셨다.

    다행히 우리나라가 경제발전을 이룩하면서 그러한 원초적 고달픔은 사라졌지만 어머니가 지녀야 할 숙명은 사라지지 않았다. 특히나 자식들의 건강과 행복을 바라는 간절함은 모든 어머니들이 간직한 영원한 애절함일 것이다.

    나의 어머니는 긴긴 세월을 힘든 농사일과 집안일을 하면서 자식들을 키우느라 고생이 이루 말할 수 없을 정도였으나 다행히 70

이 넘으실 때까지 큰 병에 걸리지는 않았다.

그러나 1992년, 77세였을 때 예기치 않은 상황이 발생했다. 수술이 불가능한 '말기 폐암'이라는 진단이 내려졌다. 이제 할 수 있는 일은 임종을 기다리는 것뿐이었다. 참으로 하늘이 무너지는 소식이었다. 그 소식을 들은 어떤 사람은 "77세를 사셨으면 부족한 삶은 아니다"라고 말하기도 했다. 그러나 나는 그 현실을 받아들일 수 없었다.

아버지는 내가 군 복무중일 때 75세로 이미 세상을 떠났다. 제대로 효도 한번 하지 못했는데 사랑하는 어머니를 그렇게 포기할 수는 없었다. 나는 그 바쁜 경찰 생활 중에서도 어머니를 살리기 위해 혼신의 노력을 기울였다. 그 결과 어머니는 건강을 회복하셨고 천수를 누리다가 1999년 84세를 일기로 영면하셨다. 그때 내가 '하늘의 뜻'이라고 여겨 포기했다면 평생을 두고 후회의 눈물을 흘렸을 것이다.

나는 당시 어머니를 살리기 위해 자연치유요법을 실천했고 그때의 경험을 모아 《내 병은 내가 고친다》라는 건강서를 출간해 화제가 되었다.

이 책은 1994년 7월에 서울기획에서 초판이 발행되었고, 1999년에 우리출판사에서 《내 건강비법》으로 재간행되었다. 현직 경찰이 자신의 체험을 바탕으로 건강서를 집필하자 〈중앙일보〉를 비롯해 많은 언론에서 내 이야기를 소개했다. 다음은 월간 〈QUEEN〉(1994. 9)에 실린 기사의 일부이다. 이 기사를 통해 어머니의 투병기와 함께 자연치유건강법이 무엇인가를 간략히 소개하고 싶다.

중앙일보 인터뷰 기사
(1994. 8. 3)

병원에서도 포기한 어머니를 '자연치유건강법'으로
완치시킨 현직 경찰 김용판 경정의 '사랑의 임상록'

"녹즙, 숯가루, 생채식으로 이뤄진 특별 식단으로 어머니의 생명을 책임졌습니다"

한 현직 경찰이 의학서 〈내 병은 내가 고친다〉를 펴내 화제다.

서울지방경찰청 형사부 수사지도관으로 근무하는 김용판(38)이 바로 그 주인공, 의과대나 한의대 문턱 한번 밟아본 적 없지만 난치병에 걸린 자신의 어머니를 살려야겠다는 집념으로 평소에 연구해오던 '자연치유건강법' 이라는 나름의 의학적 지식을 통해 어머니를 완치시킨 김용판 경정, 그 사랑의 치병기(治病記)를 담았다.

1992년 10월 9일 대구, 현직 경찰관 김용판의 어머니 김점조 여사(77세)가 갑자기 쓰러졌다. 곧 대구에서 제일 좋은 종합병원으로 보내졌다. 병원 진단 결과는 심한 뇌출혈이었다. "수술을 해야 희망을 가져볼 수 있습니다"라는 의사의 말에 가족들은 회의 끝에 병원측 의견을 따르기로 했다. 그런데 수술 직전 문제가 발생했다. 수술을 위한 기초검사 과정에서 김점조 여사에게 또 다른 악성질환이 있는 것으로 드러난 것이다. 병원측은 수술이 불가능한 말기 폐암이라는 결론을 내렸다.

"당시 어머니는 전혀 거동을 못했습니다. 뇌를 강하게 자극받고 있기에 고통 또한 이만저만 아니었고요. 대변도 바로 못 누어 옆으로 누워 보았으며 가끔 당신의 어머니를 찾을 정도였습니다."

소생을 기대하기 어렵다는 최후통첩이 내려진 어머니를 모시고 집으로 돌아오지 않으면 안 되었다. 그러나 평소 인체가 갖고 있는 자연치유력에 남다른 관심을 가지고 있던 김 경정은 절망보다는 오히려 강한 투지를 불태웠다.

'꼭 어머니를 완치시키고 말리라.'

당시 자연건강법의 선각자들과 대가들로부터 많은 배움을 얻었고 300여 권에 달하는 국내외 주요 의학서 및 건강서를 섭렵한 나름의 의학전문가로 자처한 김씨였기에 그 투지는 사실 남다른 것이었다. 김씨는 숱한 의학 편력의 여정 속에 구체적인 방법론에는 아직 자신이 없었지만 대략 나름의 결론(깨달음)을 얻고 있었다.

"피가 맑고 잘 순환되면 만병이 예방되고 치유된다. 어떤 증상이 있으면 이는 자연치유를 위한 생명활동이다. 증상이 곧 요법이다."

바쁜 경찰관 일로 직접 어머니를 돌보지 못했던 김씨는 형수님과 아내(김명수)를 비롯한 며느리 4명과 2명의 누나를 불러모아 자신이 어머니를 살리겠으니 자신이 지시하는 방법을 잘 따라줄 것을 부탁했다. 그동안 그가 보고 배우고 익힌 각종 자연치료법을 철저히 어머니에게 시행할 계획이었던 것이다.

● 아침 6시 : 기상, 기도, 생수 2컵+숯가루 1숟가락, 모관운동

어머니에게 시도한 자연치유법의 첫 일과는 바로 마음을 편안하게 해주는 일이었다. 그래서 우선 불교신자인 어머니가 일어나면 〈천수경〉을 틀어주었다. 세상 만사가 모두 마음(정신) 먹기에 달려 있으며 마음가짐에 따라 병이 생기기도 하고 낫기도 한다.

● 아침 7시 : 녹즙 1컵 마시기(우엉, 도라지, 연뿌리, 마, 당근, 비트, 야콘, 기타 뿌리채소류)

뿌리채소류는 제독의 성질이 강하므로 환자들에게는 필수식

단이다. 이중 비트는 피의 덩어리라 불릴 만하며 야콘은 향긋하고 맛도 매우 좋은 만큼 꼭 첨가해야 한다.

● 아침 8시: 아침식사(생식가루 2숟가락+참깨, 들깨 1숟가락+생채소+들기름 1숟가락을 혼합) 생김 1장에 싸서 천천히 먹도록 함. 식후에 잣, 호두, 생땅콩 등 견과류 각 3~4개, 백초분 1숟가락, 솔잎환 1숟가락

환자의 경우 화식(火食)보다 생식이 좋은 데 각종 영양분의 파괴가 적다는 것뿐만 아니라 생식을 하면 효소의 활동이 왕성해져 제독 효과가 뛰어나다는데 더 큰 이유가 있다. 만약 식사를 거의 할 수 없을 경우에는 뿌리채소류 녹즙을 먹을 때 생식가루를 몇 숟가락 넣어서 조금 마시도록 한다. 이러한 생식요법을 보통 1주일 정도만 실시하고 그 후에는 현미잡곡밥을 먹도록 하고 상태가 좋지 않은 경우에는 생식기간을 연장하는 것이 좋다.

● 아침 10시 : 숯 관장, 숯가루 찜질 목욕

뇌출혈 등으로 쓰러져 거동을 못하는 사람에게 가장 중요하면서도 각별한 주의가 필요한 것이 배변 문제다. "장이 맑아야 뇌가 맑다는 것은 불변의 진리입니다. 제가 어머니를 치료할 때 가장 신경 쓴 부분이 바로 이 관장입니다. 배변을 보든 그렇지 못하든 숙변이 제거되기 전까지는 매일 숯관장을 하도록 했습니다. 배변이 순조롭지 않은 상태에서 지나치게 힘을 쓰는 경우 뇌에 치명적인 손상을 가져옵니다."

숯가루 찜질목욕법은 목욕통에 숯가루 1~2되를 따뜻한 물에

잘 풀은 후 통속에 들어가 10분 정도 땀을 빼는 방법이다.

- 아침 11시 : 녹즙 1컵 마시기(케일, 양배추, 돌미나리, 민들레, 질경이, 무, 배추 등의 잎채소류)

- 정오 12시 : 점심식사 – 아침식사와 동일

- 오후 2시 : 올리브유–숯떡 바르기

  뇌출혈이란 쉽게 말하면 머릿속의 혈관이 터졌다는 얘기로 머릿속에 어혈이 뭉쳐 있다는 것이다. 김씨는 일단 큰형수와 함께 어머니의 머리를 모두 잘랐다. 그리고 매일 올리브유–숯떡을 머리에 붙였다.

- 오후 4시 : 녹즙 1컵 마시기 – 아침과 동일한 뿌리채소류

- 오후 5시 : 저녁식사 – 과일이나 과즙만으로

  "위와 장을 비우고 잔다는 원칙하에 어머니의 저녁은 과일만으로 제한하였습니다. 포도, 배, 사과 적당량에 백초분과 솔잎환만 1숟가락 드시게 했습니다."

- 저녁 10시 : 취침 – 기도, 생수 1컵+숯가루 1숟가락, 모관운동

  건강이라는 측면에서 이상적인 저녁식사는 잠자기 4시간 전에 끝내는 것이 좋다. 피로를 푸는 방법은 잠을 잘자는 것이다. 특히 잘 때 머리는 차고 발은 따뜻하게 하는 것이 건강과 치병의 기초조건이다. 김씨는 바로 이러한 상식에 따라 숯가루를 넣어 만든 낮은 베개를 직접 만들어 시원하게 베도록 하였으며 발을 따뜻하게 하기 위해서는 자기 전 목욕을 하도록 하였다.

– 〈QUEEN〉, 1994년 9월호

숯관장, 숯열탕 목욕을 시켜드리며, 돌미나리와 민들레를 뜯기 위해 온 들판을 다니는 등 정말 가족 전부가 정성으로 자연치료에 임하였다. 그렇게 시작한 지 열흘쯤 지났을까, 어머님께서 눈물을 글썽이며 내 손을 겨우 잡고 힘겹게 말씀하셨다.

"네가 정말로 나를 살리려 하는구나!"

그 말을 듣는 순간 어머니의 마음이 열리고 있었음을 느끼며 내 눈에도 눈물이 어렸다. '그래 우리들의 정성이 어머니에게 교감되고 믿음을 가지게 된 이상 어머님은 반드시 완쾌될 것이다. 바로 어머니 자신의 자연치유력에 의해…'

이러한 정성어린 자연치유법의 결과 얼마 못살 것이라는 나의 어머니는 병원측의 진단이 무색하게 보름 만에 숙변을 빼고 한 달 만에 걸을 수 있게 되었다. 마침내 뇌출혈을 털고 일어났으며 평소 어머니를 괴롭히던 심한 기침도 눈에 띄게 나아졌다.

의사와 주변 사람들은 건강을 회복한 나의 어머니를 보고 기적이라 입을 모았지만 나는 그렇게 생각하지 않았다. 내가 제시한 자연치유요법에 따라 온 가족이 한마음으로 정성을 기울였고, 그것이 어머니에게 교감됨으로 인해 어머니 자신의 대생명력이 살아났기 때문이었다. 따지고 보면 자식들을 믿은 어머니 자신이 치병의 일등공신이었던 것이다. 어머니를 치료하는 동안 가족들의 우애와 사랑이 깊어진 것은 또 하나의 소득이었다.

내가 경북 성주경찰서장으로 근무하던 1999년 4월 22일 서장 관사에서 자고 있을 때 소쩍새가 몹시도 울었다. 그 소쩍새 울음소리에 잠을 깼는데 어머니가 마치 나를 부르는 것 같았다. 그때가 새벽 3시쯤이었다. 당시 어머니는 대구시 달서구 도원동의 동생네 집에서 함께 있었는데 위독한 고비를 몇 차례 넘긴 상태였다. 그야말로 쉬지 않고 달려가 어머니를 보았을 때는 형들과 누나들은 모두 지쳐 자고 있었고 어머니만이 눈을 뜨고 계셨다. 그때가 새벽 3시 40분이 채 못 되었다. 당신의 손도 제대로 못 들 정도로 쇠약했던 어머니가 어디서 그런 힘이 나왔는지 내 손을 잡으시고 내 얼굴에 비비면서 미약한 목소리로

"판아…… 판아……"

하면서 나를 불렀다. 나를 기다리고 있었던 게 사실이었다. 나는 직감적으로 임종을 예감하고 어머님에게 속삭이듯 이야기했다.
"어머님의 일생은 너무나 훌륭했습니다. 자식들을 다 잘 키우셨고 평생 덕(德)으로 이웃을 살피셨습니다. 지금 밝은 빛이 보이시죠, 그 밝은 길을 따라 어머니 편하게 가세요……"

내 말을 들은 어머님은 조용히 눈을 감으시고서 1999년 4월 22일 새벽 4시 12분에 평화롭게 영면하셨다. 내가 그렇게 어머님에게 말씀드렸던 것은 '파드마 삼바바(Padma Sambhava)'라는 인도의 고승이 쓴 〈티벳 사자의 서〉라는 책의 내용이 떠올랐기 때문이다. 그 책은 죽음의 순간에 갖는 마지막 생각, 즉 상념이 환생의 성격을 결정짓는다는 것을 너무나 구체적으로 자세히 설명하고 있었다.

이제 어머니는 내 곁에 없다. 그러나 저 하늘에서 이 아들을 사랑의 눈길로 보살펴주시고 계실 것이다. 2년간에 걸친 힘든 재판과정을 잘 극복할 수 있었던 것도 어머니의 보이지 않는 도움 때문이었으리라 믿고 있다.

체험 치유기

병원에서도 포기한 어머니를
'자연치유 건강법'으로 완치시킨 현직경찰

김용판 경정의
'사랑의 임상록'

"녹즙·숯가루·생채식으로 이뤄진
특별식단으로 어머니의 생명을
책임졌습니다"

한 현직 경찰이 의학서('내 병은 내가 고친다')를 펴내 화제다.
서울지방경찰청 형사부 수사지도관으로 근무하고 있는 김용판씨(38)가 바로 그 주인공.
의과대나 한의대 문턱 한번 밟아본 적 없지만 난치병에 걸린 자신의 어머니를
살려내겠다는 집념으로 평소에 연구해오던 '자연치유 건강법'이라는 나름의 의학적 지식을 통해
자신의 어머니를 완치시킨 김용판 경정. 그 사랑의 치병기(治病記)를 담았다.

취재/이창곤 기자 사진/조경호 기자

진단 결과는 심한 '뇌출혈'.
"그나마 수술이라도 해야 희망을 가져볼 수 있습니다."
당시 이같은 의사의 말에 김용판씨를 비롯한 김씨 가족들은 회의 끝에 병원측 의견을 따르기로 했다.
그런데 수술 직전 문제가 발생했다. 수술을 위한 기초검사 과정에서 김정로씨에게 또 다른 악성의 질환이 있는 것으로 드러났던 것이다. 병원측은 말기 폐암이라고 진단했다. 동시에 수술이 불가능하다는 결론도 내려졌다.
"당시 어머니는 전혀 거동을 못했습니다. 뇌를 강하게 자극받고 있기에 고통 또한 이만저만이 아니었고요. 대변도 바로 못 누어 옆으로 누워 보았으며 가끔 당신의 어머니를 찾을 정도였습니다."
'소생을 기대하기 어렵습니다.'는 최후통첩이 내려진 어머니를 모시고 김용판씨 가족들은 집으로 돌아오지 않으면 안되었다. 그러나 평소 인체가 갖고 있는 자연치유력에 대단한 관심을 가지고 있던 김용판 경정은 절망보다도 오히려 강한 투지를 불태웠다. '꼭 어머님을 완치시키고 말리라.'
당시에 이미 우리 시대의 자연건강법의 선각자들 ― 현미식을 비롯해 생식을 통한 건강 가꾸기를 주창하는 안현필씨, 자연치료의 대가 임순녀씨(예맨 건강 생활훈련원 원장) 등등으로부터 많은 배움을 얻었을 뿐만 아니라 300여 권에 이르는 국내외 주요 의학 및 건강서적을 섭렵한 나름의 의학전문가로 자처한 김씨였기에 그 투지는 사실 남다른 것이었다.
김씨는 숱한 의학편력의 여정속에 구체적인 방법론에는 아직 자신이 없었지만 대략 나름의 결론(깨달음)을 얻고 있었던 것.
'피(氧血)가 맑고 잘 순환되면 만병이 예방되고 치유된다. 어떤 증상이 있으면 이는 자연치유를 위한 생명활동이다. 증상이 곧 요법이다.'
'모든 병의 원인과 그에 대한 치료는 같다.'
바쁜 경찰관 일로 직접 어머님을 돌보지 못했던 김씨는 형수님과 아내(김명수씨)를 비롯한 며느리 4명을 불러 모아 자신이 어머님을 살리겠으니 자신이 지시하는 방법을 잘 따라줄 것을 부탁했다. 그동안 그가 보고

▲건강을 회복, 이제 손녀와 함께 즐거운 하루를 보내고 있는 김정로씨 어머니의 건강한 모습.

◀ 김용판씨와 부인 김영수씨(30의 모처럼의 단란한 휴식. 현직 경찰관이 신문고 300여권의 각종 의학서를 읽으며 대치의 의사, 민간요법 연구가들을 직접 찾아가 사사(師事)도 하면서 온 김용판씨의 열정은 바로 그의 어머니에 대한 대단한 효심이었다.

1992년 10월 9일 대구. 현직 경찰관 김용판씨의 어머니 김정로씨(당시 77세)가 갑자기 쓰러졌다. 김정로씨는 곧 대구에서 제일이라는 한 종합병원으로 보내졌다. 병원

〈월간 퀸〉에 소개된 기사(1994. 9월호)

05

영월 법흥사에서의 38일, 그리고 나의 꿈

2013년 4월 2일 서울청장을 마지막으로 공직을 퇴임한 이래 거의 2년 가까이 진행된 재판과정은 한마디로 험난한 여로였다. 물론나를 위해 기도해주는 사람이 있고 내 스스로 마음의 평정과 신체단련을 위한 노력을 게을리 하지 않았다 하지만 나의 심신은 이미너무나 지쳐가고 있었다. 심신을 충전시킬 시간이 절실히 필요해진것이다. 이렇게 하여 머무르게 된 곳이 강원도 영월군 수주면 사자산에 위치해 있는 법흥사란 절이다.

2심(항소심)에서 무죄판결을 받은 지 한달이 조금 지난 2014년 7월 13일 입산하여, 8월 19일 하산할 때까지 법흥사에서의 38일은정말 새로 태어나기 위한 나름대로의 치열한 시간이었고 너무나의미깊은 나날이었다. 마침 법흥사의 삼보(三寶) 주지스님은 1998년 내가 경북 성주경찰서장으로 있을 때 알게 된 인연이 있는 분으로 호쾌한 성품의 내공이 깊은 큰스님이다. 영월 법흥사는 부처님의 정골(頂骨) 진신사리를 모신 우리나라 5대 적멸보궁(寂滅寶宮) 중의 하나이기 때문에 참배객의 발걸음도 끊이지 않는 유서 깊은 사찰이다.

특히 소나무 숲으로 둘러싸여 있는 사자산은 문자 그대로 사자의 모습을 하고 있으며, 적멸보궁에 비친 사자산 연화봉의 모습은 신비하기조차 한 곳이다.

사실 나는 종교적으로 보면 불교가 맞지만 비교적 종교 색채는 적은 편이었다. 경찰서장이나 지방청장을 하는 동안에 기독교의 목사님들이나 가톨릭의 신부님들과도 허물없이 친하게 잘 지낼 수 있었던 것도 이런 나의 성향과 무관치는 않다고 생각된다. 실제로 평소 성경에 나오는 자기 낮춤에 대한 누가복음의 구절 등을 즐겨 인

삼보 큰스님과 함께 적멸보궁 앞에서

용했기 때문에 어떤 목사님으로부터는 "기독교 신자시죠?"라는 말을 듣기도 하였다.

어쨌든 산사에서의 나의 생활은 숙소에서 15분 정도쯤 오르막길을 걸어야 있는 적멸보궁에 하루도 빠짐없이 들러 매일 밤 108배 기도하고 숙소에 와서는 〈금강경〉을 읽고 필경하였다. 중간에 몇 번이나 그만둘까 하는 유혹도 있었지만 끝내 이를 물리치고 38일간 108배 기도를 계속할 수 있었음을 지금도 뿌듯하게 생각한다. 그러고 보면 어머니 49재(齋) 때인 1999년 6월초, 성주 대흥사에서 3,000배를 하며 어머니의 명복을 비는 기도를 한 이후, 제대로 기도한 경우는 이때가 처음이었다.

기도할 때마다 내가 가장 많이 외운 주문은 '비하자인항세마(卑下慈忍降世魔)'라는 경구였다. 조계종 포교원장으로 있는 정산지원 스님께서 알려주신 것으로 왠지 내 마음에 꼭 들었기 때문에 평소에도 암송하는 경구였다.

"스스로 낮추어라, 자비를 베풀어라, 참고 또 참아라, 그러면 세상의 모든 마귀와 장애로움을 항복시킬 수 있다."

아무리 생각해도 이것보다 나에게 더 절실히 필요한 경구는 없을 것 같아 이 경구의 의미를 깊이 새기면서 기도했던 것이다.

낮에는 법흥사가 있는 사자산을 비롯해 인근에 있는 많은 산을 오르내렸다. 2014년 여름, 도시에서는 유독 덥다고 아우성을 칠 때도 산과 산사는 시원하기 짝이 없었다.

그러던 어느 날 법흥사 주변 외딴 계곡에서 돌탑 3개와 앉아서 참선할 수 있도록 만들어진 좌대를 발견하게 되었다. 누군가는 일념으로 돌탑을 쌓고, 또 누군가는 자신을 위해서든 남을 위해서든 어떤 간절한 마음으로 기도할 수 있는 좌대를 쌓았으리라는 생각이 스쳐가며, 이 장소를 발견한 것이 큰 인연으로 생각되었다.

그 무렵에는 나의 지인이 "물에는 6대 미덕이 있다"고 알려준 이후라 계곡에 흐르는 물이 예사롭지 않게 보일 때였다.

물의 6대 미덕은 "물은 아래로 아래로 흘러내리는 겸손함이 있고, 가다가 막히면 피해서 돌아가는 지혜가 있다. 이 그릇 저 그릇에 다 담길 수 있는 융통성이 있으며, 구정물도 마다하지 않는 포용력이 있다. 단단한 바위도 뚫고 마는 인내와 끈기가 있고, 유유히 흘러 마침내 바다를 이루는 큰 꿈이 있다"는 것이다.

이 좌대와 돌탑을 발견한 이후 낮에는 운동을 마치고 어김없이 여기 와서 계곡 물소리를 들으며 명상에 잠기었다. 때로는 계곡물을 보며 어떤 고승이 읊었다는 '계간불능유득주 경귀대해작파도(溪澗不能流得住 竟歸大海作波濤)'를 읊조리기도 했다. "계곡의 물은 흐르고 또 흘러서, 마침내 큰 바다에 이르러 파도를 만든다"는 것이다. 물의 6대 미덕 중 바다가 되는 큰 꿈에 해당되는 것이기도 하다.

그러던 어느 날 나는 특이한 경험을 하게 되었다. 그날은 2014년 8월 10일, 음력 7월 15일로 조상들에게 기도를 드린다는 백중날이었는데 비도 조금씩 내렸다. 변함없이 물의 미덕을 생각하며 명상에 잠겨 있었는데 내 마음 깊은 곳에서 격동이 일며 눈물이 하염없이 솟구쳐 나오는 것이었다. 나의 부족함이 떠오르고 내 주위의 좋은 사람, 좋은 인연이 얼마나 많이 있는지에 대한 자각이 끊임없이 일어나면서 눈물 또한 그치지 않았다. 누군지 모르지만 좌대를 만들어 준 사람에게도 고마운 마음이 일었다. 그 좌대는 나에게 밝음을 주었다는 의미에서 '밝을 금(旿)'을 넣어 금선대(旿禪臺)라 불렀다.

내 일생에서 그런 감동의 눈물을 그렇게 많이 흘려보기는 그날

금선대 전경

이 단연 처음이었다. 물론 그동안 살아오면서 억울함과 분노의 눈물을 흘릴 때도 있었고 감격의 눈물과 슬픔의 눈물을 흘릴 때도 있었다.

그렇지만 백중날 그날 내가 흘린 눈물만큼 내 영혼에 충격을 준 눈물은 결코 없었다. 지금도 그 의미를 확실히 알 수는 없지만 어떤 감동과 조그마한 깨달음의 눈물이 아니었을까 조심스럽게 생각해 볼 뿐이다. 다만 당시의 기억을 되살리며 내 자신에게 이렇게 자문해본다.

"앞으로 너의 꿈은 무엇이냐?"

일찍이 백범 김구 선생은 관상학을 공부하다가 '상호불여신호 신호불여심호(相好不如身好 身好不如心好)'란 구절을 보고 큰 감동을 받았다 한다. "얼굴(관상) 좋은 것보다 몸 좋은 것이 낫고, 몸 좋은 것보다 마음 좋은 것이 낫다"는 이 글귀를 보고 어떻게 하면 '마음 좋은 사람'이 될 것이냐는 화두를 쫓다보니 독립운동을 하게 되었다는 이야기가 〈백범일지〉에 나온다.

지금의 내 마음이 김구 선생의 마음과 비슷하다고 하면 나의 오만일지도 모르지만 나는 정말로 후반기 남은 인생에서 '마음의 근육'이 제법 있는 '좋은 사람' '좋은 남자'로 남고 싶은 것이 나의 꿈이다. 과연 이 꿈은 이루어질 수 있을까?

피터 드러커는 미래를 예측하는 가장 좋은 방법은 미래를 창조하는 것이라고 하였다. 나는 이 말에 깊이 공감하고 있다.

다시 일상으로 돌아와 있지만 나는 영월 법흥사에서의 38일의 추억과 감동을 삶의 에너지로 삼아 후반 인생을 즐겁게 살기 위해 노력할 것이다. 절에 있는 동안 나를 진심으로 보살펴준 삼보 주지 스님과 공양주 보살을 비롯한 인연 맺은 많은 분들께 이 자리를 빌려 고마운 마음을 전한다.

사자산 계곡 어떤 돌탑 위의 잠자리 한 마리, 한참을 움직이지 않고 있었다.

책무를 다하는 문화가 우리 사회를 바꾼다

나는 20대 때 행정고시를 준비하면서 처음으로 정치학을 공부하게 되었는데 그중에서 정치문화라는 말이 특히 가슴에 와 닿았었다. 정치문화와 정치제도가 상합(相合)이 되어야 정치 안정이 오고 정치발전이 온다는 말에는 말할 수 없는 공감이 일었었다.

어느덧 이제 50대 후반이 되었지만 20대 때 공부하며 느꼈던 정치문화라는 말이 주었던 그 의미는 아직도 살아있는 듯하다. 사실 그 영향이 있었는지 모르지만 나는 어떤 시책을 시행하기 전에 과연 바꿀 수 없는 문화인가 하는 고뇌를 숱하게 하였었다.

그렇게 해서 탄생된 대표적인 시책이 주폭척결 시책이었다. 내가 주폭척결 시책을 추진하기 전에는 "주취자보호법이 제정되지 않으면 주취자 문제는 해결되기 어렵다"는 것이 국정감사장에서의 국회의원의 질의에 대한 경찰청의 틀에 박힌 답변이었다.

과연 그러한가? 전혀 아니다. 주취자보호법은 문자 그대로 주취자를 보호하는 것을 그 법익으로 하는 법률이기 때문에 아무리 좋게 제정된다 하더라도 주폭문제를 해결할 수는 없는 것이다. 주폭은 보호가 아니라 척결의 대상이기 때문이다.

지역에 따라 다소 차이는 있지만 지금은 관공서나 동네에서 주폭의 행패가 거의 사라지다시피 하였다. 주폭은 결코 온전하게 용서받을 수 있는 존재가 아니라는 문화가 자연스럽게 형성되었기 때문이다.

이 책에서 나는 문화라는 말을 많이 사용했다. 선진교통문화협의회, 청소년문화발전위원회 등은 모두 주민과 경찰이 함께하는 문화가 조성되어야 사회적 갈등을 보다 효율적으로 해결할 수 있다는 관점에서 추진한 정책이었다. 어떤 문제 해결에 모두가 동참하는 사회 분위기 조성과 그러한 문화가 얼마나 중요한지는 재론할 필요가 없는 것이다.

5천년 대한민국의 역사는 언제나 고난의 험로였다. 하지만 우리 민족은 슬기와 인내로 그 고난을 이겨냈으며 오늘날 전 세계적으로 발전하는 강소국이 되었다. 그러나 한편으로는 우리 사회 도처에서 나타나는 갈등현상으로 인해 엄청난 사회적 비용을 지불하고 있는 것 또한 사실이다.

침묵하는 다수를 무시하는 '강경파의 나라'

2014년 10월 14일자 동아일보 머리기사 제목이다. 이처럼 강경파의 목소리가 커진 데에는 여러 원인이 있겠지만 그중에서는 합리적이지 않다는 생각을 하면서도 강경파의 주장을 반박하는 데는 부담을 느껴 강경파 의견에 쉽게 동조하려는 인간의 본능적 심리에도 그 원인이 있을 것이라 생각한다.

어떻게 해야 보다 합리적인 사회문화가 조성될 수 있을까?

이러한 문화를 바꾸는데 그 주인공은 누구일까?

우리 자신이다. 우리의 인식과 행태를 변화시켜 문화를 바꾸고, 그 문화가 다시 우리를 변화시키는 동력으로 작용되도록 해야 한다. 내가 먼저 타인의 의견을 존중하되 무조건적인 동조는 하지 않아야 한다. 나에게 주어진 책무의 의미에 대해 깊이 고뇌하면서, 진지하게 그 책무를 다해야 한다. 그때 비로소 우리의 사회문화는 보다 의미있게 바뀌고 발전될 것이다.

마지막으로 언제나 나에게 힘이 되어준 구상 시인의 〈꽃자리〉를 조용히 읊조리고 싶다.

반갑고 고맙고 기쁘다
앉은 자리가 꽃자리니라
네가 시방 가시방석처럼 여기는
너의 앉은 그 자리가 바로 꽃자리니라
반갑고 고맙고 기쁘다

| 저자소개 |
재백 김용판

재백(裁伯) 김용판(金用判)은 1958년 대구 달서구 월배에서 태어나 월배초등학교, 달성중학교, 경북대 사대부고를 거쳐 1982년 영남대 경제학과를 졸업했으며 2000년 한양대학교 행정대학원에서 법학석사 학위를 받았다. 병장으로 만기제대한 후인 1986년 제30회 행정고시에 합격해 공직자의 길로 들어섰으며 1990년 경찰에 투신했다.

여러 부서를 거쳐 1998년 경북 성주경찰서장에 취임, 본격적인 치안철학을 펼쳐나갔으며 서장을 떠난 이후 '성주군 명예군민'으로 위촉되었다.

고향을 관할하는 대구 달서경찰서장(2001~2003) 재직 시에는 '선체증 후체포'라는 새로운 접근법으로 대구 경북을 누비던 폭주족을 일망타진하였다.

서울 성동경찰서장(2004~2006) 재직 시에는 한국능률협회가 주관하는 제2회 대한민국 개선스킬 경진대회에서 은상을 수상했다. 경무관으로 승진한 뒤 주중국 대한민국 대사관에서 외사협력관(2006~2009)으로 근무하였다.

2010년 충북경찰청장으로 부임해 '주폭(酒暴)' 개념을 처음으로 창시하였으며 한국생산성본부 주관의 제35회 국가생산성대회에서 중앙행정기관으로서는 최초로 국무총리 종합상을 받았다.

서울경찰청장(2012.5~2013.3) 재직 시 치안복지 개념을 주창하고 이를 위해 존중·엄정·협력·공감의 4대 전략과 책무 중심의 3대 관점을 제시하여 철학이 있는 치안개념을 정립했다는 평가를 받았다. 특히 충북에 이어 추진한 주폭척결 시책은 직원, 주민 모두에게 폭발적인 호응을 얻었으며 사회 각 분야에 큰 반향을 불러 일으켰다.

"한 올의 실로는 줄을 만들 수 없고 한 그루의 나무로는 숲이 되지 않는다"는 속담을 인생의 좌우명으로 삼고 모두와 함께하는 삶을 살기 위해 노력하고 있다.

저서로 어머니의 암 치유 과정을 정리한 〈내 건강비법〉(우리출판사)과 23년 경찰생활의 철학과 보람을 담은 〈우리가 모른다고 없는 것이 아니다〉(김영사)가 있다.

나는 왜 청문회 선서를 거부했는가

지은이 김용판

1판 1쇄 인쇄 2015년 3월 2일
1판 1쇄 발행 2015년 3월 10일

펴낸곳 트러스트북스
펴낸이 박현

등록번호 제2014-000225호
등록일자 2013년 12월 03일

주소 서울시 마포구 서교동 성미산로2길 33 성광빌딩 202호
전화 (02)322-3409
팩스 (02)6933-6505
이메일 trustbooks@naver.com

저작권자 ⓒ김용판, 2015
이 책의 저작권은 저자에게 있습니다.
저자와 출판사의 허락없이 내용의 일부를 인용하거나 발췌하는 것을 금합니다.

믿고 보는 책, 트러스트북스는 독자 여러분의 의견을 소중히 여기며,
출판에 뜻이 있는 분들의 원고를 기다리고 있습니다.